学经济 赢人生
——大学生行为的经济学分析

肖文圣 著

东南大学出版社
SOUTHEAST UNIVERSITY PRESS
·南京·

图书在版编目(CIP)数据

学经济　赢人生：大学生行为的经济学分析／肖文圣著．—南京：东南大学出版社，2022.10
ISBN 978-7-5766-0022-3

Ⅰ.①学… Ⅱ.①肖… Ⅲ.①大学生-经济行为-经济分析-中国 Ⅳ.①F126.1

中国版本图书馆 CIP 数据核字(2021)第 280466 号

| 责任编辑:杨　光 | 责任校对:周　菊 | 封面设计:王　玥 | 责任印制:周荣虎 |

学经济　赢人生——大学生行为的经济学分析

著　　者	肖文圣
出版发行	东南大学出版社
社　　址	南京市四牌楼2号　邮编:210096　电话:025-83793330
网　　址	http://www.seupress.com
电子邮件	press@seupress.com
经　　销	全国各地新华书店
印　　刷	江苏凤凰数码印务有限公司
开　　本	787 mm×1092 mm　1/16
印　　张	13.25
字　　数	322 千字
版　　次	2022 年 10 月第 1 版
印　　次	2022 年 10 月第 1 次印刷
书　　号	ISBN 978-7-5766-0022-3
定　　价	59.00 元

(本社图书若有印装质量问题,请直接与营销部联系。电话:025-83791830)

前 言 Preface

（一）

2005年笔者开始从事高等教育工作，开始感受到大学生管理比中学生复杂得多。中学生教育教学管理相对简单，同时还有家庭积极参与管理。中学生目标单纯，就是要尽量考出高分，因此在中学，学生基本上是学习、学习再学习，而不学习的占少数，并且干扰学习的因素或现象不多、不复杂。而大学生的想法较多，一旦不将学习放在第一位，就会生出许多事端，并且经常出现很多无厘头的想法和行为。

社会习惯地按高校层次将大学生分为不同水平层次。综合素质高的在一流大学，综合素质中等的在二流大学，依次递推。不是说在一流大学就都是认真学习、会学习的优秀学生，而是在校园内不学习、不善于学习的差学生比例在不同层次大学和不同学校有高低之分。低层次高校中，高素质的学生不用努力就可以获得相应的优秀成绩，由于人都会"偷懒"，容易降低要求，减少付出，导致高素质学生的素质逐步降低，这就是为什么低层次高校中差学生较多的原因之一。

造成这种差学生现象的外因是学校、教师以及社会。

关于社会因素，现代社会造成学生浅思考和浅学习。东南大学杨博士对现在的学生受新媒体影响的结论是：学生头脑是"阿凡达"式思维，当前媒体促成学生浅思考、浅阅读；市场经济的利益导向，使得学生在学习研究方面，出现"现象就是本质，过程就是结果"的现象。比如，社会上总结的"格格老师"式培训写作的方式：先规定好文章要写的内容，再将内容大卸八块，把每一块再切成若干格子，然后单独教格式、教套路，将写文章变成搭积木。"格格老师"培训的写作之道不是雕琢文章，而是培训文章堆砌之道、急功近利之道、专门应付考试分数之道，而忽略了对文章的逻辑、审美、真情等基本素养的培育。这样培训出来的学生除了可以应付考试外，根本不会思考、不会自主学习，这是市场教育的后果，不是高等教育想要的。像这样无形"毁掉"学生的案例还有很多，因此出现了家长面对孩子挂科等情况时，经常会抱怨学校："我们中学上的都是好学校，成绩蛮不错的。"这种浅思考、浅学习必然适应不了大学需要的自主学习，从而产生差学生。

关于教育因素，教师与学校（或我国教育制度）自然也不能脱了干系。在市场经济下，许多教师不能坚守教师的"传道授业解惑"职责，师生关系变成了商品关系，教师的"两袖清风"没了，"辛勤园丁"坐不住冷板凳，"阳光职业"没有了神圣的光环。有几方面的原因造成了这种情况：首先是教师方面，教师的首要任务是科研，为自身职称晋升，为学校指标服务。其次,我国教育大环境方面,老师已经不能再独立教学,教师要为各种评价指标服务。还有,更多的教师把自己当成市场经济一分子,追求相应的经济收入。在学校方面,严格管理缺失,管理体系缺失,教育质量体系缺失,因为学校不再把学生当作上帝,而是为了某些指标、为某些浮华服务。

造成这种差生现象的原因中,学生的主观因素也是最重要的。即使层次较低的高校,仍然大量存在"出淤泥而不染"的相对优秀学生,高层次的学校也有很多毕业后归于平庸的学生。

除了上面提到的大学生在学习方面的不良行为或现象,还有其他非学习行为也值得我们思考。

(二)

在2020年国际上"新冠肺炎"大流行时,不少留学国外或已经在国外工作人员,诸如从澳洲回来不听防疫人员劝阻且执意不戴口罩外出跑步锻炼的"跑步女",留学美国骂国人贱骨头的许某馨,对大使馆为留学生送防疫健康大礼包狂妄提出阴谋论的留学生黄某毅等,表现出自私、自利、无视公序良俗、崇洋媚外、恨国、辱国,这些是当下精致利己主义盛行、学生思想道德教育缺失,以及大学生三观不正的集中体现。

北大钱理群教授批评一流高校之教育现状:我们现在的大学正在培养一些精致的利己主义者,这些人智商高,善于利用体制达到目的,而这些人最终只是获得一时的精致罢了,但产生的危害却更久远。一旦这些人掌握了权力,危害比腐败更大。

另外,目前社会思维也在发生巨大变化,比如2020年新冠肺炎疫情期间,武汉发生的志愿者吴悠被举报的事:吴悠是武汉一所学校的实习老师,他走街串巷,为武汉居民义务送药。根据吴悠自己的统计,他和朋友们已经为600多户求助者送去药品和防护物资。其中,莲花清瘟、口罩、酒精等防护物资免费送,阿比多尔、莫西沙星等药品则低于市场价出售,收到的钱再返给捐助方用来继续购买药品。他们的目的只有一个:推动疫情早日结束。但是,他被举报了!吴悠被接受他恩惠的人举报了,举报的名义是"非法售药和牟利"。好在公安机关介入调查后,证实了吴悠的无辜。

这些举报者的行为,其性质更像是一种"诱导违法"或者说"共谋违法"。他们先是自愿接受与现行法规对照稍有瑕疵的施惠,从中得利,然后一转身又借助自己早先抛弃的法规来对自己施以再救济,一个正真诚实的人,绝对不会这样做。自私、自利的人才会这样"共谋违法"。这种现象到底是因为现在网络发达,传播变容易,还是以前确实少,现在变多了,我们不得而知。

出尔反尔的举动,可以理解为"哪样对自己有利就投靠哪样"的利己主义,完全忽视基本的契约精神。对于这些精致的利己主义者,不敢保证教育就可以让他们转变,但至少我们要试试,期望这类人能够先认识自己,然后能够自觉改变。

（三）

　　15年前，笔者在三年大学辅导员工作中，就产生探讨如何进行大学生思想教育的冲动，因为在大学做学生工作比在中学做班主任工作还要辛苦。在大学经常出现让人觉得不可理喻的现象或行为，因此，笔者试图研究大学生行为背后的影响因素，结合经济学专业的教学，发现大学生行为的利益因素是重要影响因素。在2020年1月份，因新冠肺炎疫情，在全民自我隔离期间，笔者开始静心整理多年的观察记录和感想，希望本书能够对在校生、高考学子以及家长，对大学生行为教育起积极参考和引导作用，希望走出校园的优秀学生多一点，未来成功的多一点。出版本书的目的不是要说教，也尽量避免成为一种"心灵鸡汤"，本书是结合经济学理论，较客观地总结一些学生教育管理工作的经验，让年轻人考虑问题时多一种经济利益分析方法，能够自我认识、自我思考、自我成长。我坚信"头脑改变命运"，学会思考、善于学习，才能够真正自我成长，让大学生实现对自己命运的掌控。

　　老子《道德经》（李若水译评）六十四章："其安易持，其未兆易谋。其脆易泮，其微易散。为之于未有，治之于未乱。合抱之木，生于毫末；九层之台，起于累土；千里之行，始于足下。为者败之，执者失之。是以圣人无为故无败，无执故无失。民之从事，常于几成而败之。不慎终也。慎终如始，则无败事。是以圣人欲不欲，不贵难得之货；学不学，复众人之所过。以辅万物之自然而不敢为。"

　　这段话的意思是：局面安定时容易维持，事情没露先兆时易于谋划。脆弱时容易消解，细微时容易散失。处理问题当在没发生时，治理国家当在没发生混乱时。合抱的大树，生于微小的根芽；九层的高台，起于一堆堆泥土；千里的远行，始于脚下每一步。主观妄为会招致失败，强行作为会遭受损失。因此圣人不妄为，所以也不会招致失败，不勉强作为也不会遭受损失。人们做事情往往功败垂成居多。所以要善始善终，把最后当成开始时一样慎重，这样就没有办不成的事。所以，圣人追求别人所不追求的，不稀罕珍贵的财物。学习别人所不愿学习的，补救众人所常犯的过失。如此无为，以辅万物的自然生长，而不敢干涉妄为。

　　这段话告诉我们几个道理：一、防患于未然；二、千里之行始于足下；三、善始善终；四、要想成为圣人，要追求别人不追求的，学习别人不愿学的等。同理，点出我国大学生普遍存在的几个问题：一、无远虑，不知不觉中泯于众；好学生在不好氛围中趋于平庸；学无目标变学渣。二、有理想但无行动。三、缺乏毅力、定力和恒心，往往做事半途而废。四、缺乏自我，缺乏创新，习惯于人云亦云。

　　目前，我们已经认识到本科教育存在的问题，已经将课程思政纳入课程教育中，推行"淘汰水课，建立金课"，让"堕落一代"无立足之地。因此，在此大背景下，我们大学生应该有所醒悟，自我纠正，自我成熟，我们大学生应该成为觉醒一代。但是，课程中思政就是思想政治，但大学生往往理解成纯粹的政治，忽略了思想（这里的思想是关于课程知识产生的思想根源和发展路径等），忽略从专业课程或人类知识中吸取思想营养和哲学思想等，失去了自我进步的机会。

我们应该从教育和被教育两个方面,积极拯救"堕落一代",拯救差生。大学生教育管理的困境,应该提前防范,加强思想、思考方法的教育与引导。提高国民素质,应从大学生开始补起。否则陷入"教师怪学生不学,学校怪学生难管理,学生怪学校不好"的怪圈。像有下面奇葩想法的现代人怎能不是学校教育缺失的一种后果?某男偷电动车当天就被民警抓获,其解释偷电动车的理由是:上班经常迟到被领导训斥,已经训斥两三次了,是一种耻辱,所以偷电动车上班。

人的成长、成熟与成才,自我因素是主导,学校只是一个平台;只是在成长、成才道路上平台也要做该做的事,尽可能提供更好的外在条件,承担培养与训练大学生思想的责任。

首先,大学生应在合适的时间做合适的事。表0-1是高校的通行时间安排,大学生应该先做好这些基本工作,完成各种考试与选拔。

表0-1 大学期间重要活动及时间安排

项目	内容	时间	注意点
军训	军事训练	9月份新生入学	了解专业、大学,可以写入党申请书,进行四年生涯规划
CET-4	大学英语四级	每年6月和12月考试	大学入学就可以报名,但有些学校一般通过高考英语成绩限制新生报名
CET-6	大学英语六级	每年6月和12月考试	四级成绩合格者报名,应聘工作时,往往凭此条件可以刷掉能力一般应聘者
计算机	一级考试	国家考试(分3月,6月,9月,12月考试)、地方考试(一般分春秋考试)	分国家一级和省一级;还作为更高级别考试的报名门槛
升学	研究生	国内考研每年9月份预报名;在大三下学期启动国外升学读研、投工作简历等工作	大四的12月份月底考试,一般大三开始启动复习
考试-1	课程考试	一般每学期在第16~20周考试;课程期中考试在每学期的第8~9周	每门课的第一次课,教师会告知考核方式、方法,课堂的最后两周前出完试卷
考试-2	普通话证书、教师资格证、驾驶证等	在入学后即可报名	根据就业意向选择
考试-3	专业社会证书	大二下学期开始可以选择证书	一般分专业岗位设置,专业间千差万别
比赛-1	校内比赛	每学期学校都会安排各种体育比赛和智力比赛	凭个人特长和兴趣参加,关注学校网站或学生会通知

续表

项目	内容	时间	注意点
比赛-2	校外比赛	每学期都会有各种专业比赛	专业比赛一般适合大二下学期开始准备
活动	社团活动或志愿者活动	一般学校都有多个社团可以选择参加；还可以参加社会上的各种活动	每年社团招新时报名参加即可；志愿者活动是共青团员必须参加的活动；地方重大活动，一般选拔优秀的志愿者参与

其次，培养正确的"三观"。这个说法有点老生常谈，但确实是一个永恒主题。前面提到的各种负面现象，难道不是思想根源出了问题？特别是在我国改革开放40多年后，不仅一部分人先富起来了，而且多数人都能够实现经济自主选择了，因而能够做和想做的事就自然多了，如果没有正确的世界观、价值观和人生观来主导，没有健全的人格，一切将"什么都不是"，必然会出现更多的"坑爹""坑国"的人。下面看四川张某事例（摘自 https://xw.qq.com/cmsid/20200727A0E9YD00）：

学霸堕落记

张某四次高考，一次复旦、一次北大、两次清华，最终坠入凡尘。

张某由于贪玩，中考失利，就读中专学校，但由于感觉学不到实用东西，再加上贪玩，于第二学期退学，在家长的努力下，重新就读高中。

2002年，参加高考，以619分的较高分数被复旦大学录取，但认为不是自己心仪的北京大学，非北大不去，从而放弃入学，复读。

2003年，参加高考，如愿考入北大，因此还获得当地政府部门奖励10万元。但在第一学期结束，由于挂科太多，被北大劝退。

2005年，再次参加高考，以703分高分考入清华大学，但由于沉迷网络，被劝退。

2007年，改名参加高考，以677分再次考入清华，家长进行陪读，但仍然沉迷网络，后经多次心理辅导，最终毕业。

但毕业后，沉迷游戏，不找工作。

2016年参加研究生考试，报考中山大学哲学系研究生，在面试环节，由于前面的多次退学，被拒收。

张某的家庭不堪社会对"学霸堕落"的冷言冷语，举家搬迁到成都，现在考上事业单位，回归普通人生活。

所以，出版本书的目的之一，是通过大量案例和一定的"说教"，让不论处于何层次的大学生能够自我健全人格，自觉建立正确三观，使在任何大学的大学生都能够成为人生赢家。

再次，需要掌握基本的方法论，能够正确理解富学生和穷学生行为的是与非、好与坏、善与恶。我们知道"发现问题、分析问题、解决问题"的三大能力是每个大学生应该具备的,如果大学生不能学会思考、不善于学习,如何掌握三大能力?

利益普遍存在于各种关系中,利益影响人的决策和行动,利益相关者为了追求自身利益,当行为与决策不同于第三者的行为和决策时,可能会出现异常,也会由于存在共同利益,一方会对其他的决策或行为产生影响。人为了自己的目的,会对各种决策、付出或花费之间进行权衡或选择,选择不同,就会导致不同行为或决策。因此,从利益的角度,通过现象把握其本质和根源,透过各种主体的言论和行为把握其动因的方法,这就是利益分析法,它是历史唯物主义的物质利益原则转化成考察社会现象的方法论。只是这里的"利益"是多种多样的,有物质的,也有非物质的。

人的需求产生利益,利益引致动机,动机决定行为,行为导向利益目标。利益分析属于主体分析,能够正确运用利益分析法的前提是确定主体及其利益。前面列举的各种学生行为问题,都存在利益驱动:狭隘的个人利益最大化,少付出多回报,以及当下快活的价值取向等。"以人为镜,可以明得失",如果从经济学角度对大学生校园行为进行案例分析,有助于理解差生的不良行为,从而自我反省、自我提高,自我为中心的人往往与所处环境格格不入,就是没有把自己作为社会、团体的一分子考虑问题。因此,学会利益分析法,从利益的角度分析,有助于学会思考和分析问题,也有助于增强自我纠错能力,增强自我提高意识。

人的世界观难以改变,但可以掌握思考世界和解决问题的思维方式和方法论,有益于人生发展。

所以,本书的第二个出发点是能够给教育一种警示,给大学生一点启示,通过更多活生生的案例,能够让学生自行体会,而不是说教。大学生的校园行为都是"付出方面尽量做到避重就轻,收获方面尽量收益最大化",因此让学生了解经济学,掌握一点经济学理论,培养经济思维,将有助于他们行事和进行经济活动。

(四)

本书共分五篇内容,第一篇关于"经济入门——做好四年规划",通过经济学的入门概念,用经济理论说明大学生在入学之初就应该做好四年规划,做一个理性人;树立四年发展目标,确定职业目标,确定自己要学什么,并且要比别人多付出一点点,以提高竞争力,学会做出正确选择,在毕业之际,使求职简历内容丰富,让自己更具竞争力。第二篇关于"经济运行——学会思考",首先从头脑改变命运开始,强调思考的重要性,正确对待校园内的旷课、考试作弊、实习与兼职、校园贷等问题,利用教育资源,抓住机会提高自己。第三篇关于"经济规律——善于学习",通过对经济规律的学习,掌握一些基本道理,理解情商比智商更重要,成功不能复制,学会倾听等,属于经济规律的应用,通过对大学生能够接触和做的事物的分析,使其学习做事道理。第四篇关于"经济影响——了解我们的经济世界",通过经济学发展、经济现象,说明经济无处不在;从我国古代经济思想到现代经济思想,经济不是什么特别的东西,就是我们身边实实在在存在的,但又影响每一个人;通过了解我们身处的虚拟经济、

前 言

互联网经济、新经济、网红经济、共享经济等,进一步培养经济思维,学会分析问题。第五篇关于"经营之道——做事如做人",以《道德经》为基础,总结出求真、悟真、做真人的优秀传统文化思想;从做真人、经营之道、学习自然法则等方面,学习做人、做事,个人管理,以及创业思维的培养,只有做到做事如做人一样,才能做好经营。每篇的最后是补充本篇相关内容的问卷调查,通过对问题的回答,能够反映同学们的思想状态、分析问题能力和学习能力,他们的回答虽然有的像回答考试题,但也有不少是切实想法或感受。本书选择部分代表性回答,并且没有进行删减,仅供读者参考,以达到"以人为镜,可以知得失",希望读者自我成熟、自我成长。

本书能够出版,参考了大量百度文库、百度百科、知乎等网站上的网络资源,参考其概念、定义、定理,因此节省了大量创作时间,许多案例摘自网络和公众号等,这里一并感谢。任何事物都有两面性,同一事物可以有不同解读,所以,本书观点多是从经济角度进行解读,传播正能量,以达到育人的目的,但从其他角度或许存在观点分歧,甚至相悖观点,希望大家能够理解和支持。经济学理论博大精深,本书所应用的仅是基本经济理论,如需要进一步学习经济学理论,以及应用经济学理论,本书所列的参考书也远远不足,需要去学习其他书籍进行补充。

南京·三江大学
2022 年 4 月

目 录 Contents

第一篇	经济入门——做好四年规划	001
1.1	"经济人"——做一个理性人	003
1.2	商品——确定职业目标	005
1.3	生产——学什么	012
1.4	机会成本——学会选择	025
1.5	竞争——提高自身竞争力	031
1.6	需求与供给——比别人多付出一点点	035
1.7	信息不对称——个人简历展示真实自我	039
1.8	不忘初心、牢记使命、艰苦奋斗	046
1.9	关于认识自己的调查	047

第二篇	经济运行——学会思考	052
2.1	核心竞争力——头脑改变命运	053
2.2	市场——中西方高等教育差异	061
2.3	效率——"一个没有'旷课'的大学生涯,人生是不完整的"之辩	063
2.4	信用——校园贷	066
2.5	价格歧视——再升学	070
2.6	需要——实习与兼职	073
2.7	外部性——善于抓住机会	079
2.8	学会思考是成功之本——以"培养高等数学学习思维"为例	082
2.9	关于思考能力的调查	090

第三篇	经济规律——善于学习	097
3.1	企业家——情商比智商更重要	098
3.2	利益相关者——生活听父母,专业听老师	103
3.3	创新——成功不能复制	106
3.4	市场失灵——创业成功率不足1%	110
3.5	拉弗曲线——物极必反	112

3.6 效用——敢于第一个吃螃蟹 116
3.7 道德困境——不要把脖子伸出去 118
3.8 卡特尔——看不见的利益同盟 122
3.9 关于学习能力的调查 124

第四篇 经济影响——了解我们的经济世界 130
4.1 经济学发展——无处不经济 131
4.2 贸易——合作共赢 136
4.3 虚拟经济——不为假象迷惑 138
4.4 互联网经济——世界普遍联系 141
4.5 新经济——新规则 144
4.6 世界经济思想 148
4.7 我国古代经济思想 150
4.8 规模经济——生活经济学 153
4.9 关于经济思维的调查 157

第五篇 经营之道——做事如做人 164
5.1 《道德经》——道与德 165
5.2 做真人——学会做人 168
5.3 经营之道——学会做事 176
5.4 向自然学习——学会个人管理 183
5.5 无悔人生 186
5.6 关于人生哲学艺术的调查 188

后 记 194

参考文献 198

第一篇　经济入门——做好四年规划

刚入大学校门的新生,犹如脱离牢笼的小鸟,要尽情飞翔;像脱缰野马,要拥抱自由。相同的校园或不同的校园,相同的专业或不同的专业,同一班级或不同班级,四年的自由翱翔,将呈现不同的人生。因为,有的人,人在学校,心却在学习之外;有的人,渴求的,却在指缝间滑落而不能察觉;有的人,甘于寂寞,却能翱翔蓝天。在物欲横流、社会浮躁的时代,缺乏定力和毅力,缺乏目标和智慧,便容易迷失自我、忘记初心。如果一入大学校门就能做好规划,并付诸实施,就可以做到平凡中的不平凡,即在同龄大学生中脱颖而出。通过下面的一个案例,看我们是否需要做好入门规划。

案例:考试是一面照出学生水平的镜子

"国际贸易实务"课程考题——案例分析:我方某进出口公司向国外某客户出口榨油大豆一批,贸易合同中规定大豆的具体规格为含水量14%,含油量18%,含杂质1%。国外客户收到货物不久,我方便收到对方来电,称我方的货物品质与合同规定相差较远,具体规格为含水量18%,含油量10%,含杂质4%,并要求我方给予合同金额40%的损害赔偿。

问:(1)对方的索赔是否合理,为什么?(2)合同中,就这一类商品的品质条款应如何规定为宜?

如果没有学习过该课程或作为非专业人士的你,思考一下,应该如何回答?别着急看下面的答案哦!

将参加该课程考试的部分学生答案汇总如下:

(1)不合理。

解释一:应明确规定公差条款。

解释二:1%~5%内的品质差异可以接受,与规定的品质差异较大,需支付一定的损害赔偿。

解释三:应规定在海上运输途中,因自然原因导致货物品质发生变化由谁负责。

解释四：货物品质与合同规定的现场较远，有可能是运输过程中环境变化引起的，应先调查变质原因，再确定索赔对象及金额。

解释五：根据品质条款，卖方在品质上允许有10%的幅度差异，案例中商品在运输过程中由于自身原因或外部原因必然会损失一些，规格会有所变化，属于正常现象。

（2）关于第二问的回答有：

答案一：对于食品类易变质类产品，合同中不应硬性规定其规格，而可以允许货物在运输过程中有一定程度的损耗。

答案二：条款应规定卖方、买方检验货物的指定时间；应规定以某种方式、某种包装来运输货物；应规定货物发生变化时，买、卖双方应如何处理。

答案三：类似农产品在出口时，合同中对产品的品质要求无法精确到某一数值，那么应是凭等级去售卖，或存在一定的品质公差要求，如果是精确到一定的数值要求，则可能有索赔骗局。

答案四：具体规格应为：含水量14%±5%，含油量18%±10%，含杂质1%±3%。

答案五：应根据UCP600允许有5%的误差，应在合同中标注，且保留样品。

考题分析：(1)对方向我方索赔，要判断其索赔依据是否正确，我方是否存在责任。事实上，我方违反贸易合同，应该承担违约责任。因为，此合同买卖是凭文字说明买卖，商品质量用规格表示。交货品质与合同规定存在较大差异，因此对方索赔合理，即我方所交货物品质与合同不符。(2)凭文字说明买卖，品质规定有等级、规格、牌名、产地名称、标准等方法，对于农产品这类商品，签订合同时，应该注意质量机动幅度或质量公差的运用。这里大豆的规格规定应采用质量机动幅度条款，如，含水量≤14%，含油量≥18%，含杂质≤1%，这样的规定是合适的。

答案评价：(1)上面所列的学生答案都是错误的。(2)没有读懂题目，解释或答案虽然都是该课程知识点的知识，但张冠李戴。把题外的知识点生搬硬套到回答中，材料没有提到品质公差、检验权、运输责任、溢短装条款等，却随意拿来敷衍。(3)专业知识基础薄弱，且分析问题和解决问题能力欠缺。(4)导致错误的原因有：没有学习，或仅最后几天临时"抱佛脚"了解了几个概念，或虽学习，但不认真，平常就没有解决疑惑，一知半解，因此在作答时只能张冠李戴，以求老师给点同情分。

你思考正确了吗？面对招聘面试官时，会自信吗？所以，在大学入学时，就应该有一个很好的四年规划，否则，像前面回答出各种错误答案的学生，可能会面临被淘汰的局面。

到这里，我们理解大学生要真正做好四年规划的必要性，我们可以从经济学角度，思考我们的大学生行为，探寻其影响因素。

经济学是一门研究人类行为及如何将有限或者稀缺资源进行合理配置的学科。这里，资源的稀缺性是指相对于人类无限增长的需求而言，在一定时间与空间范围内资源总是有限的，相对不足的资源与人类绝对增长的需求相比形成了资源的稀缺性。事实上，世界上没有一种资源不是稀缺的，即使中东的石油也只是短暂的富有。对于多数的大学生来说，不仅生活费用是不充足的,而且学习时间、提高自己的机会也都是稀缺的。一般来说,大学4年是决定一个人工作和生活幸福指数水平的4年,4年有很多事想做或必须去做,比如学习、娱乐、交友、升学、兼职、参加比赛等,因而,时间就显得非常稀缺,在4年有限的精力、有限的时间财富中,解决不好时间的分配问题、解决不好如何学习的问题,就会导致某些学生"穷得只剩钱"的现象。所以,需要掌握一点经济思维,做好大学4年规划,为丰富多彩的4年大学学习与生活和未来美好的工作与生活,奠定坚实的基础。

1.1 "经济人"——做一个理性人

人具有多面性,是理性与非理性、简单与复杂等矛盾统一体。我们应该做一个理性的人,能够博学,能够明辨是非,能够慧眼看世界。下面先从经济学角度了解人的各种特征。

微观经济学的研究对象是个体经济单位,即单个消费者、单个生产者和单个市场,其进行微观经济分析的基本前提条件是"经济人",或称"理性经济人"。

"经济人"的假设是对经济社会中从事经济活动的所有人的基本特征的一个一般性的抽象,即假设每一个从事经济活动的人都是利己的。换一种说法就是,每一个从事经济活动的人所采取的经济行为都是力图以自己的最小经济代价去获得自己的最大经济利益。因此,"经济人"都是自利的,以自身利益最大化为自己的追求目标,在面临不同选择机会时,总是倾向于给自己带来更大经济利益的那种选择机会。在经济学家眼里,千差万别的活生生的人都是追求自身最大限度利益的理性经济人。但是,"经济人"假设存在如下前提:有明确的利益最大化的目标,有知识(或能力)采取行动实现目标,存在信息透明,即知道对方或他人行为决策,最后,他能够对不同方案做出选择。当这些前提条件有一个不满足时,他就不是理性经济人,可能是一名复杂社会人或其他角色身份。

现实中,自利不等于自私。比如,企业家为回馈社会而捐出个人所有积蓄,满足其行善的愿望,当他人得到幸福时,他自己也觉得幸福,这一行为是自利,但不自私。

然而,理性经济人做出理性决策时,结果未必一定得到个人利益的最大化,因为要实现最大化的利益,必须准确知道他人的行动或决策。比如,消费者总想买到"物美价廉"的商品,但往往不能如愿。理性的经济人未必一定得到个人利益的最大化,是因为存在众多影响其获得个人利益最大化的个人不可控因素,或者说是其获取最大经济利益的能力和条件不足,也是下文提到的"有限理性人"的现象。

在经济活动领域,关于人的假设还有"道德人"和"有限理性人"的假设。

"道德人"是亚当·斯密(被称为现代经济学鼻祖)在《道德情操论》中提出:"人们不应该把自己看作某一离群索居的、孤立的个人,而应该把自己看成是世界中的一个公民,是自然界巨大国民总体中的一员。不仅如此,为了这个大团体的利益,人人应当随时地、心甘情愿地牺牲自己的微小利益。"因此,"道德人"与"经济人"相比存在三个不同方面:同情心、正义感(也称合宜感)以及行为的利他主义倾向,即"道德人"有利他、理性正义和追求团体利益最大化三个特征。

"有限理性人"是由社会协作系统学派的创始人切斯特·巴纳德(Chester I. Barnard, 1886－1961)提出的,即人只具有有限的决策能力和选择能力,人的理性受到条件限制。他从"有限理性"的原则出发对古典经济学家们的"完全理性的经济人"的认识进行了修正,并在1938年出版《经理人员的职能》一书中详细阐述了自己的观点:(1)每个正常的、身体健康的、适合于合作的人并不像科学管理理论所讲的那样,是"机器的附属物",也不是单纯接受命令的"被动的生产工具",而是具有选择的能力、决定的能力、自由意志;(2)这种选择能力是有限的,主要是因为人是各种物的、生物的、社会的力量的合成物,提供的可能性是有限的,人们只能具有在一个有限的范围内进行自由选择的能力;(3)虽然选择某个时刻可能是极为有限的,但坚持朝一定的方向反复选择,可能最终会使得人的物的、生物的、社会的要素发生很大的变化,但人不是万能的。

下面再从管理学角度来了解人的其他特征,比如"复杂人""社会人"等。

"复杂人"是西方现代管理学中关于人性的一种假设。在20世纪60年代末至70年代初,由美国"组织大师"埃德加·沙因(Edgar H. Schein)提出。他认为:①人的需要是多种且时刻变化的;②人的各种需要和动机会发生相互作用;③人的工作和生活条件是不断变化的,且不断产生新的需要和动机;④由于人的需要不同,则管理方式会有不同的反应。因此,人是很复杂的,不仅人与人之间在能力和需求方面存在着差异,而且每个人在不同的年龄、不同的时间、不同的地点和不同的场合也有不同的表现。每个人的需要及需要的层次都不尽相同。随着年龄的增长、知识的增长、地位的改变,以及人与人之间关系的变化,人的需要和潜力都会发生变化。由"复杂人"假设出发,产生了应变理论,这种理论认为:人在同一时间内有各种需要和动机,它们会相互作用并构成一个错综复杂的动机模式。因此,不可能存在一种适合于任何时代、任何组织和任何个人的管理方法。这就要求管理人员能够做到具体问题具体分析,灵活运用不同的管理措施。

"社会人"假设则认为在社会上活动的员工不是各自孤立存在的,而是作为某一个群体的一员,是有所归属的"社会人",是社会性存在。人具有社会性的需求,人与人之间的关系和组织的归属感比经济报酬更能激励人的行为。"社会人"不仅有追求收入的动机和需求,他在生活工作中还需要得到友谊、安全、尊重和归属等。"社会人"假设的管理理论的代表人物主要有梅奥、马斯洛、赫茨伯格和麦格雷戈等。

因此,人具有多变的特性,随着社会经验、知识积累、环境、地位、需求的变化,人会在经济人、复杂人、有限理性人、道德人、社会人等角色间切换,但矛盾统一,因此,任何一个群体中,总会有各种个体。按照任一个标准,群体中的每个个体可被分成不同等级,我们大学生愿意成为哪等人?在回答这个问题之前,不妨从认识我们"人"自己开始。在人的多个角色中,经济人是其中最显著的一种特征,因为,人们始终处于一个利益追求中,只是这个利益不仅仅是经济利益,不仅仅只是用来货币衡量的。

我们大学生要做一名"经济人",因为很多人还不明白自己的"利益目标",也还缺乏决策能力的理性。

大学4年是人生最重要的一个阶段,这个阶段绝大多数情况下决定了一个人的职业、工作能力、生活幸福满意度等。没有了解经济学的人会认为大学4年的学习与生活,不是一种经济活动,自然就不会认为大学生是一个"经济人"。"经济人"虽然是自利的,一方面可能为追求个人利益最大化而试图用最小努力获得最大回报,可能会出现不劳而获、非法手段进行不公平竞争,导致社会退步,但另一方面为了自身利益最大化,积极参与竞争,积极创新使技术进步,从而有利于社会进步。年轻的大学生中普遍存在的学习态度是前者,试图轻轻松松考试合格,却又想着获得各种荣誉;想着轻轻松松大学毕业,却又想着工作舒适而工资收入丰厚。但现实中,两者不可兼得,一般地,付出与回报成正比,当然不排除某些投机取巧的情况,但这绝对不是回报的正道,也不是人人都可以做到、次次都可以做到的。

从教育管理角度,大学是大学生进入社会前的"小社会",学生教育管理远比生产管理更有难度、更复杂,因此,教育管理者一般都认可大学生具有"复杂人"和"社会人"的特质。然而,当前市场经济下,人们产生一种一切向"钱"看的"市场经济思维",学生的任何行为,都会考虑自身利益的损益。比如,大学生总想用最小的付出,能够获得诸如顺利毕业或得到奖学金等更高期望的结果,即从投入-收益角度看,大学生的行为符合"经济人"特征。因此,大学生的学习与生活也可以认为是一种"经济"活动,只是衡量利益的不是货币,而是广义的价值,比如荣誉证书、高质量就业等;衡量投入的不仅仅是货币,还包括非货币的、非物质的,比如时间。

当代大学生忽视了"道德人""社会人",会成为一个极度的"复杂人"。有时太追求个人利益而忽视整体利益,会损人利己;有时太注重短期利益,会忽视长远利益;有时太自私,只顾抢夺,会忽视创造,这些都与"经济人"格格不入。"经济人"是要求人具有理性,强调的是人会为个人利益最大化目标而努力,具备一定信息透明(比如知识、能力储备)而理性。在大学里,一般地能够称为"好学生"的基本是这样:能够分清是非,职责明确,为规划好的人生目标而努力,他是优秀学生。而存在"问题"的学生,则是"经济人"特征表现不够充分,是某种程度上的差生,所以,大学生应争取做一名"理性人",成为一名优秀学生。

1.2 商品——确定职业目标

商品只有能够满足社会需求,才能体现其价值,商品只有有价值,才能满足社会需求。从教育产业来说,大学生是一种"类商品"。在进入社会之前,每个大学生的价值是不同的,即使是同一专业、同一班级的同学,其社会职位和职业却形形色色,这是由不同人的人生规划及其执行程度决定的,是自己"手绘"的结果。先看一则案例,了解应该如何确定职业目标,实现自己的社会价值。

案例:招聘广告一则

招聘职位:企业筹划顾问

月薪:10 000~12 000元/月

学历:大专 经验:不限

公司福利:五险一金

职位类型:工业/工厂类

发布时间:2020-03-06

有效日期:2020-05-19

基本要求:年龄不限,性别不限

工作地点:南京建邺区

职位描述:

1. 执行公司营销策略,实施市场开拓任务;2. 对公司提供的新客户的资料进行沟通,开发客户业务;3. 通过电话与客户进行有效沟通,了解客户需求,寻找销售机会并完成销售业绩;4. 维护老客户的业务,挖掘客户的最大潜力;5. 定期与合作客户进行沟通,建立良好的长期合作关系。

公司地址:(略)

公司简介:(略)

这是某招聘网站发布的一则招聘广告,它是适合于所有大学生工作的招聘广告,这种招聘信息也非常多。在招聘中,有的职位专业技术要求高,会设置专业门槛;有的招聘,不是企业不想提高招聘门槛,而是工作任务艰巨,从而降低门槛;有的招聘,设置非专业门槛,是要筛选出符合需要的合格人才。进入社会时,大学生就是一个"商品",能否满足企业的需求,能否给企业创造效益,能否实现价值,这就要看之前的价值是如何形成的。如果忽略这则广告的真实性,说明大学生总可以有其能力或兴趣适应的工作岗位;如果考虑到这个工作的收入待遇,就看大学生有没有这个自信去应聘;当然,细看职位描述,很可能就是一个电话销售工作,想不想去,看同学们自己意愿。

下面先来了解商品理论。

马克思主义的商品定义为用来交换的劳动产品,其具有使用价值和交换价值两个因素。商品价值是凝结在商品中的无差别的人类劳动,各种商品的价值,只有量的差别,而无质的不同。商品价值是商品与货币交换时,一定商品量所能交换货币的多少。

商品交换价值是商品价值的表现形式,是商品的社会属性,体现着商品生产者相互交换劳动的社会关系。马克思主义认为：商品价值（单价）与生产该商品的社会必要劳动时间成正比，与生产它的社会劳动生产力成反比。这个结论成立的前提是：等量劳动交换等量价值。

商品的有用性，即能够用来满足人们某种需要的属性，就是商品的使用价值，使用价值是商品的自然属性。商品交换价值的存在需要以使用价值的存在为前提，使用价值是交换价值的物质承担者。商品使用价值的存在不以交换价值的存在为前提，商品生产者生产商品是为了获取交换价值，不是为了获得使用价值，商品消费者是为了获取使用价值。只有通过交换才能解决商品的使用价值和交换价值的矛盾。

另外，马克思主义的劳动力商品理论认为：劳动力商品具有独特的使用价值，劳动力商品的使用价值在使用过程中具有特殊的属性，其特殊性为劳动力商品的价值有一个最低限度或者说最小限度，劳动力价值构成还包含着一个历史的和道德的因素，劳动力商品的交换，并不发生所有权的转移；劳动能力的生产曾经需要一定量的生存资料，它的再生产又不断地需要一定量的生存资料，劳动力卖不出去，不仅其价值等于零，其所有者还面临一种残酷的生存压迫。

商品价值规律：商品价值量由社会必要劳动时间决定，商品实行等价交换。价值规律表现为：商品价格以价值为中心上下波动。

西方经济学将商品分为正常商品、低档商品、必需品、吉芬商品，不同商品的需求曲线如图 1-1 所示（横轴为需求量 Q，纵轴为价格 P）。这里需求曲线表示在每一价格下所需求的商品数量，是指其他条件相同时，在每一价格水平上消费者愿意购买商品量的曲线。

正常商品是需求量与收入呈同方向变化的商品。对于正常物品来说，需求曲线是向右下方倾斜的，因为替代效应与价格呈反方向的变动，收入效应也与价格呈反方向的变动，在它们的共同作用下，总效用必定与价格呈反方向的变动。

随着收入增加，需求量减少的商品为低档商品。这种商品，其收入弹性≤0，需求价格弹性≤1，其中 Q、P、M 分别表示需求量、价格和收入。

随着收入增加，需求量减少的商品为低档商品。这种商品，其收入弹性 $E_M = \dfrac{\Delta Q/Q}{\Delta M/M} < 0$，需求的价格弹性 $E_d = -\dfrac{\Delta Q/Q}{\Delta P/P} < 1$，其中 Q、P、M 分别表示为需求量、价格和收入。

必需品的需求量对其价格变动反应不敏感，以比其价格较低的变动率按相反方向变动，因此，必需品是需求的价格弹性小于 1 的商品。而刚需商品的价格弹性趋于 0，近乎无弹性，需求曲线则是一条近乎的垂直线。

一般地，奢侈品的价格弹性大，必需品的价格弹性小；可替代物品越多，商品的价格弹性越大；商品用途越多，价格弹性越大。

在其他因素不改变的情况下，当商品价格在一定幅度内上升时，需求量增加，价格下降时，需求量减少的商品称之为"吉芬商品"。吉芬商品是一种特殊的低档商品。作为低档商品,吉芬商品的替代效应与价格呈反方向的变动,收入效应与价格呈同方向的变动。吉芬商品的需求曲线向右上方倾斜,这是因为它的收入效应的作用很大,以至于超过了替代效应的作用,从而使得总效应与价格呈同方向的变动。

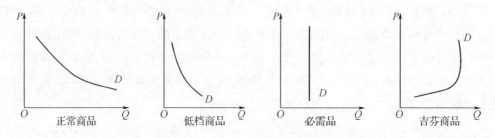

图 1-1　不同商品的需求曲线

根据商品理论,大学生的劳动力是商品。但大学生是不是商品呢?从商品定义角度看,人(包括大学生)绝不是一般意义的用来交换的"劳动产品",但是,根据商品特性或从广义角度看,大学生在形式上具有商品的一切特征。

从教育角度看,学校(或教育系统)是这个大学生"类商品"的生产者,就是培养学生,大学生商品的价值由社会必要劳动时间(即大学专业学习时间)决定,学生从校园走向社会工作,实现这个大学生"类商品"的使用价值,体现学生的有用性,有用性是学生能够给企业、社会创造价值。学校(或教育系统)获得的是大学生"类商品"的交换价值(财政拨款、社会捐赠或社会劳动力供给),体现"大学生商品"的社会属性。同样,大学生商品的交换价值的存在以学生的有用性为前提。

大学生是一种特殊形式的"类商品",其特殊性在于大学生这个商品的自我增值能动性,大学的专业学习年限决定了大学生商品价值的最低值,由于大学生商品的自我增值能动性,能够自我实现特殊使用价值的形成与商品价值增值,大学生的专业有效学习时间和综合素质与能力水平决定了商品价值总量。在这个时期大学生放弃劳动力交换,付出劳动能力生产需要的生产资料,以获取更大的使用价值和价值量,而大学生的价值是大学生自我创造,这也是称大学生为"类商品"的主要原因。

因此,我们可以认为大学生是一种特殊的"类商品"(即近似商品)。大学生作为一种特殊的"类商品",不仅要遵循商品的价值规律,还要展现其特殊性。

大学生进入人才市场,作为要素市场的劳动要素,犹如商品进入商品市场,受到供需、竞争和价格的市场机制作用影响。但大学生这个特殊商品,不同于商品市场,它是在既定的近似确定容量的市场需求下,大学生这个"类商品"既同质又异质,因此大学生之间存在相互竞争和比较。如果我们按综合素质(包括专业素质和技能)高低为标准分类,可以将毕业的大学生分为高素质学生、低素质学生,大学生还存在市场紧缺学生、市场过剩学生和名校学生等类别。大学生的需求曲线是在近似容量确定市场中的矩阵分布曲线,如图 1-2 所示,图中 P 为价格(工资),Q 为市场对大学生的需求量,$\bar{P}$ 和 $\bar{Q}$ 分别代表市场的平均工资和平均素质的学生数量。

在既定的市场中,高素质且市场紧缺的毕业生,这类学生需求曲线几乎是垂直线,价格弹性趋于0,如矩阵中的右上角所示。就业门槛比较低的细分人才市场,人才需求弹性小于1,需求曲线比较陡峭,如矩阵的左下角所示。社会偏爱拥有一定初始市场资源的毕业生,他有与吉芬商品类似的需求曲线,如矩阵的左上角所示。市场饱和或过剩的细分人才市场,由于就业竞争较大,但总可以就业,人才市场需求曲线如矩阵的右下角所示。

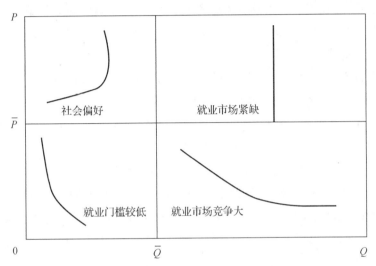

图1-2 人才市场不同类型大学毕业生的需求曲线矩阵分布图

所以,大学生要考虑自己要成为什么类型的毕业生,以及如何培养自己的价值,才能实现自己的目标价格。

大学生的"价格"又如何体现?

我们知道,经济上,价格是价值的货币表现,价格是商品交换价值在流通过程中所取得的转化形式。价格由商品价值决定,但商品价格变动不一定反映商品价值的变动,商品价值变动并不一定引起商品价格变动,商品供给是价格形成和变化的直接条件。

因此,大学生的"价格"的客观表现是工作岗位或工资,价格的高低由个体的使用价值决定,即专业不同会呈现交换价值不同,但也受到特殊使用价值的影响,还受到人才市场的供需以及其他社会因素的影响。

如何提高"价格"?

从社会看,无特殊情况,大学生总可以通过其自然属性,找到工作,创造价值,服务社会,最终实现其社会属性。

从专业看,既定的人才市场,不同专业人才的价格既定,能否实现价值和提高价格,主要决定于个体的有用性,即能够为聘用单位创造多大的价值。市场提供不同的工资收入,就是基于员工能够创造多大的价值,当工资低于价值时,员工就会跳槽到收入更高的岗位或单位。

所以，提高个体的"价格"，应该提高自身使用价值，来实现其社会属性，通过提高个体有用性，能够为社会所需，才能提高个体"价格"。

如何实现个体价值？

要实现个体价值，需要将个体放入社会考虑，未来能为社会创造什么价值，因人而异，这和个人的目标和执行程度有关。

个人目标是大学四年学习生活的灯塔，是航标。灯塔，为黑夜中的船只指明航向；目标，能让疑惑的人生不再迷茫。一个没有目标的大学生，会浑浑噩噩地混日子，在潮流中逐步趋于平凡，这样的大学4年中，大概率会发生旷课、抄作业，然后是"挂科"、"重修"、延迟毕业，甚至肄业、退学。这些现象是步入大学的任何一个学生都必须反思的问题，但每年这些现象却不断上演，并且不在少数。如何避免挂科、重修，甚至能够荣誉加身？最首要的，是正确树立大学4年的目标，即入学之初就能够对四年进行合理科学的规划。

事实上，任何一个大学生都应该有目标，只是目标有远近之分、有大小之分。大学生的目标各色各样，诸如：作业独立完成，考试不作弊，不违反校规校纪，课程不挂科；至少参加一项活动和比赛、获得一项社会资格证书、获得一项荣誉称号或奖助学金（三好学生，优秀团员，优秀学生干部，国家奖学金，国家助学金，校一、二等奖学金等）；考研成功、考取公务员、出国留学、创业；进国有企事业单位、大型企业、合资企业；提高交际能力、思辨能力、研究能力；做工程师、教师、金融师等；做生产、服务、营销人员；做员工、部门经理、老板；做工薪阶层、富豪等。

其次，当树立了目标之后，不论目标的大小和层次如何，都要付诸行动，并且能够坚持，才可以实现，否则，目标只能是空中楼阁。随着目标的层次提高，需要付出的努力更多、需要坚持的毅力更大。

如何确定目标？

首先，要认清自己，了解自己的优势和劣势。一个不善于思考、做决策，缺乏担当的人，不适合做领导；一个随波逐流，缺乏定力的人，考研不会成功；一个不注重课程学习，投机取巧的人，很难获得奖学金和荣誉称号。比如，一个入学就没有想考研的人，在大三跟风考研，则最终考研不成功是大概率事件，甚至考研过程对自己都没有什么作用。

其次，要结合自己拥有的资源，不忘初心。不忘初心，跟着内心需要，才能为目标而坚持，结合自己拥有的资源，包括天赋、家庭的经济政治资源等，才能有助于实现目标，否则，会事倍功半，甚至一无所获。比如，大学生村官，原985学校的本科生自愿申请，就可以直接做村官，而其他本科生，需要经过考试、面试的筛选；来源地是经济富裕地区的学生相比其他地区的学生，更容易找到像证券行业的客户经理的岗位工作；"官二代""富二代"比其他人更容易创业成功，或更胜任保险、理财等岗位。

如何实现目标？

凯文·凯利（Kevin Kelly）在《新经济 新规则》一书中提到的一个经济规则"不要在巅峰逗留"，只有"成功之后，回退"，才能寻找到适合实现新目标的途径。

凯文·凯利提出：从一个成功到另一个成功，需要改革以前的成功模式，才能为实现下一个成功提供保障，如图1-3所示，借助于自然现象，一个人要从一个山头行进到另一个山头，必须先下山，构建合适的路径才可以成功登到另一个山头，我们可以把它称作"山头理论"。正如凯文·凯利所说，成功容易催生偏执，任何组织总是想通过最优化的发挥取得成功，而不是放弃成功。但现实中创立一个组织比变革一个已经既成的组织更简单，是因为，在山顶过于完美而视野狭隘、短视，从而成为获取新的成功的障碍。因此，现实中让人放弃成功，确实不容易。我们需要有否定之否定的精神，不断提高我们的目标，寻找达到更高目标的新方法、新途径，在否定之否定中发展。现实中，我国中小企业的平均寿命为3～5年，淘汰频率高，主要是创业者受缚于传统的观点：尽力发挥企业现有优势，提高竞争力。却没有认识到成功却成为创新、前进的障碍。

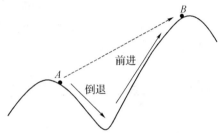

图1-3　关于实现目标的"山头理论"示意图

对于大学生来说，目前不论是双一流院校本科生还是一般院校的本科生，或是专科生；不论是努力后考取的学校还是高考失误录取的学校，或是被志愿选择的学校，在大学这个新阶段，都要总结以前的成功经验，吸取以前的失败教训，重新寻找、定位实现目标的路径和方法，否则，根据"山头理论"，按照惯性实现目标，犹如天方夜谭。因为在新的群体中，大家处于同一"起跑线"，以前的优越性遇到了新的竞争对手，只有适应新的竞争环境，才可能最终胜出。

还有，学会自学是实现目标的基本方法：

从知识的难易程度和多少来看，中学学习的知识以"知识是什么（what）"为主，通过教师灌输、引导就可以应付考试，而大学学习的知识不仅要知道"知识是什么"，更要知道"知识是为什么（why）"，还要在工作中应用。大学需要掌握理解或了解的知识也比中学的多得多，同时，大学的课堂教师对知识的讲解有限，没有哪一门课程是逐句逐段讲解的，所以，大学的课程学习必须以自学为主。

从学习的目的来看，中学学习的主要目的是成人和考取学校，而大学的学习目的是成人、成才，是走向社会，至少要能够养活自己。所以，在大学，除了要学习专业知识外，更重要的是要掌握学习能力、学习工作技能、学习适应社会的综合素质，而这些不是完全从课本或课堂中可以直接学习到的，需要在课程学习之外，靠个人去发展、学习，这就是创造自身的特殊使用价值。只会读死书的人，没有掌握自学方法和自学能力，是很难掌握课程之外的知识的。

从社会进步角度看，社会不断进步，新事物、新技能不断出现，需要人不断适应，如果没有掌握自学能力，很容易被社会淘汰。

大学生这个"类商品",不完全等同于市场中的商品:其具有自主能动性,更需要发挥能动性实现其价值,按规划目标的大小,实现其"商品价值"的高低,通过个人能动性,创造自己的特性,提高其使用价值。

1.3 生产——学什么

把大学生作为"类商品",那么作为生产者——学校,就是按照生产计划——人才培养方案进行"生产"。由于大学生这个"类商品"比市场商品具有能动性,还可以而且也需要实现自我"生产",而这种自我"生产"是实现"商品"不同使用价值的根本原因,所以,大学的"生产"过程,一方面是大学生的被动生产过程,另一方面是主动生产过程,两个过程都很重要。看下面一则案例,了解"生产"什么是多么的重要。

案例:联想的"柳倪之争"

1994年2月14日,联想的股票在香港联交所上市,另一个鼓舞人心的消息是,10岁的联想,销售额已经超过了长城、北大方正、浪潮、四通等竞争对手,成为中国最大的计算机公司。双喜临门,公司上下沉浸在一片兴奋和自豪的氛围中时,公司创始人柳传志和几个公司高管却是忧心忡忡:

1991年,一场计算机产业的"黑色风暴"席卷欧美,数以百计的电脑厂商不是倒闭就是亏损。就连联想一直仰望的业界泰斗IBM也不能幸免,最终,它裁减了4万人,才勉强维持住不到1%的利润率,而康柏的总裁也因为股价大跌70%被迫辞职。与此同时,中国政府却正大刀阔斧地拆除计算机行业的贸易壁垒,大门打开后,中外电脑生产企业开始短兵相接,很快,包括联想在内的国内电脑企业就发现,它们已经被卷入一个自己不熟悉也无法把握的全新的竞争格局。

面对国际巨头的长驱直入,尽管1993年联想销售额首次排名国内企业第一,但却是10年来第一次没有完成自有电脑销售指标。就在这时,一场意想不到的风暴在联想爆发了,这就是后来的"柳倪之争"。1994年,联想公司的两大核心人物柳传志和倪光南产生了严重的分歧,总工程师倪光南主张走技术路线,选择芯片为主攻方向;而总裁柳传志主张发挥中国制造的成本优势,加大自主品牌产品的打造。最终,作为企业经营者的柳传志,通过"病床外交"获得了联想内部几乎所有高层管理人员的支持,于1995年6月30日,联想董事会同意免去倪光南同志联想集团公司总工程师职务,为"柳倪之争"画上句号。

1994年,柳传志任命杨元庆为联想电脑公司总经理。在他的带领下,当年联想自有品牌电脑销量跻身中国市场前三位。2005年还并购了IBM的个人电脑业务,很快联想的个人电脑业务成为全球第一。

但是,2015年,华为的利润是369亿美元,联想却巨亏8.4亿美元;2016年,华为的利润是371亿美元,联想的利润是48.59亿美元(其中通过削减雇员福利成本减少约1.29亿美元,存货报废减少1.73亿美元,出售非核心资产以及合营公司共得到收益约5.55亿美元等)。

但是,2018年在美国特朗普政府打压我国中兴和华为等企业,特别是关于5G标准投票,联想却抛出"科技无国界""联想是世界的联想"等谄媚美国,而被网友唾弃,央媒都表示出愤慨:与其坐而联想,不如奋起华为。华为和联想,原本是位于同一起跑线的两家民族企业,通过创新能力指标重新审视两家公司:2018年,联想财年的研发费用为81亿元,占总营收的2.8%;华为,研发费用接近900亿元,占总营收的比例近15%;被美国制裁的中兴,研发费用近130亿元,占比接近12%。华为发布2017年年报显示:全球销售收入6 036亿元人民币,同比增长15.7%,净利润475亿元人民币,同比增长28.1%,近十年投入研发费用超过3 940亿元。我们可以知道当年的"柳倪之争"决定了当前联想衰落的命运。

通过该案例可以了解,生产战略对于生产者是多么重要。

市场主体之一——企业的生产是指从事创造社会财富的活动和过程,包括物质财富、精神财富的创造。

企业生产需要生产要素,包括土地、劳动、资本、技术、企业家才能、生产资料和时间等,即生产的成本,然后生产出商品,进入产品市场,供市场选择。

西方经济学的生产理论是研究生产者行为的,是关于投入的各种生产要素所能生产的最大产量的理论,它从生产函数 $Q=f(L,K)$ 出发,研究理性的生产商如何实现利润最大化,见图1-4产商的最佳生产安排示意图。

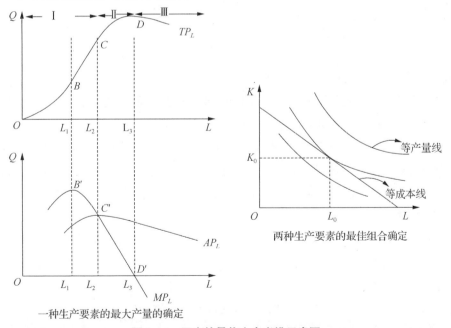

图1-4 厂商的最佳生产安排示意图

短期内,先以一个生产要素为例,产商安排利润最大化的产量图中 Q 为收入,L 为劳动投入要素。图中的 $TP(L)$ 为总产量函数,$AP(L)$ 为平均产量函数,$MP(L)$ 为边际产量函数。在第Ⅰ阶段:$(0,L_2)$ 时,$MP_L>AP_L$,即 AP_L 呈递增阶段;在第Ⅱ阶段:(L_1,L_3) 时,$AP_L>MP_L>0$,即 AP_L 呈递减阶段;在第Ⅲ阶段:$(L_3,+\infty)$ 时,$MP_L<0$,TP_L 呈递减阶段。所以,厂商为了达到经济效率,应把生产推进到第Ⅱ阶段。在各条曲线中,在平均产量最大点 C' 点和边际产量最大点 B' 都不是总产量最大值点,因为,仍然可以通过增加要素投入,增加产量。只有在厂商在边际产量为零时,总产量达到最大值点。

在长期生产中,假设生产产品只有劳动力和资本两个生产要素,则在既定成本条件下,产量最大的要素组合条件为 $MRTS_{LK}=-\frac{dK}{dL}=\frac{MP_L}{MP_K}=\frac{w}{r}$,这里 w 和 r 分别为劳动力和资本的价格。即,为实现既定条件下的最大产量,厂商必须选择最优的生产要素组合,使得两要素的边际技术替代率等于两要素价格比,此时成本最小,这时也是利润最大化的生产要素组合。因为:由于边际技术替代率 $MRTS_{LK}=-\frac{\Delta K}{\Delta L}$ 等于等产量曲线在该点斜率的绝对值,若围成产量水平不变前提下,有由增加劳动投入(L)所带来的总产量的增加量和由减少自变量(K)所带来总产量的减少量必定相等,即有 $|\Delta L \cdot MP_L|=|\Delta K \cdot MP_K|$,整理得:$-\frac{\Delta K}{\Delta L}=\frac{MP_L}{MP_K}$。生产经营决策中,要素的最优组合为成本既定条件下,产量最大,或者是产量既定条件下,成本最低。则必须满足等成本和无数等产量曲线中的一条相切(见图-4),这时,有 $\frac{MP_L}{w}=\frac{MP_K}{r}$。故,在既定条件下,即 $wL+rK=a$,$Q=f(L,K)=b$,其中 a,b 为定值,产量最大的要素组合条件为 $MRTS_{LK}=-\frac{dK}{dL}=\frac{MP_L}{MP_K}=\frac{w}{r}$。

大学生的大学生涯也应该考虑自己的"生产战略",即大学规划、人生价值和梦想,同时,要能够最大化"生产"和获得最大化"利润",那么,大学生能生产什么?

大学生的"生产"过程是不断提高使用价值、提高交换价值的成才过程,这个过程是不断学习专业知识、职业技能,提高综合素质,增强适应社会的能力的过程。它总体上分知识、能力和素质三个方面。知识方面又分:人文社科方面的知识,自然科学方面的知识,专业基础知识,专业知识,以及其他知识。能力方面又分:专业基础能力,专业能力,现代工具运用能力,通用能力,以及其他能力。素质方面又分:人文素质,专业素质,学习与创新素质,身心素质,以及其他素质。

大学生的"生产"就是成人、成才,为社会所用。具体说,就是对所学知识[即知识是什么(what)]能够提高到"知识是为什么(why)"的层次,甚至升华到"知识是谁的(who)"(能够灵活运用并能创造新知识)的更高层次,能够将所学技能和综合素质应用到实践中。从另一个角度,大学生"生产"是知识和技术的生产,内含于个体素质中。

具体到四年大学过程中,大学生学什么?

专业学习方面,各学校各专业都有人才培养方案,一般地,包括公共类课程和专业类课程两大类。像公共课程类包括思政类、数学类、计算机类、军事类、大学英语、体育类、文化素质类等课程。专业类课程又分学科平台课、专业基础课、专业选修课、实训课等不同层次。

区分不同专业培养目标的标准主要是专业类课程。像专业基础课,以经济管理类为例,主要包括:政治经济学、西方经济学、管理学、会计学、市场营销学、金融学、财政学、统计学等,专业间不同,还会有2~3门课程不同。像理科类专业,一般把物理、电子电路作为学科平台课。

区分不同专业主要看设置的专业课,专业基础课是专业核心类课程,是专业技能和综合素质的理论基础课。以国际经济与贸易专业为例,它包括:国际贸易理论与实务、外贸函电、国际金融、国际市场营销、国际商法、国际商务谈判、国际结算、电子商务等。然后是专业选修课,它又分为限选课和任选课。

限选课,它是针对不同专业技能开设,一般以市场需求为导向设置。任选课一般为专业之间的交叉课程,为专业素质拓展和综合素质提高服务。仍以国际经济与贸易专业为例,限选课包括:单证实务、通关实务、国际货运代理实务、商务翻译、国际投资、跨国公司管理等课程,一般地,学校课程会根据背景和学校定位而有所区别。任选课包括:财务管理、服务贸易、产业经济学、区域经济学、保险学、证券投资学、商务管理、企业战略管理、营销策划、商品学、国际贸易前沿、国际经济与合作等等。

实训(实践)类课程一般是对专业基础课程理论的实践应用,或是对专业技能的强化、专业知识的综合。像国际经济与贸易专业的实训课一般包括:市场调查、贸易实务实践模拟、跟单实务实训、单证实务实训、通关实务实训、课程设计、毕业实习和毕业论文等,实训课也会根据学校的定位而有所侧重。所有专业的共性方面在于,掌握自学的能力与方法,提升发现问题、解决问题的探究学习的思维能力、学习归纳总结问题的能力。

为了使思路清晰,下面仍以国际经济与贸易专业的学习为例进行归纳:

(1) 专业学习

a) 外贸专业知识——国际贸易理论与实务、单证实务、外贸函电、通关实务、货代实务、国际结算、商务口语、商务翻译、国际商法等,培养岗位职业技能。

b) 新外贸专业知识——电子商务、跨境电商(平台运营、交易流程管理、产品发布、营销、数据分析等)等,适应新形势发展,现在社会对跨境电商人才需求大,也与国际经济与贸易专业联系紧密。

c) 综合素质知识——西方经济学、国际金融、财务管理、基础会计、国际市场营销、投资学等,这些属于专业素质拓展,满足人的全面发展需要。

d) 工具方面——Office工具、统计学、计量经济学、CAD制图、英语与法律等,其中英语与法律是专业方面重要的工作手段,它们能够满足社会对高层次复合人才的需求。

大学四年的课程,一般安排7个学期的授课任务,第8个学期是毕业季,主要任务是毕业和就业。

(2) 非专业学习

非专业学习一般以项目形式呈现,为提高职业技能、专项素质服务。

首先,像公共选修课,为人文社科类专业提供科学素质类选修课,为理工科类专业提供人文素质类选修课。

其次,校内外的各级各类比赛,为学生提供专业或综合素质类的训练。还有各种研究创新项目、社会资格证书等,提供各种专项能力训练。下面列举部分2020年我国全国性的大学生比赛项目,供不同专业学生参考。

表1-1 大学生创新创业竞赛项目指导目录

序号	竞赛名称	类别	备注
1	中国"互联网+"大学生创新创业大赛	A+	
2	"挑战杯"全国大学生课外学术科技作品竞赛	A+	
3	"创青春"全国大学生创业大赛	A+	
4	ACM-ICPC国际大学生程序设计竞赛	A+	计算机类专业
5	全国大学生数学建模竞赛	A+	
6	全国大学生电子设计竞赛	A+	电子类专业
7	中国大学生机械工程创新创意大赛-过程装备实践与创新赛、铸造工艺设计赛、材料热处理创新创业赛、起重机创意赛、智能制造大赛	A+	机电类专业
8	全国大学生结构设计竞赛	A+	土木建筑类专业
9	全国大学生广告艺术大赛	A+	艺术类专业
10	全国大学生智能汽车竞赛	A+	电子与机械专业
11	全国大学生交通科技大赛	A+	交通工程类专业
12	全国大学生电子商务"创新、创意及创业"挑战赛	A+	经济管理类专业
13	全国大学生节能减排社会实践与科技竞赛	A+	
14	全国大学生工程训练综合能力竞赛	A+	
15	全国大学生物流设计大赛	A+	
16	"外研社杯"全国英语演讲、辩论、写作、阅读大赛	A+	
17	全国大学生创新创业训练计划年会展示	A+	
18	全国大学生机器人大赛RoboMaster、RoboCon、RoboTac	A+	
19	"西门子杯"中国智能制造挑战赛	A+	
20	全国大学生先进成图技术与产品信息建模创新大赛	A+	
21	全国三维数字化创新设计大赛(大学生组)	A+	
22	中国大学生计算机设计大赛	A+	

续表

序号	竞赛名称	类别	备注
23	全国大学生市场调查与分析大赛	A+	
24	中国大学生服务外包创新创业大赛	A+	
25	两岸新锐设计竞赛华灿奖	A+	
26	长江钢琴·全国高校钢琴大赛	A+	
27	中国高校计算机大赛—大数据挑战赛、团体程序设计天梯赛、移动应用创新赛、网络技术挑战赛、人工智能创意赛	A+	计算机类专业
28	全国周培源大学生力学竞赛	A+	
29	全国大学生软件创新大赛	A+	
30	全国大学生软件设计大赛	A+	
31	"谷雨杯"全国大学生可持续建筑设计竞赛	A+	
32	世界技能大赛	A+	
33	世界技能大赛全国选拔赛	A+	
34	全国高校商业精英挑战赛—品牌策划竞赛、会展专业创新创业实践竞赛、国际贸易竞赛、创新创业竞赛	A+	商科类专业

竞赛是大学生在校园内最重要的一种课外非专业学习。"竞",是争着做某事,"赛"是比胜负、比好坏。因此,竞赛是多人争相参加,依据一定规则,在某领域或方面进行技术或能力比较的活动。所以,竞赛要素有:组织者、参与者、竞赛标的、竞赛规则。

竞赛目的:直接目的是获得好的比赛结果,间接目的是提高个人或组织的专业、综合能力以及应变能力,还有就是积累经验,最后是其他目的,比如就业等。

竞赛作用:提高对专业领域知识的应用和理解,锻炼个人或组织的品质,磨练意志。

竞赛分类:专项竞赛和综合竞赛;专业竞赛和非专业竞赛;具有竞赛性质的活动。

下面以与国际经济与贸易专业有关的竞赛为例,与其他专业的竞赛要求相似,大学生也可以围绕竞赛的组织者、比赛内容、比赛形式、比赛要求等确定自己的比赛兴趣和选择,我们要知道比赛的目的是"个人综合能力"或某些专项能力的锻炼与提高。其他专业的竞赛项目,可以查阅相关主办方官网或百度项目名称进行详细了解。

(一)专业竞赛

(1)全国高校商业精英挑战赛(国际贸易组)——贸易展模拟

组织者:教育部高等学校经济与贸易类专业教学指导委员会、中国国际贸易促进委员会商业行业分会、中国国际商会商业行业商会、中国会展经济研究会。

比赛流程:首先进行知识赛选拔(考核贸易理论与实务,重在实务),在成绩合格者中选拔5~8名学生参加全国总决赛(上海、广西等省先有省赛,再参加全国总决赛)。

决赛内容:撰写参展计划书、展会布展、商务谈判、产品发布,后三项要求全程用英文表述。

比赛要求:比赛以产品为依托,需要找一家企业为合作单位,为真实产品做模拟。

(2) POCIB 全国外贸从业能力大赛

组织者:中国国际贸易学会,全国外经贸职业教育教学指导委员会。

比赛形式:软件模拟,系统为每个个人分配进口商或出口商角色,比拼外贸单证等各个方面的技能,系统打分,按团队排名获奖,个人有优胜奖。

比赛安排:每年分春秋季两赛,团队比赛,每队 10 名队员。

(3) OCALE 全国跨境电商创新创业能力大赛

组织者:中国国际贸易学会,全国外经贸职业教育教学指导委员会。

比赛形式:软件模拟,比拼模拟的跨境电商的利润率和投资回报率,分练习赛、排位赛以及总决赛,按投资回报率排名获奖,前 10 名队伍参加全国总决赛。

比赛要求:每个学校可以组织 2~4 个队伍,每个队伍 3 人。

(4) 国际货运代理职业技能大赛

比赛层级:市选拔赛、省选拔赛,然后是国家选拔赛,最后是世界技能大赛。

考核内容:考核国际货运代理知识的实践运用,使用英文比赛实务能力。

(5) 海峡经贸专题竞赛

竞赛形式:初赛——论文评比,决赛——现场答辩。

(6) 国际商务谈判大赛

(略,有兴趣的,可以查阅网络)

(7) 外贸职业能力大赛

(略,有兴趣的,可以查阅网络)

(二)其他相近专业比赛

(1) 娃哈哈大赛:通过实战销售娃哈哈矿泉水,训练市场营销能力。

(2) ERP 大赛:训练经营管理、战略管理、风险控制能力。

(3) 炒股大赛:企业组织。

……

具体到课程学习,可以查看各自学校的人才培养计划,了解到要具体学习什么课程,从课程的名称也可以了解到课程的大概内容或主题。下面仍以一个学校的国际经济与贸易专业的人才培养方案为例,通过它可以了解到要学的专业内容。

附：国际经济与贸易本科专业人才培养方案教学计划进程表

平台	模块	课程类别	课程代码	课程名称（中文/英文）	课程性质	学分	总学时	理论	上机	课程实践	实验	实践（周）	第一学年 1	第一学年 2	第二学年 1	第二学年 2	第三学年 1	第三学年 2	第四学年 1	第四学年 2	开课单位
平台	思想政治教育	TSTX	1PL011	思想道德修养与法律基础 Ideological and Moral Cultivation and Legal Basis	必修	3	48	48					3								马克思主义学院
		TSTX	1PL012	中国近现代史纲要 The Outline of Modern Chinese History	必修	3	48	48						3							马克思主义学院
		TSTX	1PL013	马克思主义基本原理概论 An Introduction to the Basic Principles of Marxism	必修	3	48	48							3						马克思主义学院
		TSTX	1PL003	毛泽东思想和中国特色社会主义理论体系概论 An Introduction to Mao Zedong Thought and the Theoretical System of Socialism with Chinese Characteristics	必修	3	48	48								3					马克思主义学院
		TSTX	1PL015	毛泽东思想和中国特色社会主义理论体系概论（实践）An Introduction to Mao Zedong Thought and the Theoretical System of Socialism with Chinese Characteristics (practicum)	必修	2	48			48											马克思主义学院
		TSTX	1PL005	形势与政策 Current Affairs and Policies	必修	2	64	64					每学期 8 学时								马克思主义学院
通识（通修）类	外语	TSTX	1CE001	大学英语 College English	必修	12	184	184					4	4	2	2	1	2	1	2	大学英语部
	体育	TSTX	1PE005	大学体育 I College Physical Education I	必修	0.5	32	2		30			2								大学体育部
		TSTX	1PE006	大学体育 II College Physical Education II	必修	0.5	32	2		30				2							大学体育部
		TSTX	1PE007	大学体育 III College Physical Education III	必修	1	32	2		30					2						大学体育部
		TSTX	1PE008	大学体育 IV College Physical Education IV	必修	1	32	2		30						2					大学体育部

平台	模块	课程类别	课程代码	课程名称（中文/英文）	课程性质	学分	总学时	理论	上机	课程实践	实验	实践（周）	第一学年		第二学年		第三学年		第四学年		开课单位
													1	2	1	2	1	2	1	2	
	军事	TSTX	1PE009	大学体育V / College Physical Education V	必修	0.5	32	2		30							2				大学体育部
		TSTX	1PE010	大学体育VI / College Physical Education VI	必修	0.5	32	2		30								2			大学体育部
		TSTX	1MT001	军事技能训练 / Military Skill Training	必修	2						2									学生发展与服务中心
		TSTX	1MT003	军事理论 / Military Theory	必修	2	32	24		8						2					学生发展与服务中心
	健康教育	TSTX	1HE001	大学生健康教育 / Health Education of College Students	必修	1.5	24	16		8			2								学生发展与服务中心
	劳动教育	TSTX	1LA001	劳动教育 / Labor Education	必修	2	64	16		48											学生发展与服务中心
	创新创业	CXJC	016101	"创青春"大学生创新基础 / The Foundation of Innovation for College Students	必修	0.5	8	8					2								创新创业学院
		CXJC	016102	"创青春"大学生创业基础 / The Foundation of Entrepreneurship for College Students	必修	0.5	8	8						2							创新创业学院
		CXJJ		创新创业进阶课程 / Advanced Course of Innovation and Entrepreneurship	限选	1							每学期不断线								创新创业学院
	人文社科	TSTX	1CH001	大学语文 / College Chinese	必修	2	32	32						2							大学语文学科组
	艺术与审美	TSTX		艺术与审美类课程 / Art and Aesthetics	限选	2															
	科学素养	TSTX		科学素养类课程 / Scientific Literacy	限选	2															
	其他类	TSTX		通识类课程 / General Education	任选	4															
	素质拓展	TSTX		素质拓展 / Quality Development	必修	6	96														

平台	模块	课程类别	课程代码	课程名称 中文/英文	课程性质	学分	总学时	理论	上机	实验	课程实践	实践(周)	第一学年 1	第一学年 2	第二学年 1	第二学年 2	第三学年 1	第三学年 2	第四学年 1	第四学年 2	开课单位
专业类	学科基础课程			小计		57.5	944	556			292		13	13	7	12	1	2	1	2	
		XKJC	118220	国际经济与贸易专业导论 Introduction of International Economic and Trade	必修	0.5	8	8					2								法商学院
		XKJC	1MA003	高等数学二 I Differential and Integral Calculus (2) I	必修	4	64	64					4								数学教研室
		XKJC	1CP017	计算机应用基础 Basics of Computer Application	必修	1.5	32	16	16				2								计算机基础教学部
		XKJC		会计学 Accounting	必修	3	48	48					3								法商学院
		XKJC	1CP021	Python 程序设计 Python Programming	必修	2.5	48	32	16					3							计算机基础教学部
		XKJC	104003	管理学 Management	必修	2	32	32						2							法商学院
		XKJC	1MA004	高等数学二 II Differential and Integral Calculus (2) II	必修	4	64	64						4							数学教研室
		XKJC	104050	微观经济学 Microeconomics	必修	3	48	48						3							法商学院
		XKJC	1MA006	线性代数 Linear Algebra	必修	2	32	32							2						数学教研室
		XKJC	104193	经济法 Economic Law	必修	2	32	32							2						法商学院
		XKJC	1MA007	大数据基础与应用 Big Data Foundation and Application	必修	2.5	48	32	16						3						法商学院
		XKJC		概率论与数理统计 Probability Theory and Mathematical Statistics	必修	3	48	48								3					数学教研室
		XKJC	104408	金融学 Finance	必修	3	48	48								3					法商学院
		XKJC	104135	统计学 Statistics	必修	3	48	48									3				法商学院
		XKJC		计量经济学 Econometrics	必修	2.5	48	32	16									3			法商学院

平台	模块	课程类别	课程代码	课程名称 中文 / 英文	课程性质	学分	总学时	理论	上机	课程实践	实验	实践（周）	第一学年 1	第一学年 2	第二学年 1	第二学年 2	第三学年 1	第三学年 2	第四学年 1	第四学年 2	开课单位
专业类	专业课程			小计		40.5	680	616	64				11	12	9	6			1	2	
		ZY		国际贸易学 International Trade	必修	2	32	32							2		1	2			法商学院
		ZY	118013	国际贸易实务* International Trade Practice	必修	3	48	48									3	3			法商学院
		ZY	118165	跨境电子商务基础* Cross-Border E-commerce Foundation	必修	2	32	32							3	2					法商学院
		ZY	104086	外贸营销* Trade Marketing	必修	2.5	48	32		16							3				法商学院
		ZY		国际金融* International Finance	必修	2	32	32										2			法商学院
		ZY		国际结算 International Settlement	必修	1.5	32	16		16							2				法商学院
		ZY	118018	国际商法* International Commercial Law	必修	2	32	32										2			法商学院
		ZY	118029	外贸函电 Foreign Business Correspondence	必修	3	48	48											3		法商学院
		ZY		国际商务谈判（双语）International Business Negotiation (Bilingual)	必修	2	32	32												2	法商学院
专业类	实践教学			小计		20	336	304		32					5	2	7	7			
		SJ（SX）	104089	认知实习 Cognitive Practice	必修	2	24					2									法商学院
		SJ（SX）		进出口实务操作 Operation of Import and Export Practice	必修	2	24					2									法商学院
		SJ（SX）		外贸单证模拟实训 Foreign Trade Document Simulation Training	必修	2	24					2									法商学院
		SJ（SX）		统计数据处理实训 Statistical Data Processing Training	必修	1	16					1									法商学院
		SJ（SX）	104468	跨境电子商务模拟实训 Cross-Border E-commerce Simulation Training	必修	1	16					1									法商学院
		SJ（SX）		国际贸易通关实训 International Trade Customs Clearance Training	必修	2	24					2									法商学院

平台	模块	课程类别	课程代码	课程名称（中文 / 英文）	课程性质	学分	总学时	理论	上机	课程实验	实验	实践(周)	第一学年 1	第一学年 2	第二学年 1	第二学年 2	第三学年 1	第三学年 2	第四学年 1	第四学年 2	开课单位
		SJ(SX)		文献检索 Literature Retrieval	必修	1	16					1	1								法商学院
		SJ(SX)	118198	国际货运代理实务模拟 International Freight Forwarding Practice Simulation	必修	2	24					2				2					法商学院
		SJ(SX)		外贸跟单实务实训 Foreign Trade Documentary Practice	必修	3	36					3									法商学院
		SJ(ZZS)	104047	毕业实习 Graduation Practice	必修	8	128					8							1		法商学院
		BS(LW)	104048	毕业论文 Graduation Thesis	必修	8	128					8							1	2	法商学院
		小计				32	460					32									
专业类	专业拓展课程	TZ	118022	单证实务 Documents Practice	任选	2	32	32							2						法商学院
		TZ	104082	财政与税收 Finance and Taxation	任选	3	48	48							3						法商学院
		TZ		跨境电子商务运营与管理 Operation and Management of Cross-Border E-commerce	任选	2	32	32								2					法商学院
		TZ	118202	国际商务 International Business	任选	3	48	48									3				法商学院
		TZ	118218	外贸英语阅读 Foreign Trade English Reading	任选	2	32	32									2				法商学院
		TZ	118136	产业经济学 Industrial Economics	任选	3	48	48									3				法商学院
		TZ		供应链管理 Supply Chain Management	任选	2.5	48	32		16							3				法商学院
		TZ		世界经济（双语） World Economics(Bilingual)	任选	2	32	32									2				法商学院
		TZ		外贸会计 Foreign Trade Accounting	任选	2	32	24		8							2				法商学院
		TZ	118098	国际货运代理实务 International Freight Forwarder Practice	任选	2	32	32										2			法商学院
		TZ	104068	财务管理 Financial Management	任选	3	48	48										3			法商学院

平台	模块	课程类别	课程代码	课程名称(中文/英文)	课程性质	学分	总学时	理论	上机	课程实践	实验	实践(周)	第一学年 1	第一学年 2	第二学年 1	第二学年 2	第三学年 1	第三学年 2	第四学年 1	第四学年 2	开课单位
专业类	专业拓展课程	TZ		商务数据分析 Business Data Analysis	任选	2	32	24		8								2			法商学院
		TZ		通关实务 Customs Clearance Practice	任选	2	32	32										2			法商学院
		TZ		国际服务贸易 International Service Trade	任选	2	32	32										2			法商学院
		TZ		跨国公司管理(双语) Multinational Corporation Management (Bilingual)	任选	2	32	32										2			法商学院
		TZ		商务网页制作 Making of Business Web Page	任选	2.5	48	32		16								3		3	法商学院
		TZ		国际投资学 International Investment	任选	3	48	40		8								3		3	法商学院
		TZ	118217	商品学 Commodity Science	任选	2	36	36												4	法商学院
		TZ	118176	商务口语 Business Oral English	任选	2	32	32										2		3	法商学院
		TZ	104679	企业战略管理 Enterprise Strategic Management	任选	2.5	48	32		16										4	法商学院
		TZ		数字经济理论与实务 Theory and Practice of Digital Economy	任选	2	32	32												3	法商学院
		TZ	118203	国际贸易前沿 International Trade Frontiers	任选	2	32	32												3	法商学院
		TZ	118125	证券投资学 Securities Investment	任选	2.5	48	32		16										4	法商学院
	就业指导类	FX	1VC001	大学生职业生涯规划 Career Planning for College Students	必修	1	16	16					2								学生发展与服务中心
		FX	1VC002	就业政策与择业技巧 Employment Policies and Job-Hunting Skills	必修	0.5	8	8										2			学生发展与服务中心
	进出口业	FX		单证实务 Documents Practice	限选	2	32	32								2					法商学院
		FX	118022	供应链管理 Supply Chain Management	限选	2.5	48	32		16								3			法商学院

那又要如何学好各门课程呢?

面对沉重的学习任务,首先,必须端正学习态度。要解决关于课程学习的几个错误态度,不能以是否有用、是否枯燥、是否学习困难、是否实用来决定是否要学、是否要好好学。一般地,课程体系是为人的全面发展而设计的,是为人才适应社会、适应市场服务的。所有的课程既然开设了,就都应该认真学习,但可以根据自身目标和兴趣有所侧重。

其次,不同课程要有不同的学习方法和学习重点。比如工科类专业的学科基础课程之一"电路基础"的主要内容是理论上对各种类型的电路进行分析,结合元器件进行各种物理量计算,方法是从抽象到具体,学习时要理论与实践结合才能真正理解和掌握。经济管理类专业的学科基础课程之一"微观经济学"的主要内容是在不同市场条件下,如何最优化安排稀缺性资源,通过价格、竞争和供需的市场机制,用二维直角坐标系下的需求与供给曲线分析工具,获得市场均衡的价格和产量。在特定条件下,通过逻辑推理、数形结合得到相关理论,这样去理解和分析应用,才能掌握相关理论,否则,背诵一些条件和结论,只能是一知半解,不会考试,更不会应用,自然就会觉得这门课非常难。而像"财政学"是从"宏观经济学"的宏观政策引申出的一门课程,它必然与西方经济学有相似的分析方法,但又有其自身特点,学好它需要注重应用能力的培养。它注重发现问题、分析问题和解决问题的能力培养,即对因政府活动而产生的社会现象能够正确理解,从而了解政府决策对个体经济活动的影响,以及应采取的应对措施。因此,每门课程都有其独特的价值和知识体系,从每门课程的学习中,可以获得不同思维训练、思考方法训练和知识技能的培养。

大学生的"生产"不是被动地接受学习,而是要主动学习,更要注重课程之外的学习。一方面,要学好课程,要根据不同课程特点,确定学习方法和重点内容,这方面可以与授课老师沟通,获得解决途径。另一方面,要加强课外的各种形式的综合素质的培养与提高的学习。

1.4 机会成本——学会选择

稀缺资源如何安排是经济学问题,一物不能二用,要做出正确选择。大学生如何安排四年的大学生涯,也是个经济问题,它将决定你成为一个什么样的人才,将决定为你本人带来什么收获。在大学4年中会碰到各种选择,看下面两个寓言故事,体会机会成本概念和选择的重要性。

寓言故事：选择

故事一：三个人进监狱

有三个人要被关进监狱三年，监狱长允许他们三个一人提一个要求。

美国人爱抽雪茄，要了三箱雪茄。

法国人最浪漫，要一个美丽的女子相伴。

而犹太人说，他要一部与外界沟通的电话。

三年过后，第一个冲出来的是美国人，嘴里、鼻孔里塞满了雪茄，大喊道："给我火，给我火！"原来他忘了要火了。

接着出来的是法国人。只见他手里抱着一个小孩子，美丽女子手里牵着一个小孩子，肚子里还怀着第三个孩子。

最后出来的是犹太人，他紧紧握住监狱长的手说："这三年来我每天与外界联系，我的生意不但没有停顿，反而增长了200%，为了表示感谢，我送你一辆劳斯莱斯！"

故事二：爱情难题

古齐国某一户人家有一女，有两个媒人同时来提亲，东家男子相貌英俊但很穷，西家男子相貌丑陋但非常有钱。结果女子的选择非常荒唐，她"想在东家住宿，在西家吃饭"。

人的一生会遇到很多选择，有时甚至是两难抉择，什么样的选择决定什么样的生活与人生未来。一个人如果能够掌控自己的选择，则无疑将是成功的。

在进入大学或找工作之前，很多人并不知道自己喜欢做什么，自己擅长什么，因此在大学期间，需要我们去尝试各种东西，在实习的时候尝试很多工作。只有当自己经历了，才知道是不是真的喜欢。

在试着做出选择之前，先来了解这个经济学的成本理论。

成本是价值的组成部分，是生产经营活动或为达到一定目的必须耗费的资源，耗费的资源的货币表现或对象化则称为成本。从企业的生产经营范围看，成本是生产和销售一定种类与数量产品或服务而耗费的资源，并对其用货币计量的经济价值，包括材料费用、折旧费用、工资费用、管理费用以及销售费用等。或者换一种说法，成本是为达到一定目的而付出或应付出资源的价值牺牲。按耗费资源的形态，成本可分为可变成本和固定成本；按与产品生产或提供服务的关系，可分为直接成本和间接成本。

英国著名经济学家庇古（Arthur Cecil Pigou，1877—1959）提出社会成本概念，他认为生产耗用的劳动力、原材料以及资本等是私人成本，还有社会代替厂商和消费者承担了部分生产成本，比如企业污染环境，生产者和消费者没有承担治理污染的费用。

机会成本是指生产者所放弃的使用相同生产要素，在其他生产用途中所能得到的最高收入。通俗地说，机会成本就是利用一定的时间（time）或资源（resources）生产一种商品时而失去的利用这些资源生产其他最佳替代品(substitute)的机会。西方经济学从经济资源的稀缺性出发,由于经济资源不能同时被使用在其他生产用途,因此也可以定义成本是为达到一定目的而放弃另一种目的所牺牲的经济价值,那么,放弃其他目的所牺牲的最高经济价值,就是机会成本。比如,生产一辆汽车的资源可以用于生产自行车 200 辆(价值 10 万元)。生产儿童玩具 10 000 件(价值 15 万元),那么生产一辆汽车的机会成本就是价值为 15 万元的其他商品。因此,机会成本泛指一切在作出选择后其中一个最大的损失,机会成本会随付出的代价改变而作出改变,但机会成本改变时,得到的价值不会因机会成本改变而改变。

我们大学生时刻面临着成本理论的实践,不仅要考虑每一次活动或行为的经济效益或效率,还要考虑机会成本的选择。我们的选择是否合理正确,就可以看机会成本的高低,机会成本越低,我们的选择越正确。

"理性经济人"是能够对多个决策进行比较,选择认为利益最大化的决策。目标决定选择方向,方法决定目标实现路径,态度决定利益达成程度。没有目标的大学生,就不存在选择,必然浑浑噩噩;目标不是高远的,必然缺乏前进动力;没有正确的三观,也就没有合适的方法去实现目标。因此,大学生 4 年的学习与生活要有目标,这一点很重要。同时,还要能够清醒地认识自己,才能制定出合理的目标,否则事倍功半,甚至结果与努力大相径庭。

大学生需要学习的内容是无限的,大学生想做的事也是无限的,然而,所拥有的时间和精力却是稀缺的。大学 4 年是 8 个学期,上课学期是 7 个,平均每个学期有 4.5 个月,每月 4 周,一般地每学期最多 20 周上课时间,课堂时间是每周约 20 小时,故 4 年大学在校时间约 700 天,课堂学习时间最多约 175 天(不包括黑夜)或 300 天(包括黑夜),则 4 年大学,2 年需要在校园,其中半年的白天时长在课堂,另外 2 年是放假和休息。因此,4 年中可以使用的是 2 年,其中还有 5 个月是不能自我支配时间,大学 4 年的自我使用价值创造和目标实现都在这一年半(2 年中再除去课堂时间)中体现。

由于机会成本,大学生需要在有限时间内做出多种选择:

(1) 恋爱。年轻人首先关心的问题是在大学要不要谈恋爱。现代社会是透明和开放的,做一个"暗恋者"都很难。一般地,学校能够接受学生谈恋爱,某种程度上,只要不出格,恋爱的学生比差生更好管理,问题更少。但经验告诉我们,恋爱的学生虽然能够顺利毕业,但在校期间鲜有出彩的,因为他们会放弃许多学习和锻炼的机会,他们大学的目标也很少高层次的。毕业时,恋爱者就会发现丧失的机会成本很大,好的工作机会没自信去应聘,同时,还增加了其他生活交际的费用。

(2) 考研。大学普遍面临的一个选择难题:考研。在我国,1997 年高校扩招以来,已经实现大众化教育,本科层次学历相对来说是较低层次学历,因为它非常普遍。在毕业季,学生们会发现,舒适、高工资、富有挑战的岗位青睐研究生,所以,考研往往是学生 4 年大学的一个重要目标,从近 10 年高校毕业生人数和考研报名人数(见表 1-3 和表 1-4)可见,当前我国就业难度和考研热度,人才市场是买方市场。

表1-3 2010～2020年我国高校毕业生人数

年份	高校毕业生人数(万人)	增长率(%)
2010	631	3.4
2011	660	4.6
2012	680	3.0
2013	699	2.8
2014	727	4.0
2015	749	3.0
2016	765	2.1
2017	795	3.9
2018	820	3.1
2019	834	1.7
2020	874	4.8

表1-4 2010～2020年我国每年考研报名人数汇总

年份	考研报名人数(万人)	增长率(%)
2010	140	13.00
2011	151.1	7.90
2012	165.6	9.60
2013	176	6.28
2014	172	-2.27
2015	164.9	-4.13
2016	177	7.30
2017	201	13.56
2018	238	18.41
2019	290	21.85
2020	377	30.00

在这买方市场中,人才供给大于人才需求,高端人才市场也逐步趋于买方市场,所以,需要考虑是否要考研。是否考研,取决于你考研的目的是什么:是转变身份,或者换个专业领域,或者更高收入,甚至是未来家庭?根据机会成本,需要考虑考研成功是否能够得到比不考研更高的收益或满足,包括把考研时间节约出来用于其他的收益。还要考虑考取的成功率及考不取的损失与不考研的收益,考研过程也会带来一定的就业自信好处。

如果计划考研,又将要面临更多的选择:选择学硕还是专硕,选择什么区域学校,选择名校还是非名校,选择本专业还是相近专业,选择是否跨专业,选择是考数学还是不考数学,甚至在校考研还是工作考研?……做出选择之前,先考虑自身条件,量力而行,以考取为先;在能够考取的情况下,最大化地获得考取收益或满足,而不是好高骛远,做口号的巨人、行动的矮子。如何选择,可以通过目标学校网站中的研究生培养,查阅招生要求、专业和考试科目等。

如若计划考研的同学,下面摘录"小红书"顾同学分享的考研"十大"后悔排行榜,供大家参考:

第十,盲目乐观,把希望寄托在运气上。但是,上天会冷不丁开个玩笑,想着二战就能解决的问题,可能还会拖到三战、四战。

第九,跟舍友/男女朋友闹矛盾。只有清心寡欲才是考研上上计,鸡毛蒜皮的事情不是影响学习的借口。

第八,一个人过于封闭,没人陪伴。有个考研同伴,可以讨论学习,排解压力和相互鼓励,或者获得舍友支持、鼓励和加油,偶尔帮忙留意生活琐事。

第七,拖拖拖,想各种法子拖延。多问多思考,少玩少偷懒少矫情,及时解决难题。考研是个自律过程,戒掉手机!

第六,没有按计划完成任务。预则立,不预则废。没有计划,复习效率极其低下,按节奏严格执行计划,不要拖泥带水,否则后悔时,别人只会看你的笑话。

第五,过于在乎本科出身。妄自菲薄,怀疑自己,只有在同等分数下,才会考虑出身,决定考研结果的不是出身,而是你的努力程度。

第四,听信某些学长学姐逸言。乱听学长学姐的建议:英语作文最后一个月背,政治最后两个月看,活生生的血泪史,开始得越早,后期心态越稳,成绩是一定时间的学习积累。

第三,最后死在英语/数学上。要扎实打牢基础,要立足当下,不能有幻想,更不能畏缩,否则走出考场才明白什么叫人生艰难,考研更难。

第二,没看清现实、了解情况。要早早确定目标,且实事求是。目标虚高,到11月、12月份,压力大到哭晕在厕所;近五年整体要详细研读,总结高频考点和规律,才能有重点地复习。

第一,没有早早开始。总觉得才开始、时间还很多,导致后期心急火燎,内心崩溃;早开始准备,因为你永远不知道下一秒会有什么事等着你。

(3) 全能。有的学生学习与活动方面都想超人一等,想学习成绩优秀,想获得三好生、奖学金、甚至优秀学干;想校社团活动多报几个,都想尝尝鲜,认为至少可以多交几个朋友;比赛项目都想参加,不论是校外的还是校内的,不论是专业比赛还是专项比赛;同时,还想考研,又想考公务员;进行社会兼职,积累经验和赚取收入……不可否认,可能存在这样全能的人,参加大小活动、各色项目,或许也能够取得不错的成绩,但这样的人绝对是万里挑一。我们多数是凡人,必须要进行取舍,只有有舍弃,才会有所得,不能眉毛胡子一把抓!

(4) 就业。就业方面面临的选择,不仅有央企、地方国企、民营企业和外资企业的选择,还有知名企业和岗位,发达地区和不发达地区的选择等。同时,还要面对被企业选择。一般地,企业选人原则有:你能够给企业创造价值,价值不论是直接的还是间接的;专业符合岗位需求;你的特质符合企业文化。但企业为了降低招聘成本,往往设置一些招聘歧视条件,比如,工作中不需要英语的,要招聘英语六级的;一般水平能够胜任的工作,他要本科出身名校的;有要求工作经验的,有的要中共党员,有的要学生干部……社会上存在这样歧视的原因,是社会上已经形成这样的定式思维:高考录取时,名校的要比一般的学生素质高;名校的教学质量比一般的高;党员、优秀学干等比一般人能力强。所以,这些歧视条件,不仅在面试环节就刷掉大部分水平、资质一般的应聘者,而且通过提高标准,隐性地提高企业地位或影响力。

根据就业经验:大学生的就业在入学时就有50%将会进入到一般企业,名校的50%将进入行业前20%的企业;一般院校的20%能够进入影响力前20%的企业,至少有20%的学生被迫做非本专业的工作;班级前20%的好学生,就业基本满意,而后20%的学生就业基本不满意。

以国际经济与贸易专业的就业方向为例,看看专业岗位情况:

(1) 专业岗位:外贸(单证、跟单、业务员、船务等),内贸(采购、区域经理、商务管理等)。贸易经济类岗位:会计、银行、投资等。其他工作:文秘、人事管理、教师、事业单位、保险、销售等。

(2) 就业范围:对口企业(外贸企业/工贸一体企业,以及诸如投资管理公司、文化公司等),公务员和事业单位(他们往往需要经济管理专业)等,以及升学(国内考研和国外升学)。

(3) 就业级次:国有、集体、个体;大、中、小;内资和外资。

总体上,就业由能力和拥有的市场资源而定,受到兴趣和机会的影响。

在大学学什么,该如何安排大学4年,4年中将面临各种选择,做出正确选择,将决定你人生目标的实现和未来幸福。学会做出正确选择,就是要降低机会成本,因此,要有所舍弃,才能真正有所得,得到想得到的,所以,要在入学时就要做好合理、科学的规划,树立正确、切实可行、符合自身特点的目标,最后毕业时才能在人才市场中做到你可以主动选择企业和岗位,而不是被企业和岗位选择!

学会选择很重要,不要等到经历了惨痛教训才能领悟。同时,我们要明白,选择不是单向的,因为世界是普遍联系的。你可以根据自己利益最大化进行选择,但同时你也将面临被选择。不同的选择决定不同的人生,选择从进入大学那天就已经开始了。

1.5 竞争——提高自身竞争力

不论你是否承认"丛林法则"或"物竞天择、适者生存",但它是确实存在的,因为我们发现身边普遍的现象:穷人愈穷,富人愈富;强者愈强,弱者愈弱。这是竞争的结果,竞争无处不在、无时不在。下面看一个故事,体会和理解竞争。

故事:两个行人与老虎

两个行人在森林步行,突然出现一只老虎。

他们两个人都恐惧极了,有一个撒腿就跑,另一个人消极地说:"唉,你跑什么,你再使劲也没有老虎跑得快!"

"是的,我没有老虎跑得快,可是我只要比你跑得快就行了!"

竞争是自然法则之一,竞争也是社会法则之一,优胜劣汰是竞争结果。不能抱怨竞争的残酷,它是人类进步的必由之路。人从出生就开始注定了要面临竞争,不是从上学才开始,但大家没有认识到身边的竞争,只看到了各家长为了"不能输在起跑线上"而进行的教育投资,而忽略了家庭环境和教育影响到未来人生的竞争。现在,很多大学生进入大学后还没有体会无时无刻和无处不在的竞争。

竞争是促进社会进步的重要力量之一。"竞"本意是角逐、互相争胜,"争"本义即"争夺、较量",引申为力"求获得或达到"。竞争是个体或组织单位间力图胜过或压倒对方的心理需要和行为活动,即参与者为追求富有吸引力的目标,而最大限度地获得个人或组织单位利益的行为。

经济学的竞争是指当供给与需求不平衡时,会产生竞争,即需求大于供给时,就是市场供给不足,或是供给大于需求时,是需求不足,通过价格调节,解决两者的不平衡。市场不足时,消费者需要用更高的价格,竞争得到商品;市场剩余时,生产者需要用更低的价格,满足消费者。

竞争与供需、价格合称为市场机制,就是由于竞争的存在,通过价格调节,解决市场供需矛盾,最终实现亚当·斯密所说的"看不见的手"在调节市场,实现市场均衡。

经济领域关于竞争有完全竞争和不完全竞争,竞争力、核心竞争力和国际竞争力,竞争优势等概念。

西方经济学的完全竞争是指不受任何阻碍和干扰的竞争,完全竞争市场是指具有下列主要特征的市场:市场上存在大量的具有合理的经济行为的卖者和买者;产品是同质的,可互相替代而无差别化;生产要素在产业间可自由流动,不存在进入或退出障碍;卖者或买者对市场都不具有某种支配力或特权;卖者或买者间不存在共谋、暗中配合行为;卖者和买者具有充分掌握市场信息的能力和条件,不存在不确定性,即信息是对称的。若如上特征有一个不满足,就不是完全竞争,它就变成不完全竞争,但竞争仍然存在。从全社会角度,完全竞争能够实现全社会的资源最优化配置,不完全竞争会导致全社会资源配置的损失,但从个体角度看,竞争虽不全是"零和游戏",也绝不是"共赢",一定是竞争者之间的差距在拉大,结果就是强者愈强、弱者愈弱。

竞争力,是参与者双方或多方的一种角逐或比较而体现出来的综合能力,它是一种相对指标,必须通过竞争才能表现出来,竞争力有大小或强弱之分。企业竞争力是指在竞争性市场条件下,企业通过培育自身资源和能力,获取外部资源,并加以综合利用,在为顾客创造价值的基础上,实现自身价值的综合性能力。国际竞争力是指一个国家在世界经济的大环境下,同其他各国的竞争力相比较,其创造增加值和国民财富持续增长的能力。迈克尔·波特认为竞争优势(competitive advantage),是相对于竞争对手拥有的可持续性优势,分为成本优势、差异优势及聚焦优势。

波特钻石理论(见图1-5)认为,企业的基本竞争环境由生产要素、需求条件、相关和支持性产业以及企业的战略、结构和竞争对手四个要素组成,每个决定要素都会影响产业的国际竞争优势的形成,同时,还有两个辅助要素——机会和政府。同时,波特还提出产业竞争力五力模型和企业核心竞争力钻石模型,见图1-6和图1-7。详细内容可以参阅迈克尔·波特的"竞争三部曲":《竞争战略》《竞争优势》《国家竞争优势》(见图1-8)。

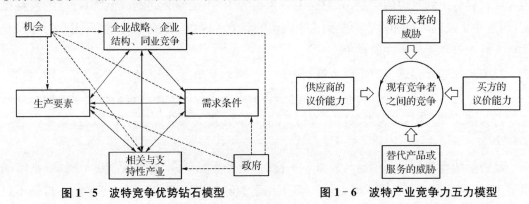

图1-5 波特竞争优势钻石模型　　　　图1-6 波特产业竞争力五力模型

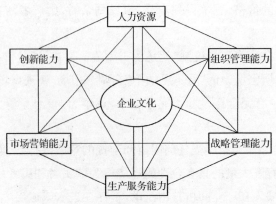

图1-7 波特企业核心竞争力钻石模型

著名的"竞争三部曲"

图1-8 迈克尔·波特的"竞争三部曲"

在公平竞争条件下,可以最大化地推动竞争力的提高,但由于规模、资本、技术、地理、文化、组织制度、环境等因素的差别,使得竞争者的初始竞争力是不平等的,即使在外在公平环境下,竞争结果也是"强者愈强,弱者愈弱",社会中的"马太效应"和"二八法则"就反映了这个道理。

马太效应是指:世界是不公平的,强大才更有优势。它是竞争的法则,越强大,获得越多,而且更容易获得成功。马太效应是1968年美国科学史研究者默顿提出的,用以概括的一种社会心理现象:"对已经有相当声誉的科学家做出的科学贡献给予荣誉越来越多,而对那些未出名的科学家则不承认他们的功绩"。看一下《圣经》中的一个故事可以深刻体会这个效应。

故事:三个仆人

一个国王远行,留下3锭银子给三个仆人,让仆人自己决定如何使用,等他回来看看仆人们用银子分别做了什么。过了几年,国王回来时发现:第一个仆人用一锭银子做生意,赚了10锭银子,因此,国王奖励其10座城邑;第二个仆人用一锭银子放贷,赚了5锭,因此,国王奖励其5座城邑;第三个仆人生怕银子丢失,完好无损地保存着那锭银子,国王就将这一锭银子也赏给第一个仆人,而第三个仆人什么奖赏也没有获得。

这个道理告诉我们,"凡是少的,就连他所有的也要夺过来;凡是多的,还要给他,让他多多益善"。

马太效应无处不在,只要足够强大,就能获得更多资源、更多机会,从而变得更强,成为最终的人生赢家。一步步小成功,奠定个人的大成功,成功是成功之母,在竞争中失败却不一定是成功之母。

经济领域中还存在一种"二八法则",它也是竞争的结果:世界80%的财富被20%的人拥有；世界20%的人消耗世界80%的资源，财富在人口中的分配是不平衡的，反映在数量比例上，大体就是2：8。

"二八法则"，全称是"80/20效率法则"，是19世纪末意大利经济学家帕累托发现的。二八法则可引申为，在任何特定范围中，重要的因子通常只占少数，而不重要的因子则常占多数。二八法则在社会中，也是无处不在：20%的产品或客户，为企业赚得80%的销售额；20%人口和20%疾病消耗80%的医疗资源；任一人群，总可以将其分成三六九等，20%优秀，80%一般。所以，在任何一个学生群体中，20%的学生是优秀的，80%是群众；会学习的、想学习的或者认真学习的，可能只占20%。对于任何一个教师群体，同样适用二八法则：20%是优秀教师，80%是普通教师。认真对待教师职业、忠诚教育事业、关心爱护学生、严格教学管理、教书又育人的这些不同类型的老师，大家认为占比是20%还是80%？结果会因学校不同而不同。

竞争无时无刻不在，因此大学生也逃脱不了这个竞争定律，必须要积极面对竞争。你想要的就需要去竞争，因为世界上没有无缘无故的"爱"。华为手机、宝马车、别墅等，需要通过价格竞争；三好学生、优秀学干、优秀团员、入党、国家奖学金等，需要通过优秀标准竞争；公务员、事业编、央企、外企等，需要通过综合能力竞争；比赛、应聘、兼职等，需要通过专项素质竞争。

在校园中，成绩好的学生容易受到老师和同学们的欣赏和青睐，因此会更加努力，成绩也就越来越好，获得的荣誉等也就越来越多，这也是优秀学生的表现之一。一个班级以30人为例，大学4年中获得三好生、奖学金等荣誉的，最终会集中在5~8个人，而其他人，就没有机会获奖。表面上，获得荣誉的机会大家是平等的，人人都有机会，但各种荣誉往往都是有条件的，比如，获得三好生的前提条件是成绩要在班级前20%，入党积极分子成绩必须是班级前50%，优秀团员又是获得其他优秀的先决条件等。因为荣誉颁发往往是有人数限制的，它总少于现有人数，只有增加条件限制，才能筛选出符合要求的、优秀的，筛选的过程或程序就是一种竞争，只有积极参与竞争，才可以竞争到想要的结果。

从校园到社会，竞争无处不在，想要的东西，绝不会无缘无故地、轻松地获得，需要积极参与竞争，主动提高自身竞争力，拥有核心竞争力。只有变得足够强大，才可能获得你想要的。

企业的核心竞争力，可以是生产效率、科技、服务质量、管理等，大学生的核心竞争力是什么呢？它就是自学能力，再加上综合素质。如果参加某专项竞争，那"专业能力＋综合素质"就是核心竞争力。通俗地说，大学生的核心竞争力就是与其他所有竞争对手比较，相比竞争目标有占优势的能力，关于核心竞争力将在第二篇继续阐述。

如何提高核心竞争力，还是回到前面的话题——学什么。不仅要学好专业知识，提高专业能力，还要学好专业之外的其他技能。

我们关于竞争的态度是：

学习学习再学习——积蓄力量。

向上向上再向上——动力源泉。

积极积极再积极——拥抱竞争。

努力努力再努力——提高竞争力。

竞争竞争再竞争——成为强者。

1.6　需求与供给——比别人多付出一点点

市场能够良好运行,靠的是市场机制的作用,其中需求与供给的矛盾是重要作用,它们的力量对比形成价格。大学生要在人才市场的供需矛盾中,需要增加供给力量。看下面一则案例,体会如何增加供给力量。

案例:一匹"更快的马"

福特汽车创始人亨利·福特说,我在设计汽车之前,到处问人们,需要一个什么样的更好的交通工具,几乎所有人的回答都是——一匹更快的马。

初级设计师,被用户牵着鼻子走。听到"更快的马"之后,围绕马设计,思路被框死,很难在马上进行创新。结果只能是平庸设计,容易被超越和模仿,实现不了多大的商业价值。

合格的设计师,和用户一起走。听到"更快的马"之后,为围绕"更快"这个期望值,突破马的局限进行设计。结果是偏离需求,虽能够达到满足需求期望,但无法引导需求,难以在商业上长久。

卓越的设计师,自己会作为用户的一部分去了解,带着用户一起走。听到"更快的马"之后,先考虑需求是"更好的交通工具",然后结合"更快"这个期望,"马"仅是用户对于解决这个需求的自假设"功能"。用对用户最有价值的方式满足需求并超越期望值,从而引导需求,并获得商业上的长久,实现双赢。

关于亨利·福特另一则故事:在制造著名的V8汽车时,其明确指出要造一个内附八个汽缸的引擎,并指示手下的工程师马上着手设计。

但其中一个工程师却认为,要在一个引擎中装设八个汽缸是根本不可能的。他对福特说:"天啊,这种设计简直是天方夜谭!以我多年的经验来判断,这是绝对不可能的事。我愿意和您打赌,如果谁能设计出来,我宁愿放弃一年的薪水。"

福特先生笑着答应了他的赌约,他坚信自己的设想,"尽管现在世界上还没有这种车,但无论如何,只要多搜集一些资料,并把它们的长处广泛地加以分析和改进,是完全可以设计和生产出来的"。

后来,通过其他工程师对全世界范围的汽车引擎资料的搜集、整理和精心设计,奇迹出现了,不但成功设计出八个汽缸的引擎,而且还正式生产出来了。那个工程师对福特先生说:"我愿意履行自己的赌约,放弃一年的薪水。"

此时,福特先生严肃地对他说:"不用了,你可以领走你的薪水,看来你并不适合在福特公司工作了。"

这个故事告诉我们,当供给满足需求时才能生存,但为了更好地生存,需要理解需求,并能够创造更好的供给,激发需求,这才是真正的供给生存之道。

经济学中的需求是指消费者在一定时期内在各种可能价格下愿意而且能够购买的该商品数量,是消费者想得到某种商品的愿望,它是有效需求,其前提条件是消费者有购买欲望和有能力购买。经济学中的供给是指生产者在一定时期内在各种可能的价格下愿意而且能够提供出售该商品的数量,有效供给的前提条件是生产者有出售愿望和供应能力。

影响需求数量的因素有:商品价格、消费者收入水平(一般而言需求量随收入水平上升而上升)、相关产品价格、消费者偏好、消费者对商品价格预期等。影响供给数量的因素有:商品价格、生产成本(一般而言供给量随生产成本上升而下降)、生产技术水平、相关产品价格、生产者对未来商品价格预期等。

一对交易双方或者是某个产品整个市场的交易的两个主体,面临交易价格和交易数量的确定,在完全竞争市场条件下,最后是交易双方势力平衡,即市场均衡下,得到的价格和数量,市场中产品数量和价格如何确定,如图 1-9 所示,图中 D 和 S 曲线分别是需求曲线和供给曲线,P 是价格,Q 是商品数量,P_0 和 Q_0 是市场均衡的商品价格和数量。根据需求的价格弹性和供给的价格弹性差异性,当供给大于需求时,市场机制使得市场达到新的均衡点 (Q', P') 或不存在均衡点(此时市场处于波动中);当需求大于供给时,市场机制使得市场达到新的均衡点 (Q', P') 或不存在均衡点(此时市场处于波动中)。

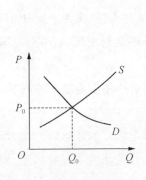

市场均衡时商品的价格和数量的确定

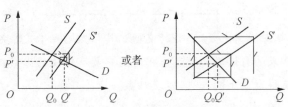

当供给大于需求时,市场均衡的变化示意

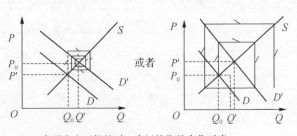

当需求大于供给时,市场均衡的变化示意

图 1-9 市场均衡及其变化示意图

供求关系是社会中普遍存在的关系,一般规律是:需求量随商品(服务)价格上升而下降,随价格下降而上升,就是图中的向下倾斜的曲线;供给量随商品(服务)价格上升而上升,随价格下降而下降。价格的确定是供给与需求的竞争力量的对比,市场调节的"看不见的手"(亚当·斯密语)本质就是竞争、价格和供求关系在调节市场的运行。完全竞争条件下,市场机制调节市场经济运行达到帕累托效率(即资源配置达到最优化)。

事实上,市场的需求与供给不平衡是常态,供需不平衡的矛盾是永恒的。从宏观经济角度看,当社会总供给小于总需求时,需要刺激供给增加以满足需求;当总供给大于总需求时,刺激需求增加,像2008年美国的"次贷危机"爆发引起的世界经济危机,美国就是不断进行量化宽松货币政策,大量印美钞,刺激内需,扩大总需求。从企业个体来看,开拓市场,增加销售收入是常态,要通过营销推广产品,挖掘产品需求。有这样一个营销故事,关于如何挖掘市场的。

故事:一星期内向和尚销售出梳子

和尚没有头发,根本用不着梳子,面对没有需求的市场,如何成功营销?结果有三个员工分别在规定的时间内向和尚卖出了1把、10把和1 000把梳子。

甲员工跑了多个寺院,遭到无数臭骂和追打,在一个寺庙下山时遇到小和尚头痒在挠头,成功推销出一把梳子;

乙员工去了一座名山古寺,由于山高风大,把敬香的善男信女的头发吹乱了,建议主持:"蓬头垢面对佛是不敬,应该在香案前放把梳子,供善男信女梳头。"主持认为有道理,就买了10把梳子;

丙员工来到颇负盛名、香火旺盛的深山宝刹,对主持说:"凡来进香的,多有一颗虔诚之心,宝刹应该有回赠,保佑其平安吉祥,鼓励多行善事。您的书法超群,可以在我的梳子上刻上'积善梳'三字,作为赠品。"主持听罢大喜,买下了1 000把梳子。

这个故事告诉我们:办法比困难多,困难是强者的学校,积极参与竞争是铸就辉煌的通道;比别人多付出一点点,就可以战胜对手。当然,甲员工的推销,某种程度上是骗销;乙员工的推销,是忽悠营销;丙员工营销,则是一种腐败营销。在我国,市场营销专业办成了脱离商品的营销技巧的专业培训,把营销引入歧途,就像该故事中的营销伎俩。

在毕业季,面对买方市场(企业招聘小于大学生供给)下的人才市场,如何找到满意的、高质量的就业岗位?从需求方看,无论作为学生个体还是集体,都无力刺激需求增加,这是政府宏观经济管理方面该做的事:充分就业。确实,我国政府目前大量推行促就业的政策,诸如,地方政府对大学生就业进行租房租金补贴,本科生补助800元/月,专科生补助600元/月(各地方视情况有高低差距);企业聘用应届毕业生,按聘用人数补贴;应届生凭工商营业执照,可以在毕业学校和政府分别获得资金补助,一般是学校补贴4 000元,政府补贴4万元(视各地情况有差异);应届生未就业的,可以免费获得当地政府职业培训,同时可以给予每月一定的生活补助……

从供给方看,可以借鉴卖梳子的故事,毕业生可以想方设法将自己推销给企业,但需要记住一点的是:你的特质为企业所需,你比别人突出一点,靠伎俩,不能获得企业聘用。因为,企业更倾向于聘用高素质人才(即获得相同能力能够用较少的有效学习时间),大学生个人付出更多的有效学习时间(有效学习时间是指获得单位素与所需要的最少学习时间),能够提高自己的素质,但是,大学生个体素质高低将接受社会检验。如图1-10所示,其中,左图中横轴为有效学习时间,纵轴为素质,分别用Q和P分别表示有效学习时间和素质,右图中横轴是社会必要学习时间,它是相同素质的不同有效学习时间的算术平均,纵轴是相同有效学习时间的不同素质的算术平均,也分别用Q和P表示。在其他条件相同的条件下,高素质人才需要的有效学习时间较少,故企业的人才需求曲线向右下倾斜,记为d;在其他条件不变的情况下,个人增加有效学习时间学习能够提高个人素质,大学生有效学习时间的积累越长,素质越高,故大学生的人才供给曲线向右上倾斜,记为s,d与s的交点是平衡点。如果企业提高人才的素质需求,则企业的人才需求曲线向上平移到d';个人增加有效学习时间学习提高个人素质,则大学生素质供给曲线向上平移到s'。记D和S分别是市场的素质总需求曲线和总供给曲线。若社会提高综合素质需求,D向上平移到D';若大学生普遍增加有效学习时间,则素质总供给曲线向上平移到S'。D与S的交点是市场的素质和有效学习时间的平均点。对于大学生个人来说,可以改变自己的素质供给从P_0到P',实现供给剩余增加,增加的供给剩余就是图中阴影部分。因此,比别人多付出一点点,意味着大学生个人的能力可以满足更高的市场需求。当大学生个人素质超过素质总供需的平均点P_1提高到P',这样,个人就有能力在人才市场选择企业和岗位,和增加被选择的机会。

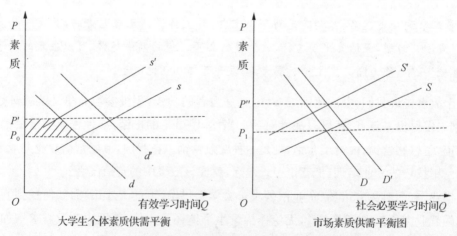

图1-10 大学生人才市场的素质供给与需求示意图

现在工作岗位细化,你只需在专业方面准备一项细化的职业,做好、做强即可。

当你比别人付出多一点点的时候,在就业市场,就可以凭着比别人多出的一点点,获得想要的岗位、想要的企业单位。同学们最有理解这点的体会:当前可能企业或岗位不需要四六级英语的能力,但英语四六级证书往往是招聘企业的一个基准门槛。现实中,确实存在一定比例的学生最终没有英语四六级证书,但是,如果你能在应聘现场用英文自我介绍,甚至用英文回答问题,会有哪个企业怀疑你的英语能力?很多人倾向于选择行业前十名的大企业就业,但这些大企业一般会安排5轮以上面试,你能够勇敢面对吗?这时,不是要比别人多付出一点点,而是要比别人多付出更多。

在浮躁的社会,若你能够静下心来,多思、多想、多行动,就会比别人突出一点;在物欲横流的社会,你能够多一点免疫,少一点干扰,就会比别人收获更多。如果社会竞争环境比较强,你付出的就需要比别人更多一点。

1.7 信息不对称——个人简历展示真实自我

市场中,信息不对称会造成诸多负面影响,政府和社会会通过一些法律和规章来减少信息不对称,增加信息透明和公开,打击利用信息不对称的非正常收益。每个大学生在4年之后都必须经历的一关:投递简历,推销自己。有的人想通过最后的简历包装,增加市场竞争力,但他忽略了,信息不对称仅是暂时的,总有透明公开或被揭示的时刻,到时的后果可能更严重。通过下面一则案例,体会信息不对称理论。

案例:17万元的《嵩阳汉柏图》

《嵩阳汉柏图》是乾隆自己根据巡守途中发生的事情作的画。

在2009年一次文物鉴宝活动中,当时的文物鉴宝专家是刘××对两兄弟拿出一幅《嵩阳汉柏图》进行鉴定,看了许久说这幅画其实是个赝品,但是画工还是非常不错的,如果拿到市场卖的话,估计最多3万元,为此两兄弟也很虚心地接受了,虽然说是自己家传的古画,但是真假如何确实不知。后来文物专家刘××私自联系了这两个兄弟,并表示自己的收藏家朋友很喜欢这幅《嵩阳汉柏图》,而且更是愿意开出17万元的高价购买,这么高的价格两兄弟自然是心动了,于是两兄弟就将这幅祖传的《嵩阳汉柏图》卖给了文物专家刘××的收藏家朋友。

结果1年之后,两兄弟居然发现了自己祖传的《嵩阳汉柏图》被拍出了8 736万元的天价,两兄弟意识到自己被文物专家刘××给欺骗了,为此极其愤怒,兄弟二人决定将专家刘××和收藏家一起告上法院,但由于缺乏证据却无果,而且两兄弟还发现了这个所谓的文物专家刘××居然有两个人,一个是东莞人,一个是北京人。

该真实故事讲述的是"鉴宝专家"如何利用信息不对称骗取消费者宝物的事情,这告诉我们,信息不对称总有真相大白的一天。信息不对称可以获得短期的不当(某种程度上可以这么说)利益,长期来看,不诚实的行为,可能是交易对方发现,或者是第三方揭示,有一句话是"天网恢恢,疏而不漏",信息不对称在市场经济中非常普遍,但企业常青的基石还是诚实信用,社会与人存在的基础是诚实。

经济学中的信息不对称是指在市场经济活动中,交易双方对有关交易信息的了解存在差异,掌握信息比较充分的一方,往往处于比较有利的地位,而信息贫乏的一方,则处于比较不利的地位。信息不对称是社会的一种普遍现象,也是造成市场失灵的一个重要原因。市场中,信息不对称双方是一种博弈关系,都想尽量知道对方更多的信息,以防被蒙蔽,"货比三家"就是这个意思。但是,不对称的信息往往是暂时的,上面的故事就是其中之一。现实中,消费者对商品信息掌握不完全,比如,"双11"购买了一件广告宣称价格有极大优惠的商品,但收到商品的时间不长,就会发现:质量不是宣传的那样,或是价格并没有那么优惠,所以"双11"后,是退货、差评的增多,最终损失的是双方。利用"双11"机会先调高价格,再打折,或以次充好,现在这种伎俩已成为一些商家的一种套路,被社会所熟知。

信息不对称在社会中有两个运用:一、烟酒店老板从来不怕消费者拿假的烟酒来退货;二、证券市场中90%散户亏损的答案是当散户将股票收藏到自选股中时,庄家在悄悄出货。

一般而言,卖家比买家拥有更多关于交易物品的信息,不对称信息可能导致逆向选择(adverse selection)和道德风险(moral hazard)。信息不对称导致市场失灵的原理如下(图1-11所示):

完全信息下需求曲线向右下倾向,市场均衡点是(P_1,Q_1),在消费者信息不完全下,理性消费者相信,随着商品价格上升,该商品的平均质量也上升,反之亦然。在价格-质量曲线PC中,价格变动对平均质量的影响是递减的,在PC上斜率最大的点,即价格P^*处,商品价值从开始随价格上升而上升,在此处达到最大,在此处之后随价格上升而下降。因此,在不完全信息下,消费者需求曲线为D^*,市场均衡点不再是(P_1,Q_1),但也不是价格P^*。由于消

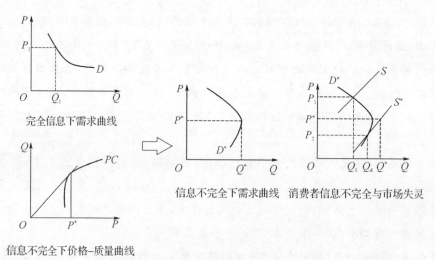

图1-11 信息不完全导致市场失灵示意图

费者信息不完全,生产者信息完全,可以根据需求曲线增加产量,而需求价格高于供给价格,消费者和生产者利益都将增大,且$P_2<P^*<P_1$,从社会看,产品质量的不完全,产生"逆向选择"导致生产过剩的产量,过剩产量为Q^*-Q_d。

总之,信息不对称,可能导致市场的低效率,带来众多社会问题。比如,保险行业的"道德风险",即在信息不对称条件下,不确定或不完全合同使得负有责任的经济行为主体不承担其行动的全部后果,在最大化自身效用的同时,做出不利于他人行动的现象。这个概念起源于海上保险,1963年美国数理经济学家阿罗将此概念引入到经济学中来,指出道德风险是个体行为由于受到保险的保障而发生变化的倾向。现实中,渣土车闯红灯、抛撒滴漏、交通事故多,就是此原因。再如,2000年后,证券市场陆续发生的银广厦、东方电子、麦科特、蓝田股份等一批上市公司的舞弊性财务报告案被接连曝光,相关的湖北立华、深圳中天勤、华鹏、华伦等会计师事务所参与或帮助上市公司舞弊财务报告行为的披露,使会计师事务所的行业公信力面临巨大的挑战,使我国注册会计师行业遭遇有史以来最大的信任危机。

大学生也经常面临信息不对称困境,比如,经常在社会中遭遇各种骗局。

在毕业季,每个应届毕业生都要填写就业推荐信,投递个人简历找工作。现在制作简历都比较容易,很多学生到智联招聘网站填写个人简历,然后就自动生成个人简历文档。如下是一位求职者递出的简历。

×××个人简历

女|23岁
现居住于江苏 南京|本科| 户口江苏
手机:1×××××××××××
E-mail:1×××@qq.com

自我评价

在生活上热情乐观、勇敢诚恳、面对各种压力和困难有着一颗平常心;工作上吃苦能干、谦虚勤学,在校担任学习委员也多次获得优秀学生干部的称号,有着一定的组织沟通和应变能力,并且参加过系学生会,有着很强的团队精神和协调能力;决心、信心、细心一直是自己的行动指南,作为应届毕业生的一员,虽然没有很多的社会经验,但现在的自己正处于人生中精力充沛的时期,也愿从底层做起,期望在实践中得到锻炼和提高。

求职意向

工作性质: 全职、实习

期望职业: 公关/媒介、行政/后勤/文秘、银行

期望行业: 基金/证券/期货/投资、银行、贸易/进出口

工作地区: 南京

期望月薪: 5 000—6 000元/月

目前状况： 应届毕业生

教育经历

2013/09—2017/03×××大学 国际经济与贸易 统招 本科

语言能力

英语：读写能力 良好 | 听说能力 良好

兴趣爱好

长跑 乒乓球 画画

在校学习情况

  在校期间，担任四年的学习委员，学习委员，顾名思义就是联系学生和老师之间重要的枢纽，自身也要起到学习标兵作用。大一参加系学生会，成为宣传部成员，为系里的各种活动，如迎新晚会、十佳歌手、我爱记单词、趣味运动会、模拟炒股大赛、辩论赛等画宣传海报。

曾获院校级三等奖奖学金

曾获院校级二等奖奖学金

2016/05 江苏××××学院优秀团干 | 院校级

2015/09 江苏××××学院优秀团员 | 院校级

2014/05 江苏××××学院优秀团干 | 院校级

在校学习经历

  2016/02—2016/03 填写"三支一扶"人口普查表格 | 根据手写的表格，把每家每户的家庭、医疗、教育、水电供应情况以及贷款投资于上网相应位置填写。

  2015/01—2015/02 房屋的宣传与销售 | 组织并带头发相关传单；接待来看房子的顾客，根据顾客的需求为顾客推荐并介绍对应的房型、建筑面积、居住环境，如果合适带他们去看现房，边看边介绍房子的优点。

证　书

2014/10 全国计算机等级一级

2016/04 全国计算机等级二级

2015/12 大学英语六级

对这一份没有更改的简历，大家可以指出这份个人简历存在哪些问题吗？

×××个人简历

女 | 23岁
现居住于江苏 南京 | 本科 | 户口江苏
手机：1×××××××××
E-mail：1×××@qq.com

自我评价

在生活上热情乐观、勇敢诚恳、面对各种压力和困难有着一颗平常心；工作上吃苦能干、谦虚勤学，在校担任学习委员也多次获得优秀学生干部的称号，有着一定的组织沟通和应变能力，并且参加过系学生会，有着很强的团队精神和协调能力；决心、信心、细心一直是自己的行动指南，作为应届毕业生的一员，虽然没有很多的社会经验，但现在的自己正处于人生中精力充沛的时期，也愿从底层做起，期望在实践中得到锻炼和提高。

求职意向

工作性质：全职、实习
期望职业：公关/媒介、行政/后勤/文秘、银行
期望行业：基金/证券/期货/投资、银行、贸易/进出口
工作地区：南京
期望月薪：5 000—6 000元/月
目前状况：应届毕业生

教育经历

2013/09—2017/03×××大学 国际经济与贸易 统招 本科

语言能力

英语：读写能力 良好 | 听说能力 良好

兴趣爱好

长跑 兵乓球 画画

在校学习情况

在校期间，担任四年的学习委员，学习委员，顾名思义就是联系学生和老师之间重要的枢纽，自身也要起到学习标兵作用。大一参加系学生会，成为宣传部成员，为系里的各种活动，如迎新晚会、十佳歌手、我爱记单词、趣味运动会、模拟炒股大赛、辩论赛等画宣传海报。

曾获院校级三等奖奖学金
曾获院校级二等奖奖学金

批注：
1. 建议加一张个人照片，要简单修饰的大头照或风景照，要微笑的。
2. 本节重点在格式要调整，要突出重点。
3. 本节尽量结合专业，要自信，但也不能过于自信。
4. 活动多但专业性不强。
5. 奖学金介绍与优秀学干荣誉称号介绍风格不一致。

2016/05 江苏××××学院优秀团干|院校级

2015/09 江苏××××学院优秀团员|院校级

2014/05 江苏××××学院优秀团干|院校级

在校学习经历

2016/02—2016/03 填写"三支一扶"人口普查表格|根据手写的表格,把每家每户的家庭、医疗、教育、水电供应情况以及贷款投资于上网相应位置填写。

6. 本节介绍要真实,有意义。

2015/01—2015/02 房屋的宣传与销售|组织并带头发相关传单;接待来看房子的顾客,根据顾客的需求为顾客推荐并介绍对应的房型、建筑面积、居住环境,如果合适带他们去看现房,边看边介绍房子的优点。

证 书

2014/10 全国计算机等级一级

2016/04 全国计算机等级二级

2015/12 大学英语六级

7. 总体上,本简历对面试官来说较平凡:没有突出的经历和专业性成果;与市场需求脱节,缺乏针对性;总体上,格式也缺乏美观与艺术。

求职者个人简历是自我推荐信,是提供个人信息,展现个人水平、特点、特长的文件,目的是让对方通过简历能够对个人有初步的全面了解,并能够在某种程度上投合招聘者的兴趣偏好。大学生的求职个人简历存在的普遍问题:一是,缺乏亮点,信息不充分;二是,重形式,轻内容,过度包装;三是,缺乏针对性,用一个简历应对不同类型和层次的企业以及岗位。

经指导老师提出如上的建议后,由于亮点不多,仅在内容安排、格式、美观方面,将该简历重新整理如下,大家可以对比一下,第一眼的感觉如何。

×××个人简历

女,23岁

现居住于江苏南京;本科;户口

手机:1××××××××××

E-mail:×××@qq.com

照片略

自我评价

在生活上热情乐观、勇敢诚恳、面对各种压力和困难有着一颗平常心;工作上吃苦能干、谦虚勤学,在校担任学习委员,也多次获得优秀学生干部的称号,有着一定的组织沟通和应变能力,并且参加过系学生会,有着很强的团队精神和协调能力;决心、信心、细心一直是自己的行动指南,作为应届毕业生的一员,虽然没有很多的社会经验,但现在的自己正处于人生中精力充沛的时期,也愿从底层做起,期望在实践中得到锻炼和提高。

求职意向

工作性质: 全职或实习

期望职业: 进出口业务/公关/媒介、行政/后勤/文秘、银行

期望行业: 进出口贸易/基金/证券/期货/投资、银行

工作地区: 南京

期望月薪: 3 000—4 000 元/月

目前状况: 应届毕业生

教育经历

2013/09—2017/03××××大学,国际经济与贸易专业,本科

语言能力

英语:读写能力良好、听说能力良好

兴趣爱好

长跑、乒乓球、画画

在校学习情况

1. 学习:

在校期间,担任四年学习委员,经常组织班级期末考试复习,微观经济学、宏观经济学、管理学、货币银行学、国际贸易、计量经济学、商务英语、通关实务等课程成绩均为优秀成绩,并于2013—2014学年获得三等奖奖学金,2015—2016年获得二等奖奖学金。

2. 学生活动:

2013年参加系学生会,成为宣传部部员,为系里的各种活动,如迎新晚会、十佳歌手、我爱记单词、趣味运动会、模拟炒股大赛、辩论赛等活动制作宣传海报,为学生活动做贡献。并于2015年荣获优秀团员荣誉称号,于2014年和2016年获得优秀团干荣誉称号。

在校实践经历

2016/02—2016/03 填写"三支一扶"人口普查表格:根据手写的表格,把每家每户的家庭、医疗、教育、水电供应情况以及贷款投资进行登记。

2015/01—2015/02 参与房地产公司楼盘的宣传与销售:组织分发传单,接待看房顾客,推荐房源。

证　书

2014/10 全国计算机等级一级

2016/04 全国计算机等级二级

2015/12 大学英语六级

很多人制作不好一份简历，重点不是技术问题，而是内容问题，是毕业前准备的内容不足，缺乏特点、特长等亮点内容，到最后只能靠包装。然而，企业招聘已经形成一套完善流程，越好的企业流程越规范，甄别优秀人才的手段越多、越完善，利用信息不对称蒙混是行不通的。像实习期对水平较低的员工是首道关卡，即使面试通关进入企业，没有真才实干或不符企业要求等，也不会被续用，何况还有很多根本无法通过面试选拔关的。

所以，个人简历的制作应重内容，要真实，重特点，更要重特长。简历应该是在4年大学生涯中逐步准备和奋斗实现的，而不是在毕业季杜撰、匆忙制作。大学生经常听到指导老师的劝导：入学是一张白纸，4年要描绘出美好蓝图。一个从入大学校门而不想到如何走出校门的学生，不会是一个好学生，也不会是学业有成的学生。如想成功，看4年怎么描绘出丰富多彩的蓝图，4年规划非常重要，当然为规划而付出更重要。

1.8　不忘初心、牢记使命、艰苦奋斗

用"不忘初心、牢记使命、艰苦奋斗"这个流行语作为大学入门的总结，虽然这个流行语是在全党范围内开展的主题教育，为了号召全体共产党员和干部"为中国人民谋幸福，为中华民族谋复兴"，但用在我们青年大学生身上，道理是一样的。

青年大学生一样要不忘初心、牢记使命，只有不忘初心、牢记使命，才能艰苦奋斗，也只有艰苦奋斗，才能落实大学生涯规划，才能实现自己的初心和使命。

那么，我们大学生的初心和使命是什么？可以肯定的是，每个大学生的初心是具有正能量：个人有个满意的工作，对家庭有帮助，对社会有贡献。

当你收到大学录取通知书时，是喜悦，十年寒窗终回报，被满意的大学录取。

当你收到大学录取通知书时，是平淡，一切随缘。

当你收到大学录取通知书时，是绝望，悔不当初。

……

不论你收到大学录取通知书时是何种心态，你对大学的憧憬是成为国家栋梁，还是未来有一个不错的工作和收入？是向往青年气息扑面而来的青春校园，还是甘于寂寞能够科研献身的豪情壮志？是光宗耀祖，还是平凡？是厚德载物，止于至善，还是自私狭隘？是发愤图强，还是无欲无求？……

我们每一个人进入大学前,都有自己的一颗正能量的初心,给自己一个美好憧憬,并且知道"大学是美好的"(中学老师经常这样灌输,现在好好努力,大学就轻松自由了)。有憧憬就会有使命感,有的使命是能够为国奉献,上九天揽月,下五洋捉鳖;有的使命是承担家庭责任,摆脱贫困,为家庭而读书;有的使命是自我独立,为父母排忧解难;有的使命是为了能够养活自己,自己能够过得很好……

不论哪一种初心,哪一种使命,都不会轻轻松松实现,都需要艰苦奋斗,都需要始终不忘初心、牢记使命。

我们可以不高谈阔论,但一定要脚踏实地,将"不忘初心、牢记使命、艰苦奋斗"落地。我想,做到"四爱"就可以让它落地生根发芽。我们每个年轻大学生要胸中有四爱:爱国家、爱学校(企业)、爱家庭、爱自己。"四爱"是相辅相成、相互依存的。一个不能爱家庭、爱父母的人,谈何会爱国家;一个不爱国家的人,谈何会成为国家有用的人才,爱家庭、爱自己也是一种空谈;狭隘地只爱自己的人,他不会爱家庭、爱学校、爱国家。

如果做到不忘初心,4年之后的就业季,才有可能是你选择企业,而不是企业选择你。否则到那时:既想收入高,又想工作轻松;既想工作满意,又能方便的;既想体面,又有社会地位,这样的想法就是天方夜谭。4年时间你没有付出,如何在收获季节收获?因为社会是嫌"贫"爱"富"的,在大学时期做一个优秀学生,否则在就业季就只能是先就业再图谋择业,争取后半生再努力付出。所以,大学生在入学之初就要为自己定下4年规划,并能够为自己的规划目标而坚持,最后才能成为家庭、学校、国家的骄傲。

1.9 关于认识自己的调查

(一) 作为大学生在校园内如何赢得尊重?未来工作中又如何赢得尊重?请概括性说明。

该问题主要考查同学们的社会价值判断能力,参与回答的80多位同学,80%以上的都写到要获得尊重,必须先尊重他人,其次是自重,具体地分别指出:自尊自重,待人和气,守时守信,良好仪表,做事稳重,包容别人,温柔待人,不卑不亢,为人谦和,谨言慎行等。20%的人也分别指出:让大家看到你的闪光点,做好自己的本职工作,提高自身素质,工作能力强,懂得换位思考等。个别学生认为"先尊重他人,人不犯我我不犯人,人若犯我,必以其人之道还治其人之身。同样还要不断提升自身的知识储备,提高情商、技能""要有一定的实力,才会让更多的人尊敬你;即便很有才华、很有地位和权势,也不要高高在上、颐指气使,懂得谦虚会赢得更多尊重;有原则、有底线、性格稳定的人更容易赢得别人的尊重"等。

这个问题没有标准答案,但同学们的回答多属于社交、社会关系的一种平等性的尊重,是个人赢得他人尊重的必要条件,若在此基础上,还能够做到"不战而屈人之兵",具体地说,做别人想不到的、做别人做不了的、有别人无法超越的,那不仅可以赢得他人的尊重,还可以获得单位、社会、国家的尊重,这一层次同学们都没有想到。但是,由于各种利益的存在,尊重是要努力去赢得,而不是靠平等就可以获得,更不会靠施舍。下面摘录同学们的代表性回答,但未必合理,没有作出删减,仅供读者参阅。

代表性回答1　一个人想要获得他人的尊重,首先要尊重自己。不论在校园内还是在社会上都是如此,同时你要学会站在客观角度看问题,换位思考,相互尊重,与人为善,拥有真正的实力,与同学、同事携手共进。

代表性回答2　首先是做人的根本,如果没有办法堂堂正正做人,是不可能被尊重的,不论是在校园还是在工作岗位上;努力提升自己,当你真正优秀的时候,别人就会看到你,尊重你;在接人待物方面,问心无愧。

代表性回答3　在校园内:①尊重他人;②提升自我;③清醒的认识自己,不要自哀自怨。在社会上:①认真对待工作;②不断学习提升对社会的认识;③努力赚钱,改善条件。

代表性回答4　①首先要懂得尊重别人、关爱他人;②要有一定的实力,才会让更多的人尊敬;③有原则、有底线,性格稳定的人更容易赢得别人的尊重。

代表性回答5　在校园内:尊重别人是最基本的,再者你身上有值得别人尊重的东西,比如性格上善良、学习好等。在社会上:同样也需要尊重别人,然后是你对待工作的态度认真、拥有较高的专业技能等。

代表性回答6　在校园内:①平等待人;②尊重不同的意见;③要懂得尊重老师和同学;④不斜视,不议论他人长短,不揭人伤疤;⑤对他人给予由衷的赞美和微笑。在工作中:①处理好与同事之间的关系;②帮助他人;③认真踏实的工作;④有积极乐观的工作态度。

代表性回答7　在校园内:①尊重同学,尊重老师;②语言举止得体;③有良好的习惯,积极的态度;④信守承诺,会与人打交道。在职场上:①尊重同事、领导;②做好本分工作;③做事积极认真;④不背后讨论别人。

代表性回答8　在校园内:首先要尊重他人,妥善处理好人际关系,拥有某些良好品质。在工作中:提高自身价值,懂得感恩,有原则有底线。

代表性回答9　在学校里:①要有公正无私的爱心才能赢得大家的尊重;②互相信任是尊重的前提;③相信大家的人品。在社会上:①要赢得别人的尊重,首先我们要尊重别人。尊重别人等于尊重自己。要做事积极细心用心,有条理,文明有礼,遵守次序。②努力工作,表现更出色。③不要气馁,积极工作,一分耕耘一分收获。

代表性回答10　不论是校内校外,都要做到文明礼貌,待人接物有同理心,懂得去理解他人。多站在他人的角度换位思考,学会包容,才是赢得尊重的重要条件。除此之外,提高自己的各方面实力。发展一个独立自信的人格。

（二）你上大学的初心是什么？你人生的愿景又是什么？请分别用一句话概括。

该问题主要考查同学们的基本思想素养，参与回答的80多位同学，100%的都有一颗积极向上的初心，也有一个积极向上的美好愿景，但大都是为了个人或家庭的美好，基本没有为国家或社会的更高尚的初心和愿景。比如，说出自己上大学的初心有：考研，开阔视野，提高自身知识水平与技能，希望自己可以变得更优秀，好好读书，为了能有更多选择，弥补性格上的缺陷，扩宽自己的见识，丰富阅历，为了成为更好的自己，完成学业，找到适宜的工作方向，结交朋友，拓展自己的眼界。说出自己愿景的有：实现梦想，平安喜乐，生活富足，回报父母，生活能开开心心快快乐乐，不虚度这一生，未来生活无忧，到想去的地方，做想做的事，成为心目中最想成为的自己，用正念的力量过好自己的每一天，可以把自己擅长、喜欢的领域做到极致，选择想要的生活而不是被选择，从公司小员工努力升职到经理等。下面摘录同学们的代表性回答，没有作删减，仅供读者参阅。

代表性回答1　初心：学习知识，找工作。人生愿望：做个好人。

代表性回答2　初心是学习更多更有用的知识。愿景：成为一个优秀的商人。

代表性回答3　进入大学为了学到知识，能够更加充分做自己想做的事情和愿意去了解的事物。以后希望自己开一家店，具体什么店还未规划。

代表性回答4　上大学的初心就是追随梦想。人生的愿景就是实现梦想。

代表性回答5　初心就是好好体验人生的每个阶段，享受每一天。趁年轻，去找到我真正热爱的事物，然后疯狂一把，青春就是我嚣张的资本。有什么想尝试的事情，都要勇敢地迈出去。愿望就是，努力学习到不后悔的地步，找到自己觉得真正不抗拒的工作，能养活自己。

代表性回答6　初心是希望找到自己喜欢的东西、工作或是专业并且深入研究到老。人生愿景是希望能有社会需要我的地方，而不是碌碌无为泯然众人。

代表性回答7　上大学初心：增长自己的知识，开阔我的视野，交更多朋友，认识不同的人。人生愿景：健健康康，跟喜欢的朋友去更多的地方玩。

代表性回答8　初心：体验大学生活，丰富自己的知识，拿到文凭，找到自己心仪的工作。愿景：考研成功，物质和精神得以自由。

代表性回答9　一定要考上G5研究生。人生愿景：可以留在英国，进入四大或者MBB工作。

代表性回答10　上大学初心就是让自己变得更加优秀。人生愿景是在工作十年之久之后能够创办自己的国际外贸公司，以及有一个温馨的家庭。

（三）除专业学习之外，你觉得还需要补什么短板？

关于补短板这个问题，主要考查同学们认识自己的情况，每个人都说出自己的1~2个不足点，也是常见的，比如语言表达、沟通能力、交际能力、动手实践能力、学习能力、科研能力、管理能力、组织能力、逻辑思维能力、抗打击能力等，但大家忽略了一个事实：人无完人，大家都按照完人的要求去总结自己要补的短板，这是不可取的。人的多样性，就在于各种能力的欠缺,但又各有优点,比较现实的是:发展自身优势,就可以有立足社会的点,有的劣势能补就补,只要不是根本性的、原则性的、影响成功的缺点,则允许其存在。因为社会工作需要的是不同特点的人去适应,所以,关键的是人要认识自己、明白自己想要的,再去思考需要补什么短板,而不一定是全面发展。下面摘录同学们代表性回答,不论对错,没有作出删减,仅供读者参阅。

代表性回答1　知识短板,运动短板。

代表性回答2　除了专业学习能力外,还需补足情商和语言交际沟通能力,以及行为处事能力,而不是一味地一根筋自以为是。

代表性回答3　环境适应能力,应变能力,人际交往能力。

代表性回答4　学会与别人共同相处,学会独立处理一些事情的能力。

代表性回答5　恒心,耐心;交际能力;学习能力,快速上手技术性高的东西。

代表性回答6　做事更加有效率,对事情要有钻研精神。

代表性回答7　站在众人面前发表讲话的心理素质,表达能力。

代表性回答8　独立思考能力,勇于尝试,积极参与一些有意义的活动,去充实自己,练练自己的口才交际能力。

代表性回答9　自身好习惯养成,社会性知识学习。

代表性回答10　最大的短板是缺乏自信,还要多学习为人处事。

(四) 目前你需要填写个人简历用于申请工作,除基本信息外,现在可以填写哪些内容,请写出具体项目名称即可,比如中共党员、省全运会志愿者等。

该问题考查同学们进一步认识自己的情况,总结成绩,反映其在校表现情况。参与调查的110多位同学,50%的回答是可以填写的项目,而不是已经取得的项目,这其中还包括直接填写"无"的同学。另外,填写已经取得的可以填入简历的,50%的是常规的学校荣誉,或学校的奖项,而关于工作经历、实习经验、校外的奖励等则很少,这对已经是大二的学生,成绩积累和素质能力准备不足。下面摘录同学们代表性回答,仅供读者参阅。

代表性回答1　四级证书,普通话证书,计算机证书,证券从业资格证。

代表性回答2　校内外工作经历,个人荣誉,技能证书,教育经历。

代表性回答3　实习经验,社会工作经验,学校文凭。

代表性回答4　校内荣誉,校外工作经历,技能证书。

代表性回答5　社会实践活动,校内奖励证书,班内职务经历。

代表性回答6　寒暑假志愿者,中国共青团员。

代表性回答7　某竞赛一等奖,英语六级证书,各类从业资格证,计算机二级证书,某企业实习生等。

代表性回答8　共青团员,楼长,公寓自管会副会长,生活委员,优秀学生干部,先进体育个人。

代表性回答9　省高等数学竞赛三等奖,学校一等奖学金,学校三好学生,地区马拉松大赛志愿者。

代表性回答10　江苏智慧银行一等奖,运动会志愿者,共青团员。

代表性回答11　中共党员,学生会主席,计算机二级证书,英语四、六级证书,证券从业资格证证书,创业资格证书,会计证。

关于同学们5个认识自己的问题回答,80%以上是能够认真思考后回答,也有10%的是不负责任的回答,总体上,同学们对自己的认识处于似懂非懂、半梦半醒状态,还需进一步提升认识自己的能力,还需要言行一致。

第二篇　经济运行——学会思考

上一篇我们了解了一些经济学入门概念，知道我们大学生要做理性人，大学生学习是一种"商品价值"的自我实现过程。本篇通过了解一些经济运行理论，学会分析身边事物本质，学会思考问题，有助于树立正确的世界观、人生观和价值观，本篇主要目标是让我们学会思考自己的行为。

创新对于个人和社会而言非常重要。技术创新这种硬创新更多的是技术发明，一般个体难以完成；创新思维、创新想法是任何一个人都可以通过有意识地培养而"触手可及"。发现新问题、解决新问题，只要是善于思考的人都可以做到，这本身也是一种创新。不善于思考的人，不会有创新，也难以实现自己的梦想。社会上很多人习惯于人云亦云、亦步亦趋，毫无自己的思想和主见，那么其命运只能是主动让别人掌控。只有付出艰苦努力，才能掌握自己的命运，那就从艰苦的脑力劳动——创新开始吧，先学会思考。看看下面的一则案例，体会缺乏思考、毫无主见所导致的悲剧。学会思考，才能够明辨是非，才能真正知道和理解大学生的职责。

案例：毛毛虫

毛毛虫喜欢跟在同伴后面爬行，这种习性是天生的吗？一位研究者做实验验证如下：

他找来一个花盆，花盆里有很多绿草，然后将一些毛毛虫放在花盆的边缘上，让它们首尾相接，围成一圈。一会儿，毛毛虫开始相起蠕动，最后毛毛虫一个跟着一个向前爬动。爬了一两圈之后，研究者认为毛毛虫会很快发现这是一个毫无意义的圈，会马上放弃重复运动，转而寻找新的方向。

可是没有想到，它们就这样在花盆的边缘上一圈一圈地爬，仿佛不知疲倦，丝毫没有意识到食物就在身边。这样爬了许久之后，毛毛虫最终筋疲力尽，相继饿死。

这个实验结论是：毛毛虫总是习惯跟在别人后面，习惯于固守本能，失去求生机会。现实中，有些人也有这个习惯，喜欢墨守成规，固守习惯、先例和经验，缺乏思考，缺乏创新，不敢创新，畏惧未知，因此，往往会失去很多改变命运的机会。

大学校园内,少部分学生习惯于老师画重点、给答案,习惯于老师给出要求(命令),缺乏自主思考、自我培养,这样的学生很难成为优秀学生。

2.1 核心竞争力——头脑改变命运

有多大梦想,就要付出多大努力,否则梦想就只是梦。要实现梦想,只有努力也未必能够实现,否则人人都会实现梦想,世界也就不会存在梦想。要实现梦想,还需要善于利用自己的优势,用头脑思考,才可能抓住机会或机遇,从而实现梦想。从下面的寓言故事,体会自己的优势是什么和如何抓住机会。

寓言故事:抓住机会

一个创业年轻人经过几次挫折,创业失败,躺在一块岩石上晒太阳,幻想着抓住机会,能够梦想成功、建个大房子、娶个漂亮老婆……

一个怪物出现,问年轻人:"你在干什么?"

年轻人回答:"我在等待机会,抓住机会就可以梦想成真。"

怪物说:"机会是什么,你真正明白什么是机会?"

"不知道,但它绝对是个神奇的东西,抓住它就好事不断,可以改变我目前的凄惨命运"。

"你连机会是什么都不知道,怎能等到? 不如跟我走,让我带着你做一些有意义的事吧"怪物想拉起年轻人。

"去去去,我才不会跟你走呢!"年轻人烦躁地说道。

怪物无奈地走了。

过了一会儿,机会老人走过来,问道:"年轻人,你抓住它了吗?"

年轻人反问道:"抓住它? 它是什么样的?"

老人回答道:"它就是机会呀?"

"天呐,我把它放跑了!"年轻人后悔莫及,追着机会老人,希望他能够帮他把机会找回来。

这个寓言故事告诉我们,机会是捉摸不定的,专心追求时,它迟迟不来,你不在意时,却悄悄出现。通过抓住机会改变命运,是在日常踏实努力中慢慢积累的,具备抓住机会的能力,即当你拥有自己的核心竞争力,当机会出现时,才会不失时机。机会不是结果,是一种过程,是一种自我实现的过程。

核心竞争力是一个企业(国家或者参与竞争的个体)能够长期获得竞争优势的能力,是企业(国家或者参与竞争的个体)所特有的、能够经得起时间考验的、具有延展性,并且是竞争对手难以模仿和超越的技术或能力。拥有核心竞争力的竞争者,在应对变革与激烈的外部竞争时,能够在激烈的竞争环境中抓住机会,战胜竞争对手。

企业核心竞争力具体是指能够为企业带来比较竞争优势的资源,以及资源的配置与整合方式。随着企业资源的变化以及配置与整合效率的提高,企业的核心竞争力也会随之发生变化。凭借着核心竞争力产生的动力,一个企业就有可能在激烈的市场竞争中脱颖而出,使产品和服务的价值在一定时期内得到提升。

企业核心竞争力是企业经过长期积累形成的,蕴涵于企业内质中的,企业独具的,支撑企业过去、现在和未来竞争优势,并使企业在竞争环境中能够长时间取得主动的核心能力。

对于制造业的核心竞争力,是生产技术。一般通过研发,形成专利,通过专有排斥其他人,也有的是通过工具水平,决定独有的生产技术。像我国民企华为,2018年之前,华为专利数在世界也排名较前,其研发经费支出在公司总成本中的比重要超过10%,2018年华为的专利授权量为3 293件。由于其5G水平处于世界领先地位,遭到美国特朗普政府的恶意打压。我国被称为"基建狂魔",其中一项重要生产工具——盾构机,其技术水平世界领先,如想进一步了解我国制造技术水平,可以观看中央电视台制作的纪录片——《大国重器》。对于服务业,其核心竞争力是制度创新,创新制度提供服务质量。比如海尔的制度创新,从20世纪80年代的即将倒闭的小厂,发展成为"国际品牌服务商"。

但核心竞争力是一个相对概念。在一定的竞争范围内,具有竞争对手难以模仿和超越的能力是获得长期竞争优势的核心竞争力,但扩大竞争范围后,原有的核心竞争力可能不具有竞争优势,甚至无竞争力。

大学生也需要培养自己的核心竞争力,在校园内实现自己想要的结果,在毕业季掌握自己的命运。作为大学生的核心竞争力是什么?拥有什么能力可以在大学4年,以及以后在工作中能够相较于其他人有竞争力呢?

对于人的核心竞争力,就是能够善于发现问题、分析问题和解决问题的能力,具体是能够对所学知识进行组织再造,并用于实践,因为头脑决定命运,就是需要艰苦的脑力劳动。因此,大学生的核心竞争力是别人难以模仿和超越的能力,不仅是专业知识的区别和多少,其核心竞争力的大小是相较于别人的"发现问题、分析问题和解决问题"的综合能力或综合素质高低。

当前社会颠覆了知识改变命运的观念,掌握知识已经成为人的一种基本技能,现在应该是头脑改变命运。对于大学生所希望的命运改变,需要能够掌握综合与创新运用知识的方法、思想、手段和能力,不是简单的学到知识,而是能够用学到的知识和技能进行综合与创新运用,即再造,形成自己的核心竞争力。通过核心竞争力改变自己的命运,这时,不仅可以改变命运,还可以掌控命运。但是,学习知识是辛苦的脑力劳动,而要对知识进行综合与创新运用则是更辛苦的,因此很多人无法通过头脑改变命运,更不用说要自己掌控命运。

2017年7月,《人民日报》、共青团中央等的微信公众号分别刊发文章《沉睡中的大学生:你不失业,天理难容》,文章中提到:上课的时候,清醒的没有发呆的多,发呆的没有睡觉的多,睡觉的没有玩手机的多;下课的时候,自修的没有吃零食的多,吃零食的没有看连续剧的多,看连续剧的没有玩游戏的多;学技术不肯动手,学理论不肯动脑。最后,学无所成,怪学校;考试挂科,怪老师;犯错受罚,怪制度;人际孤独,怪同学;就业困难,怪时代;孤立无援,怪父母。只有责怪,没有反思;只有骂人,没有检讨……如此,等待你的除了失业还能是什么?

对大学生及其家长来说,他们原本希望通过上大学来改变个人或者家庭的命运,但是,这些"沉睡大学生"即使正常毕业,也很难实现其期望的命运改变。今天,知识并不一定能改变命运(当然包括由于这些人的"学习堕落"而没有真正学习到知识),真正能够改变命运的是头脑,当一个人通过运用知识、经验,以及创新知识与经验,形成能够改变命运的思想、方法、手段和能力,其就能借此改变命运,即是头脑对知识的再造或综合运用,掌握了能够改变自己命运的能力,才能真正实现命运的改变。

(一) 何为命运?

命是一种定数,运是一种变数,命运则是一种势,包括不可改变的过去和不可掌控的未来。"命"作动词解释是"从口从令,使也",作名词解释,它是指由个人拥有的初始条件(诸如家族、自然、社会等)决定的、先天的、无法改变的定数。"运"是指迁徙转移,意指调整与改变。"命运"则是指生死、贫富和一切遭遇等预先注定的过程。万事万物都有由生至消亡的过程,人不能摆脱这一特定的规律的支配,但人并没有丧失对"命运"的掌握能力,人可以通过自身努力改变不可预知的未来,改变由生至消亡的过程。

从社会现象看,某种程度上人类都是通过知识积累和技术进步才改变了人类社会和个人,所以,有的人就认为是"知识改变命运",知识改变了人类不可预知的未来,知识改变了人的由生至消亡的过程。

不可否认,知识可以改变某种层次或程度的命运。因为,知识是人类经验的固化,它是人类对物质世界以及精神世界探索的结果总和,也是人类在实践中认识客观世界(包括人类自身)的成果,它包括事实、信息的描述或在教育和实践中获得的技能,它符合人类文明方向,是人类社会不断发展的根本要素,知识尤其是科学技术是人类社会进步的基本动力。因此,法国人弗朗西斯·培根认为"知识就是力量"。

在整个人类的发展史中,知识一直都扮演着最重要的角色,任何一个时代的人都不会忽视学习知识的重要性,改变命运离不开知识。历史告诉我们,每当社会发生变迁的时候,世界都会再一次变成需要重新认识的对象。任何人要想转变自己、创造财富、改变命运,都需要依靠知识的力量,只有依靠知识的力量,才可以避免前辈们失败的重演。但是,根据马斯洛的需求层次理论,如果我们将命运分成生存、安全与归属、尊重和价值实现等由低到高的三个层次,则"知识的力量"仅体现出知识是改变命运的必要条件,但不是充分条件。

(二) 头脑改变命运

社会中对改变命运常有这样几个观点:读书改变命运、机会改变命运、知识改变命运等等。在众多改变命运的方式方法中,最著名的是华人富豪李嘉诚的名言"知识改变命运"。

关于读书改变命运,"书中自有黄金屋、书中自有颜如玉"的观念,以及士大夫光宗耀祖的历史故事及其对社会现实的影响,使得社会普遍认为读书能够改变命运。新中国成立以来,只要读书识字都相对容易摆脱贫困的命运,上了大学就意味着获得了"铁饭碗",特别是改革开放以来我国的教育强国战略和社会现实,让众多家庭和个人认识到需要读书改变命运,可以说,读书至少改变了人的生存问题,它属于人的第一层次的命运改变。

关于机会改变命运,无论在官场、生意场,还是普通工作或生活中,存在当事人被动地(至少在别人看来)或者极力投机(至少别人没有看出)而得到职位晋升、生意兴隆,有的人把这种现象归结为是某人遇到恰当的机会改变了命运。比如李嘉诚的第一桶金。最早被称为"塑料花大王"的李嘉诚,开始发迹于如今在大街小巷上毫不起眼的塑料花。在20世纪60年代左右,李嘉诚还只是一个小小的塑料加工厂老板,靠做一些简单的塑料用品养家糊口,生意一直波澜不惊。每天面对破烂的加工厂,李嘉诚坚持做了几年,却依旧不见起色,一直渴望人生有所作为的他十分着急。这个时候,塑料花在欧洲流行,香港也受到这个潮流影响,李嘉诚发现这个商机,立马放手搏一搏,为其在日后商界的起飞赚下了第一桶金,改变了他以后如何生存的问题。改变人如何生存,即安全与归属,它属于人的第二层次的命运改变。

李嘉诚认为的知识改变命运,更多的是其自身创业体会,但它也代表了这样一种现象:当遇到难题时,拥有知识对解决问题是多么重要。我国改革开放40多年,早期的乡镇企业家很多都没有大学文凭,仅有初中知识水平,但凭借勇气和改革东风,建立了家族企业,当前他们感受最深的是自身的知识水平不足,限制了企业进一步发展。

当年李嘉诚发现香港销售的塑料花都是在欧洲制造的,加上运费,成本非常高,他认为这是商机,但是他手里没有技术,完全不知道样品是怎么制作的,从上色到成型,除发现塑料花高端外,就再怎么也想不明白其中的奥妙。几个月后,他决定到意大利取经,学技术。在意大利的工厂通过和有技术的华裔工人交往,几个月后,李嘉诚带回十来个技术工人到香港,这些工人也成为了李嘉诚在皇后大道西崛起的骨干人才,为李嘉诚在日后商界的起飞赚下了第一桶金,为以后赢得世界尊重和自我价值实现奠定了基础,可以说,技术与知识为其成为亚洲富豪、取得世界瞩目地位奠定了基础。尊重和价值实现,属于人的第三层次的命运改变。

关于人的命运改变,由于不同人有不同经验,就可能会总结出不同的改变命运的方式方法,所以,人们还有技术改变命运、方法改变命运、思想改变命运、能力改变命运、勤奋改变命运、朋友改变命运、社会改变命运等观点,能够出现不同改变命运的观点,就是基于人们的"改变什么样的命运"不同造成的,但不同改变命运的观点大致可以归结为如下几类:生存的改变,如何生存的改变和更好生存的改变。像方法、思想、机会、勤奋都是人对客观世界知识的再造,技术、能力是对知识的综合运用,它们共同表现在:人通过增长认识客观世界的知识,改变了自己的命运。

但是,知识仅是改变命运的必要条件,尤其在当前社会表现尤甚。当前知识经济、网络经济时代,掌握知识成为一项必备技能,学习知识与发现知识、生产知识已经成为社会的一种普遍现象,当前社会也为个人与组织学习知识、发现知识和生产知识提供了物质与技术基础,当前社会也让知识充斥在世界的每一个角落,我们要重新思考知识能否改变命运。不可否认,各种因素和条件都能够改变人的命运,知识是最重要的因素:知识改变了李嘉诚的命运,也改变了大多数人的命运,只是不同人改变的命运不同。

不可否认,知识改变了李嘉诚的命运,李嘉诚又不断改变了其企业的命运。改变其企业命运,不仅要靠知识,还需要机会、方法、技术等。再看李嘉诚案例:1940年为躲避日本侵略者的压迫,李嘉诚父亲带着全家逃难到香港。两年后,父亲病逝。为了养活母亲和三个弟妹,于是李嘉诚被迫辍学走上社会谋生。开始,李嘉诚在一间玩具制造公司当推销员。工作虽然繁忙,失学的李嘉诚仍用工余之暇到夜校进修,补习文化。由于勤奋好学,精明能干,不到20岁,他便升任塑料玩具厂的总经理。两年后,李嘉诚把握时机,用平时省吃俭用积蓄的7 000美元创办了自己的塑胶厂,他将它命名为"长江塑胶厂"。李嘉诚在发现生产塑料花的机会时,决定到意大利取经,学技术。于是他办了临时护照,跑到意大利,把自己打扮成一个落魄的拾荒者,跟随一群乞丐到工厂去应聘。当时在意大利的工厂,有很多来自亚洲的工人,这些工人由于没有护照,工资微薄,广受当地老板们的欢迎。老板二话不说,李嘉诚就被聘用了。看准时机后,李嘉诚告诉老板,自己天生多病,没有什么技能,工作只求混一口饭吃,就只想做个在各个车间帮倒垃圾的工人。工厂老板减了一半的工资,答应了他。于是,早已打好算盘的李嘉诚每天兢兢业业地在各个生产车间忙活着倒垃圾,不久,他就和一大批华裔工人混熟了,每天下班,他都会和四五个技术工人一起去喝酒、吃饭。几个月后,李嘉诚离开了工厂,同时,十来个技术工人也跟着他回了香港。从此,这些工人成为了李嘉诚在皇后大道西崛起的骨干人才,为李嘉诚在日后商界的起飞赚下了第一桶金。

李嘉诚的人生第一桶金,不仅靠的是知识,更多的是依靠自己聪明的头脑,其企业从长江塑胶厂发展到长江集团,长江集团在香港的成员包括四家同为恒生指数成分股的上市公司:长江实业(集团)有限公司、和记黄埔有限公司、长江基建集团有限公司、香港电灯集团有限公司。其企业的业务包括了物业发展及投资、房地产代理及管理、港口及相关服务、电讯、酒店、零售及制造、能源、基建、财务及投资、电子商贸、建材、媒体及生命科技等广泛业务。2015年8月19日,胡润发布2015年全球华人富豪榜,李嘉诚以2 000亿港元财富位列全球华人富豪榜第二位。若仅有知识,李嘉诚是不足以发展成今天的亚洲富豪。所有改变命运的方式方法,表面上看是与知识有联系的,但本质是头脑对知识的再造或综合运用,是通过比体力劳动更辛苦的脑力劳动。李嘉诚的改变命运的方式方法可以归结为头脑改变命运,见图2-1示意,它是能够对不可预知的未来最有效的改变。

在李嘉诚获得第一桶金前,推销员只是作为一份工作而已,现在大众化教育的今天,每个人都可以从"推销员"做起。从推销员到总经理,在今天,这也是一种正常的岗位晋升,但它已经不是多数人能够做到的,李嘉诚是通过读书改变命运。自己做塑料厂老板,不论出于什么目的和起因,但一定是他通过掌握生产知识和管理经验,即通过知识武装了自己。然后发现生产塑料花的市场机会,这不仅需要生产领域知识与经验,还需要开拓视野,将企业放到世界的海洋中去思考。之后李嘉诚成为华人首富的过程,一定是涉及产品和劳务的技术,以及管理经验等,它们可统称为技术。李嘉诚经营一生的过程,是自己利用聪明头脑思考世界,将认知世界的知识展示和运用,是头脑对知识的再造或综合运用,实质就是头脑改变命

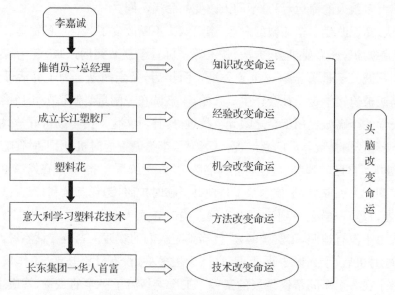

图 2-1 李嘉诚头脑改变命运示意图

运的过程,是辛苦脑力劳动的结果。

再看两个实例(没有对两个主人公的工作有偏见,仅佐证需要用头脑改变命运)。2003年某媒体曝出"北大才子西安街头卖肉"(当然是由于体制内分配工作,12年后辞职做屠夫,后经校友帮助,通过资本运作,也做成了连锁企业),轰动一时,引起社会对读书的思考。2018年某媒体曝出"男子曾是理科状元考上清华,毕业后当保安"(新闻主人公本是清华生物科学与技术专业毕业,先在广州某合资企业工作,由于企业的研发不在国内,被安排到客服部,在对回到研发岗位无望之后,回到家乡某房地产呆了几年,于2013年在一小区当保安,日后又任职某市场物管客户部主任)新闻,再次吸引眼球,热议"读书无用论"。这里的"屠夫"和"保安"在知识方面都比当年的李嘉诚富有,但其丰富的知识并没有足够改变其命运,至少相当一部分人这样认为。所以,若想改变自己的命运,实际是需要通过头脑改变命运,需要将知识进行重新组合、创新运用才能改变其命运。

拥有知识是头脑改变命运的基础,当人的智力能够将知识进行再造和综合运用转化为能够改变命运的方法、思想、手段和能力时,才能真正实现命运的改变,即头脑改变命运。通俗地说,就是要想改变命运,需要掌握发现问题、分析问题、解决问题的思想、方法、手段和能力,需要通过艰苦的智力劳动,才能实现命运的改变。而当代大学生最缺乏的就是用头脑思考问题、用头脑思考世界,也有的不用学习就有舒适的生活的,从而出现"学习无用""学习困惑""堕落一代""学渣""学弱"等问题。虽然在学校与家长的努力下,这些"沉睡的大学生"能够毕业,但或许是仅能免除国家低保制度保障而已,其命运的改变将何其难!

(三)"沉睡的大学生"成因

(1)从人的行为影响因素看

人的性格、家庭背景、知识水平、职业等,促成人形成稳定的行为方式,而情绪、压力、目标、文化、利益、社会环境和知识等，是影响人的行为变化的重要因素。

情绪，它是影响人的行为临时变化的重要因素。情绪是人的多种感觉、思想和行为综合产生的心理和生理状态，是对一系列人的主观认知经验的通称。人类最普遍的情绪有喜、怒、哀、乐、爱、恨、惊、恐、羞愧、嫉妒、自豪等。情绪通常与心情、性格、脾气、目的等因素互相作用，受到人体的荷尔蒙和神经质影响。无论是正面还是负面的情绪，都会引发人的行为的动机，即人的情绪发生变化时，必然即时引起行为变化。

相比情绪，压力是使人产生相对稳定行为的重要因素。压力是心理压力源和心理压力反应共同构成的一种认知和行为体验过程，心理压力源来源于生物性、精神性、社会环境性三个方面。心理压力反应是为解除压力的行为表现，随压力大小的变化，行为反应有所不同；压力越小，行为变化越小，压力越大，行为变化越大。

目标，它是人对活动预期结果的主观设想，是在头脑中形成的一种主观意识形态，也是活动的预期目的，为活动指明方向。它与目的不同，目的则相对来说具有即时性，是通过个人的动机，将目标具体化。目标需要通过努力、有步骤地去实现。人的目标受到个体知识水平、社会以及环境等因素影响。一般而言，人的目标越高远，其行动的动力就越大，而缺乏目标，则会表现平庸，甚至堕落。

文化因素对人的行为起约束作用。文化是人类在社会历史发展过程中所创造的物质财富和精神财富的总和。人类文化具体内容包括族群的历史、地理、风土人情、传统习俗、工具、附属物、规范、律法、制度、生活方式、文学艺术、思维方式、价值观念、审美情趣、宗教信仰、精神图腾等，可以将其概括为物质文化、制度文化和心理文化三类。不同地区文化内涵不同，地区文化约束地区或族群行为，但它通过人的行为表现出来。

利益因素是对人的行为起推动作用。利益是指人类用来满足自身欲望的一系列物质、精神的产品，包括金钱、权势、色欲、情感、荣誉、名气、地位、领土、主权、社会和个人的需求等，可以将其分为经济利益和非经济利益，或者可以分为物质利益和精神利益。在利益面前，人们通常都会对利益做出反应，追求利益最大化。

社会环境，它是指人类生存及活动范围内的社会物质、精神条件的总和，是人类生存和发展的具体环境，具体指个人与组织及其之间的关系网络，它对人的行为起规范作用。

总体来说，情绪、利益和目标都是影响人的短期行为的不稳定因素，而文化、压力、社会环境和知识都是影响人的长期行为的稳定因素。当前"沉睡的大学生"的"学习堕落"行为，一方面是由于脱离父母的约束，没有了高中填鸭式教学方式，再加上自身人生目标的缺失，表现出的"学习堕落"行为受到情绪、利益和目标等因素的影响；另一方面是社会存在"一切向钱看"的不良风气，没能向其传递社会正能量。

(2) 从人的行为目的来看

从传统西方经济学来看，第一篇提到的"理性经济人"假设，它是指人在确定行为目标后，实现目标中的行为是理性的。这里的理性是指在自利动机下做出最佳选择，自利是指不管什么人，其行为动机均是满足自身利益，遇到能够改善自己目前状况的机会，总要把握也总能把握,但自利不等于自私。所以,理性经济人(假设不涉及人品和道德的情况下)总是系统而有目的地尽最大努力去实现其目标,并追求自身利益最大化。

如果从现代行为经济学来看,其假设人是"非理性的",大多数人,面临获利的时候是风险规避的,面临损失的时候是风险喜好的,对得失的判断往往根据参考点决定,"堕落一代"错误地选择风险规避、风险喜好和参考点。

对于这些"沉睡的大学生"来说,用头脑学习比其他任何事都辛苦,若没有高远的人生目标和强大的毅力,倘若有一点点退路,就会"退而求其次",因为他会"理性"地对辛苦学习的付出与快乐的收益作比较,这样周而复始地"退而求其次",就会成为"沉睡的大学生"。对于这些"沉睡的大学生"表现出非理性的原因有:家人已经为自己安排工作,何必再辛苦;已经是富二代或官二代,何必再努力;年轻就该快乐,活在当下;旷点课,没问题,学长不是都毕业了……

对这种"沉睡的大学生"现象的解释,有的人认为是懒、手机等因素,甚至有的人认为是浮躁的社会风气,这些只是从表象解析,产生该现象的实质是社会和家庭给予他压力的外在原因的缺失,以及自信、自爱、自强的内在原因的缺失。

(四)如何改变大学生的"沉睡"行为?

"沉睡的大学生"的"学习堕落"行为应该是短期行为,是可以改变的。

人的潜力是无限的,而无限的潜力需要无限的压力去挖掘。不同层次的大学中,总有低层次大学的学生可以超过多数高层次大学的学生,实现"尊重和价值实现"的命运改变;"沉睡的大学生"最终还是通过自身努力,通过各种毕业要求"顺利毕业",就说明潜力无限这个道理。

大学生需要正能量的目标和价值观引导,让学生明白为什么学习、学习什么和如何学习这三个基本问题,并能为之付诸行动。

所以,鉴于"沉睡的大学生"这类"穷学生"自身缺乏目标,也由于社会,特别是学校给予其的学习压力太小,从而没有学习动力,所以应该贯彻西方高校的那种"严出"模式,施加他们学习压力;应该辅以正确的价值观、人生目标的思想品质教育引导,促成其成为真正的"理性经济人",也只有知识丰富了,才有可能成为真正的理性经济人。同时,社会也要承担一定的责任,要让文化、社会环境引领大学生的正能量的人生追求,使得"头脑改变命运"成为一种社会共识,让更多的大学生能够通过头脑改变自己的命运,进而改变家庭命运。如果大学生能够普遍认识到头脑改变命运的现实,也将有助于他们成为我国当前经济与社会发展阶段所鼓励与需要的创新、创客一代。

作为大学生自己,应该坚信头脑改变命运,只有提高自己的核心竞争力,才能真正改变自己的命运。

作为大学生要通过头脑改变命运,提升自己的核心竞争力,因为世界只青睐具有核心竞争力的人,下面看这样一个事实:

真的科学无国界?

中国缺什么,什么就贵,中国不缺了,外国就求着我们买。

上海微电子生产出 28 nm 光刻机,ASML 公司 28 nm 光刻机立即降价;国产盾构机问世,德国盾构机价格就由上亿元降到千万元;中微半导体 5 nm 芯片刻蚀机问世,美国就立即取消出口限制;比亚迪刹车系统研制成功,博士刹车系统价格就由 2 000 元降到 800 元。

我们的世界处处何尝不是这样,机会真的是人人均等吗?机会为什么只青睐优秀学生?道理和上面这个现象一样,你越有核心竞争力,你人生就会获得更多机会,拥有核心竞争力才能更容易发现机会和抓住机会。

2.2 市场——中西方高等教育差异

市场是各种资源的载体,市场机制发挥资源的配置作用。中西方教育市场存在巨大差异,身处其中的大学生,应该充分利用教育市场的资源,诸如实习、兼职、考试辅导等。下面一则案例,说明我们可以利用市场中的丰富资源,不能任由"怀揣美玉而不知,袖藏明珠而不识"的悲剧发生。

案例:大英图书馆搬家

英国的大英图书馆是世界上著名的图书馆,里面的藏书极为丰富。有一次,图书馆要搬家。也就是说,藏书要从旧馆搬到新馆去。一算账,搬运费要几百万英镑,图书馆根本就付不起这笔钱。怎么办?

有人给馆长出了个主意:

图书馆就在报上登了一个广告:从即日开始,每个市民可以免费从大英图书馆借 10 本书。结果,许多市民蜂拥而至,没几天,就把图书馆的书借光了。

书是借出去了,可怎么还呢?大家只能按期限到新馆来还。

就这样,图书馆借用读者的力量免费搬了一次家。

这个故事告诉我们,市场中有很多资源可以利用,市场也充满机会,就看我们整合资源的能力,能否将资源整合为我所用。换一种说法,市场中无处不存在机会,关键是你能否发现它的存在,并能够抓住它。

市场是社会分工和商品生产的产物,哪里有社会分工和商品交换,哪里就有市场。市场是各方参与交换的多种系统、机构、程序,是商品经济运行的载体或现实表现。所以,市场是商品交换场所和领域,是生产者和消费者之间各种经济关系的总和,市场体系中有各类专业市场,如金融市场、劳务市场、技术市场、房地产市场、钢铁市场、文化市场、旅游市场等;按生产者竞争状况分为完全竞争市场、完全垄断市场、垄断竞争市场和寡头垄断市场等;按资源配置方式分计划市场、自由市场、混合市场等。

市场交易原则是自愿、平等、互利和遵守商业道德。平等性和竞争性是市场的两个重要特征。不遵守商业道德的参与者,终会被市场淘汰。

现实中,农贸市场、宾馆、理发店是与我们生活紧密联系的服务市场,当前网络经济等新经济市场形式的兴起,正改变着我们的思维和生活方式。

不同专业市场,经济运行特征有差异;不同类型市场,资源配置效率有差异。党的十八大定位市场配置资源起基础性作用,政府对资源配置起辅助作用。市场的竞争性来自生产要素资源的自由流动,表现为优胜劣汰、奖优罚劣,这有利于提高生产效率和资源配置。

我国教育发展历史悠久,但教育市场发展不完善,甚至存在先天缺陷,与西方教育市场相比相对滞后。中西方高等教育相比较,存在如下差异:第一,我国是"严进宽出"的模式,西方是"宽进严出"。当前我国大众化教育阶段,"严进"程度有所降低,但"宽出"没有改变。第二,我国是教育资源公办为主,民办是补充,西方则是民办教育为主,公办是补充。第三,我国招生仍然是选拔考试为主,西方以自主化招生、水平评价为主。第四,我国教育管理始终没有去行政化,甚至有行政化加重趋势,西方则是市场化办教育。第五,我国高校评估重科研成果,西方则是重教学和过程评价,学术相对自由。

在西方高等教育市场中,实行程式化管理,重流程、轻内容。若要成才,比中国更强调自主学习、自主提高。比如,在英国一个工程类博士的毕业学位论文中,可以选择与专业毫无关系的"中国诸葛亮的八卦图的前世今生"为研究课题,可想而知西方教育重在思想和方法。而中国教育重在知识的传授、知识的攻坚克难,但由于毕业压力较小,也因此导致一部分人学习不够专注。

著名的钱学森三问"为什么我们的学校总是培养不出杰出人才?何时能培养出国际大师?为啥中国没有一流大学?",就是对我国高等教育的拷问。造成"三问"的原因远不止前面提到的五个差异,再从我国当前高校学生教学管理存在的三种类型分析,也可见一斑。

当前我国高校学生教学管理存在如下三种类型:(1)市场化型的,教师以科研为主,授课为辅,忽视学生管理,但严格考核。这类学校,学生学习靠自主,学校影响力靠教师科研。(2)奋进管理型的,教师以教学为主,科研为辅,像父亲教育子女式严格要求学生学习,是"皮鞭抽赶"型学习管理,这类学校是靠提高学生就业来提高社会对学校认知。(3)保姆型的,教师以教学为主,但对学生的学习,像保姆式的,为了学生的一切、为一切学生,一切为了学生能够走出校门,这类学校为基本生存考虑,财源靠生源。

但是,不论是哪类学校类型,学生学习的需求都能够满足,谈不上哪类学校存在绝对高低。一个意志薄弱的学生在"市场化型"学校里,可能容易堕落,像高考招生季经常"清北"的退学学生又再次成为地区状元,再升入"清北"的报道。也有研究型大学,状元录取,毕业卖猪肉的(虽然经校友帮助,已经事业很成功)。但不同类型学校的成才率一定存在差距,或者说就业层次比例、平均薪酬水平一定会存在差距的。所以,在不同类型高校,只要做一名优秀学生,能够充分利用好学校资源,也都能够成功、成才。

在不同类型的学校,任何学生都应有危机感,就像企业的生存一样,可能一夜之间企业倒闭,一夜之间出现强大的竞争对手。大学生应树立危机意识,把"危"当成成长的机遇,因为在中国高等教育市场中,教育资源完全够我们成才的,关键是看我们如何利用好各种教育资源。

所以,每名大学生要思考你所在的学校类型,要采取行动。在任何一种类型的学校里,一个贪图安逸、不求上进的学生,不会成为社会栋梁;一个贪图自由、经常违反学校管理规章的学生,不会成为一个合格大学生。

不管我们身处哪一种类型的学校,我们都需要能够变被动学习为主动学习,变"要我学"为"我要学",充分利用学校教育资源,努力成才。

2.3 效率——"一个没有'旷课'的大学生涯,人生是不完整的"之辩

效率是衡量市场配置资源优劣的指标,是衡量企业效益的重要指标。大学里,效率同样重要,听课要效率,学习要效率,行动要效率。知识的学习是递进关系,一个环节效率低下,势必影响到后续学习效率。下面一则故事,反映的是我们做任何事情都要讲效率,效率没有最高,只有更高。

故事:约瑟夫与威廉

约瑟夫和威廉是好朋友,他们同时被一家公司录用。在开始的半年里,他们一样努力,每天工作到很晚,最后都得到了总经理的表扬。可是半年后,约瑟夫得到了提升,从普通职员一直升到部门经理,而威廉却似乎始终被冷落,到现在还是一个普通的职员。

终于有一天,心中不平的威廉向总经理提出了辞呈,并痛斥了公司的用人不公。总经理没有生气,他希望帮助威廉找到问题的关键。因为他知道威廉虽然工作努力,但效率不高,这也是他一直没有得到提升的主要原因。总经理微笑地看着他,忽然想出了一个主意。

"威廉先生,请你马上到集市上去,看看今天有什么卖的。"

威廉很快从集市回来说,"刚才集市上只有一个农民拉了一车土豆在卖。"

"一车大约有多少袋,多少斤?"总经理问。

威廉又跑去,回来说:"有10袋,共500千克。"

"价格是多少?"

威廉再次跑到集市上。当威廉回来的时候,总经理对气喘吁吁的他说:"休息一下吧,你看约瑟夫是怎样做的。"

约瑟夫很快从集市回来了,并且向总经理汇报说,到现在为止只有一个农民在卖土豆,有10袋共500千克,价格适中,质量很好,他带回几个让经理先看看。

另外,这个农民还有几筐才采摘的黄瓜,价格便宜,公司可以采购一些。他不仅带回了黄瓜的样品,而且还把那个农民也带来了,他现在正等在外边。

这个故事告诉我们:效率是衡量一个人能力的一项重要指标,也是一个人能否成功的重要因素。市场经济中,高效率意味着能够战胜竞争对手。然而在大学校园,时间是学生普遍认为最丰富的,却往往造成学习、做事的低效率。也有的就像故事中威廉那样,是能力不足造成的低效率。

经济学中的效率(efficiency)是指在既定技术和条件下最有效地使用社会资源以满足人类的愿望和需要的评价方式。经济效率是社会经济运行效率的简称,是指在一定的经济成本的基础上所能获得的经济收益,可用计算公式表示:效率=产出/(投入劳力+投入资源+投入工具)。有用"时间"来衡量效率的,这种衡量不全面,因为时间只是经济成本的一个方面或一部分,而不是经济成本的全部。

对于企业来说,在竞争中,在同一市场条件下,效率是决定企业生存和发展的关键,所以,企业中应以效率为优先。在企业内部,要尽可能降低成本,提高产品质量,调动工人积极性和资源,从而提高效率。

市场效率是指帕累托效率,是指改变目前资源配置,不能实现其他福利水平不变,而使得部分人的福利水平提高的市场资源配置状态,即资源配置不存在改进,达到最佳配置。在完全竞争市场中,短期内,厂商实现利润最大化的均衡条件是边际收益等于边际成本,即 $MR=MC=P_e$(P_e 为市场均衡价格),换句话说,在其他条件不变情况下,厂商应该选择最优的产量,使得最后一个单位产品所带来的编辑收益等于所付出的边际成本。长期生产中,各种生产要素投入量都是可以变化的,完全竞争产商通过对全部要素投入量的调整来实现利润最大化的均衡条件是 $MR=LMC$,厂商均衡点出现在长期平均成本曲线 LAC 的最低点,此时,生产的平均成本降到长期平均成本最低点,商品价格也等于最低的长期平均成本。因此,完全竞争厂商的长期均衡条件为:$MR=LMC=SMC=LAC=SAC=P_e$,其中 P_e 是均衡市场价格。图2-2是完全竞争市场长期均衡的综合图,厂商则 $SMC=LAC$ 条件下安排生产,以市场价格 P_e 销售,并获得最大利润。

市场经济中,效率是首要目标。公平有利于促进效率提高,效率为公平提供物质基础,但现实中,效率与公平往往是不可调和的。强调效率会降低公平,强调公平会降低效率,寓言"一个和尚有水喝,三个和尚没水喝"反映的就是这个道理。再看下面一个团队分粥的故事,理解公平与效率。

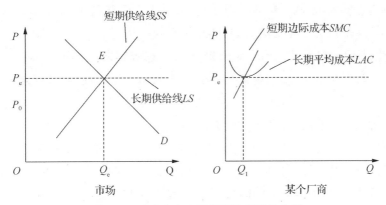

图 2-2　完全竞争市场长期均衡的综合图

故事：7 人分粥

方法一：由一个人负责分粥，大家很快发现，这个人给自己分的粥最多，于是，换一个人分粥，结果是主持分粥的人碗里的粥最多。

方法二：大家轮流分粥。结果是每个人一周中只有一天吃得最饱，而且有剩余，其余 6 天忍饥挨饿。

方法三：选举一个信得过的人主持分粥，不久又发现主持分粥的人开始为自己和溜须拍马的人多分一点。

方法四：选举一个分粥委员会和一个监督委员会，形成监督和制约机制，解决了公平问题，但由于监督委员会提出多种议案，分粥委员会又据理力争，等粥分完毕了，粥早凉了。

方法五：每个人轮流值班分粥，但要求分粥的人要最后领粥，在这个制度下，结果 7 个碗里的粥每次都一样多。

这个故事告诉我们效率和公平的矛盾确实不易调和。企业和社会要解决公平与效率问题，可以通过机制创新、管理创新和技术创新，让"三个和尚水多得喝不完"：通过三人协作完成挑水吃，是机制创新；通过多挑奖励与少挑惩罚，是管理创新；通过架设管道输水，是技术创新。

鉴于此，我们大学生在各方面也要讲效率。

有的人提出，一个大学生不旷课，人生是不完整的；一个大学生不谈恋爱，人生是不完整的。这些说法，我认为 20% 正确，80% 错误，认为正确的成分主要是建立在我国当前高等教育现状下，旷一点课，谈谈恋爱，好像只是损失了一点点听课、学习时间，可以通过其他时间弥补。在我国缺乏过程考核，即使有过程考核，也未必严格执行。

从公平与效率来说，没有听课，或听课不认真，学习效果必然降低，但考试对所有学生是公平的，如果学校和老师做到公平，旷课或者学习时间不足，势必会影响课程成绩。

提出这种观点的人,是从广义的学习来说,大学生不仅要在课堂上学习,课程之外还有许多要学习的,"一个只会读死书的人,只能是平凡的",从这个意义上,"一个没有'旷课'的大学生涯,人生是不完整的"说法有一定道理,确实谈恋爱容易让人更快成熟。

从学生成长过程来看,学生总是束缚在校园中,没有融入小社会,没有接触大社会,是不成熟的,通过"恋爱"可能促进其成熟,特别是当前独生子女一代,人生接受的挫折很少,通过"恋爱挫折"这种非常的经历,有利于其成熟、成长。

从学生学习角度来看,大学生确实比中学生需要参加许多必要的课外活动,这难免与课堂发生冲突,这时偶尔"旷课"在所难免,只要利用其他时间将它补回来,也不是不可以的。但这种经验告诉我们,参加活动多的同学,课程成绩一般都不突出,一方面,可能是其目标不在学习成绩方面;另一方面,人的时间、精力是有限的,有得必有失。

另外,由于大学生最富有的是时间,因此导致大学生时间利用效率较低。"帕金森定律"表明:工作会自动地膨胀占满所有可用的时间。西里尔·诺斯古德·帕金森认为,"一份工作所需要的资源与工作本身并没有太大的关系,一件事情被膨胀出来的重要性和复杂性,与完成这件事情花的时间成正比"。用帕金森所举的事例例证:一个只需5分钟的寄明信片的事,一位老太太可能花上一整天时间寄一张明信片给她侄女。其过程为:花1小时找那张明信片,1小时找眼镜,0.5小时查地址,1.5小时写明信片,20分钟则是用来想去寄信时是不是要带伞。由于我们大学生最富有的是时间,很多大学生就像这位寄明信片的老太太一样,做事效率低下,在浪费时间。

一个没有4年规划、没有学期目标、没有日计划的大学生,时间利用效率就会低下:一点小事或一个小目标就会占满一天天的时间,时间就在指缝间不知不觉流走。从这个角度说,对于没有听课效率的学生旷一点课,确实是没有多大影响。

你对"大学生旷课、恋爱"怎么理解?因为有更重要的事,需要缺课,这可以理解,但不能成为一种习惯;单纯的爱情,不是不可以有,但不能因为爱情,而失去未来。旷课、恋爱必然使你丢失一些学习时间,如果没有补充学习上丢失的时间,必然导致低效率。

2.4 信用——校园贷

信用,自古就是社会立根之本,诚实守信是市场的一条亘古不变的法则。当前我国信用体系不太健全,不讲信用反而成为某些人成功的捷径。不久的将来,信用将越来越重要,不讲信用将寸步难行。诚实守信应该从大学培养起,对个人的成长还来得及。下面的故事和案例告诉我们信用对我们是多么的重要。

故事:曾子杀猪

有一次,曾子的妻子要去赶集,孩子哭闹着也要去。妻子哄孩子说,你不要去了,我回来杀猪给你吃。她赶集回来后,看见曾子真要杀猪,连忙上前阻止。曾子说,你欺骗了孩子,孩子就会不信任你。他说着,就把猪杀了。

案例:美国高校处分案例

1. A同学在国内读书时成绩一直不错,经过一番努力申请到哥伦比亚大学。但是入学后由于学习和心理双重压力,变得焦躁不安,学习成绩也一落千丈。在某次考试时,A同学直接将老师PPT上内容默写下来而被教授判定为作弊行为。由于学校学术诚信规定,不能使用原文照搬。学校判定A同学作弊,作出停学处分。

2. B同学就读于美国密歇根州立大学,本身对新学校和即将开展的学业信心满满的他,在开学没多久后,由于生活上的变故,患上了抑郁症。严重影响到了他的日常学业。在一次论文作业中,B因为没有合理地标明引用格式,被老师怀疑抄袭。老师将此事上报给学校,学校直接给予警告处分。这之后B同学由于心情原因,学习成绩一直没有提高,最终因为GPA远低于学校最低GPA要求,而收到了学校的开除处分。

3. C同学就读于约翰霍普金斯大学,一向成绩优异的他,来到美国读书后发现周围同学都非常优秀。不敢掉以轻心的他,一直都努力复习预习。但是由于C同学的学习压力过大,导致其复习效率降低,每次作业他也逐渐感觉到十分吃力。C同学的学姐主动提出可以帮助他完成作业,C同学为了顺利完成作业,选择让学姐帮助。在一次小组作业中,学姐不小心将本要发给C同学的答案,误发给C同学的小组组长,小组长得知此事后将事情报告给了学校。学校给出了停学的处分。

——摘自美国续航教育网站,https://www.forwardpathway.com/3263

以上故事和案例告诉我们,信用是人立身之本、是社会发展基石。然而,大学生往往会忽略它的重要性,经常出现:忘记与老师约定的见面时间,第二次上课补前一次课的假条等,可以有一万个理由解释自己的不足或错误。

信用,是指依附在人与人之间、单位之间和商品交易之间形成的一种相互信任的生产关系和社会关系。从字面理解,信用有信任和委用的意思,也有相信和采用之意,还有以能履行跟人约定的事情而取得的信任。《牛津大辞典》对"信用"的解释是:信用(Credit)是指在得到或提供货物或服务后,并不立即而是允诺在将来付给报酬的做法(an arrangement that you make, with a shop/store for example, to pay later for something you buy)。一些金融学教材则解释为:信用是以还本付息为条件的暂时让渡资本的使用权的借贷行为。

从经济的角度理解"信用",它实际上是指"借"和"贷"的关系。信用实际上是指"在一段限定的时间内获得一笔钱的预期"。你借得一笔钱、赊销一批货物,实际上就相当于你得到了对方的一个"有期限的信用额度",你之所以能够得到了对方的这个"有期限的信用额度",大部分是因为对方对你的信任,有时也可能是因为战略考虑和其他的因素不得已而为之。根据等级标准,信用可分为国家信用、企业信用和个人信用。

国家信用是等级最高的信用,是以国家的全体公民为债务承担者,所以,2021年美国国债总额突破了28万亿美元,但现在仍然要不断突破债务上限。自2009年欧债危机发生后,希腊政府现在需要靠向欧洲央行借款度日。

企业信用等级排在其次,它以其企业的有限责任限度为限,大企业、实力强的企业容易从银行贷到款,而小企业融资困难。

个人信用等级最低,以个人财产为限,因此,一般个人很难从银行贷到款。目前国家开始制定一些小额定向贷款,或政策性贷款,扶持中小企业。我国近期的民间融资、"老板跑路"都是借贷中企业或个人信用出了问题。P2P于2007年就进入中国市场,直到2011年开始进入大众视野,发展到2013年,P2P成为大家熟悉的互联网金融,但行业亟待监管,现在每年都有P2P平台"爆雷"情况,导致广大投资者血本无归。金融机构本应该为实体经济服务,创新金融产品、业务形式,本无可厚非,但是金融业的高薪和实体扩张,使得金融机构成为企业的老板,实体企业为金融机构打工,主仆位置颠倒了。杰拉尔德·莱昂斯曾指出,金融行业应该服务于个人和企业需求,而不是创造花哨的金融产品。而"校园贷"更是成为高校学生的噩梦,被一些不良奸商当作豪取强夺的手段。校园贷套路形式多样,但本质相同,套路相似,以下面一个案例看看其危害。

案例:半年2 000元变80万元,学生裸照被公开

从"恶意注册""高额罚息"到跳楼自杀、暴力催收,甚至"裸条"都发生在哈尔滨上学的女大学生小易(化名)身上,一笔2 000元的借款行为,会让她在半年之内欠下80多万元的负债。因为逾期产生高额逾期费,只好通过借新还旧的方式维持。不只是高利率,产生逾期之后,还要支付高额的逾期管理费,这样在到期未偿还之后,放款人又介绍新的放款人,变成三层、四层甚至更多层叠加利率。因无力偿还,放款人要求她拍下"裸条"(裸照借条),还扬言不照做就要危害其家人。之后不久,由于小易迟迟无法偿还,放款人将她的"裸条"发给同学、父母、辅导员,小易不得不被迫休学。

校园贷的基本套路是:诱导过度消费 ➡ 高利贷、连环贷 ➡ 信息盗用风险 ➡ 层层分包、暴力催收,最终因网贷跳楼自杀的案例报道非常多。

校园贷本身是不法商人利用国家对网贷监管缺失,变相抢劫的一种信贷模式,首先是网贷公司的信用缺失,其次是我们大学生滥用信用。

到校园贷平台借贷的学生基本犯了如下几个错误：(1)爱慕虚荣，超额消费，在消费上，不能做到量力而行。(2)无知。没有了解贷款条款，没有算清真实利率，没有考虑风险。(3)盲目相信别人，盲目相信社会私人信贷机构，透支个人信用。(4)占便宜或是不劳而获心理，想吃"天上掉的馅饼"。最近央视新闻报道某招嫖人员的一条微信，邀请境外赌博，对方承诺不光为他提供赌资，还报销往返机票和食宿费用。结果是跨国绑架勒索，共有290人在境外被不法分子绑架，非法拘禁，其间经历了威胁、毒打和勒索赎金等遭遇。

我国目前信用体系还不健全，而现在西方国家，如果企业存在失信行为，比如欺诈、假冒等，会受到行业协会的制裁，银行会停止企业的资金业务，使得企业寸步难行。

不久的将来，我国信用体系将逐步完善，每个公民都将进入诚信体系，一旦出现个人信用问题，则将在社会无立足之地。我国目前在不断完善社会信用体系，比如，统一社会信用代码基本实现全覆盖；"信用中国"网站；全国征信体系建设（包括个人基本数据、金融数据、公共数据；包括税务、工商、法院、电信、水电煤气等部门的数据；个人信用报告查询记录等）……大数据技术将快速推进信用体系建设。

几年前，深圳一位患白血病的5岁女孩罗一笑，其父亲罗某自称每天支出少则万元出头，多则3万元有余，罗某是一个P2P eye. com公司的营销总监，他通过网络众筹到数百万元。但不久后被网友查出：社保证实其夸大孩子治疗费用支出，罗某在深圳有三套房子、两辆车，有一个广告公司，小朋友是"小三"未婚先孕生的……这样的案例在透支社会良知，让社会道德沦丧。像现在老人跌倒没有敢扶的现象，就是10多年前一个案例导致的后果，透支社会信用，最终是社会没有爱心，苦的是天下穷苦大众。

2015年，私挖5层地下室导致北京德胜门大街坍塌的徐州"挖坑"人大代表，事后被爆出有9个案件缠身，有"地痞、无赖"身份，2016年5月受审，被追究刑责。这样有身份的人，无视自己身份该承担的信用，最终身败名裂。实际上，我们每一个人都是有身份地位的人，不仅要承担维护社会信用的责任，还要承担自己身份应有的信用责任。

从上面的案例看出，信用与人的地位和财富无关，但任何不讲信用的人最终都会受到相应惩罚，包括校园网贷公司及其员工都会受到法律制裁。

大学生从诚信考试、诚信做人开始，现在会无忧，将来才会成为更有用的人。我们不能轻易相信校园贷或其他变种的网贷，如果理解他们贷款的流程和盈利模式，大家自然就不会去借网贷。如果做一个优秀学生，就不会透支自己的信用；如果坚信"付出才有回报"，就不会轻易上当受骗；如果学会分析口袋中的每一分钱的价值，就不会相信"天上掉馅饼"。

事实上，本书的目的之一，就是让大家掌握利益分析法，考虑自己行为或面临的问题，能够分析相关各方的利益，看看"谁盈利，谁最获益，其模式又是什么"，从而抓住解决问题的主要矛盾，遇到社会中出现的各种骗局，以及遇到各种风险时，就能够识别和规避。

2.5 价格歧视——再升学

我们大学生经常会接触到价格歧视的事情,但很少有学生去思考事情背后的道理,大都是盲从他人。下面一则案例,有助于理解什么是价格歧视,有助于了解校园内接触到的各种培训广告等,其原理与这个案例一样。

案例:美国航空

在美国,航空公司之间经常发生价格大战,优惠票价常常只是正常票价的1/3甚至1/4。然而,即使是价格大战,航空公司也不愿意让出公差的旅客从价格大战中得到便宜。但是,当旅客去买飞机票的时候,他脸上并没有贴着是出公差还是私人旅行的标记,那么航空公司如何区分乘客和分割市场呢?原来,购买优惠票总是有一些条件,如规定要在两星期以前订票,又规定必须在目的地度过一个甚至两个周末等。出公差的人,往往都比较急,很少有在两个星期以前就计划好出差。至于一定要在目的地度过周末的条件,企业分派公务出差,度过一个周末,至少多住两天,这笔开支肯定比享受优惠票价所能节省下来的钱多得多,况且度完周末才回来,在公司上班的日子又少了好几天,所以企业就不会为了那点眼前的优惠,而贪小便宜、吃大亏。这样优惠条件就把出公差者排除在优惠机票之外。

这个案例中,航空公司吸引坐飞机需求弹性大的旅游者使用飞机出游,而排斥坐飞机需求弹性小的公务出差坐飞机,"价格歧视"的目的是为了获得较多的利润。价格歧视的分割市场手段非常多,有边界分割、距离分割和身份分割等,我们在进行消费时,理解"价格歧视"的原理,可以避免被歧视,免遭不必要的付出。

经济学中的价格歧视(price discrimination)实质上是一种价格差异,通常指商品或服务的提供者在向不同的接受者提供相同等级、相同质量的商品或服务时,在接受者之间实行不同的销售价格或收费标准。经营者在没有正当理由的前提下,将同一种商品或者服务对若干买主实行不同的售价,则构成价格歧视行为。价格歧视是一种重要的垄断定价行为,是垄断企业通过差别价格来获取超额利润的一种定价策略。现实中价格歧视比比皆是,比如,我国某著名企业的一款 ThinkPad W540(500G 硬盘)高配的电脑,在美国售价约为人民币 8 520 元(按 2018 年价格信息),而同样型号的这款电脑在国内的最低售价却达到了 15 000 元,1TB 硬盘版本价格甚至达到 19 899 元。另一款 Yoga C930 美版约 9 920 元,而在我国的国行价格却是 16 888 元,差价达到了快 7 000 元。当网友试图从美国邮购电脑时,还会被识别出银联银行卡而遭到砍单。在国际品牌中更是如此,如

2012款奥迪Q7豪华版,在美国,厂家的报价最高不超过6万美元,折合人民币36万多人民币,但是,到中国之后,厂家的报价竟达百万元人民币。再如,一条在美国卖30～50美元的GUESS牛仔裤,到中国后,摇身一变成了奢侈品,价格高出美国本土10倍之多。大到汽车,小到牛仔裤,从一线大牌到二、三线品牌,到中国之后,价格都高出许多,中国人似乎成了"冤大头"。国际上普遍认为中国"新晋土豪"盲目崇拜国外产品。国外某些企业利用价格歧视策略,恶意抬高其商品在我国的售价。

价格歧视根据歧视严重性分为不同类型:一级价格歧视,又称完全价格歧视,是指厂商对每一单位产品都按消费者所愿意支付的最高价格出售。二级价格歧视,是指只要求对不同的消费数量段规定不同的价格,而一级价格歧视要求垄断者对每一单位的产品都制定一个价格。所以,二级价格歧视不如一级价格歧视那么严。三级价格歧视,则是指垄断厂商对同一种产品在不同的市场上(或对不同的消费群)收取不同的价格。

歧视价格的制定要根据不同市场消费者的需求和偏好来确定,需求大、偏好强的,可以制定高价;反之,需求小、偏好弱的,需要为其提供低价。当然,要防止不同市场之间的产品流动,否则,价格歧视策略则不能实现。

价格歧视也可以演变成其他形式,即使价格相同,但是产品存在质量差异,比如,美国某会员店,被称为高端会员制商店,在中国以有竞争力的价格出名。通过大量采购来提高与供应商的议价能力,且大部分商品都以各地名优特色产品、大包装为主,在价格上比小包装商品有优势。因此,多买多省,降低了采购和营运成本,使会员直接受益,帮消费者省钱。但其以各地方特色为噱头,包装规格采取独有形式,按国人享受美国式的消费方式,迎合部分国人媚外心理,企业却以会员费作为企业的主要收入来源,这是一种"价格歧视"的变种。

大学生在校园内也会经常遇到价格歧视问题,比如各种辅导培训班、出国留学等。

当前考研经济与国外留学经济火热,大学生再升学是对自身更好未来的期待。由于国内出现连续多年"最难就业季",以及我们中国人的腰包"鼓起来"了,再升学火起来有其基础,但考研培训班的形式和费用却发生了巨大变化。2000年左右,当时的考研培训班,一般培训政治、英语和数学,采取礼堂式大课堂宣讲,三个班的总报名费用不到3 000元,只报一个班一般只需1 000元即可。发展到现在,培训班的班级名目繁多,课程涵盖到各类专业课,班级层次多级,有基础班、强化班、冲刺班、彩虹班、火箭班……培训的对象从大二到大四,有周末班、暑期班、夏令营班、冬令营班,有辅导员跟班的,有一对一辅导的,不同名目的班级辅导费用从500元到50 000元不等,甚至出现承诺不过退款的,费用10万元以上的包过班,以上各类型培训班都有市场。

培训班的存在可以满足部分群体需求,但培训班的宣传却面向大众:对某些个体1%的有用价值,却被当做100%的价值宣传。培训班,用个体的成功案例做宣传,根据巴纳姆法则,消费者就会自我评价,认为自己也能成功,甚至想当然地认为自己会100%成功。培训班要不要报名,要根据自己实际需求和规划进行审慎选择,不要被忽悠,不要跟风,要有自己的远见。

"远见"可以理解为远知与灼见,能够看到问题本质趋势和结果。缺乏远见的我们容易犯这样错误:对好的结果,会忽略眼前和细微的不好结果,只看到远期更好的结果,结果是因小害而无大益;而对不好的结果,容易满足近期好的结果,却忽视远期的更坏的结果,即容易陶醉于成功,而忽略最坏打算,最终是得小益而受大损。因缺乏远见而容易犯错的逻辑关系见图2-3所示。

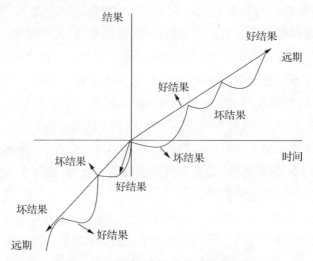

图2-3 缺乏远见的人易犯错示意图

考研辅导班制定不同价格策略就是划分不同市场,实行价格歧视策略,不断细分市场,满足所有可能需求,以获取培训机构的最大利益。事实上,考研与所在学校无关,因为考研是部分学生个人行为,但由于考研录取率高给学校带来正面影响,以及录取研究生可算作为高校就业率,因此,学校会为考研学子提供方便。考研学子中,有的放弃其他专业学习和活动,毕其功于一役战考研;有的盲目相信辅导班宣传,或学习能力不够报考研辅导班;有的想投机取巧等。事实上,盲目相信而参加各种高昂费用辅导班的考取比例却远低于其他考生的考取比例,这是为什么?答案从这里可一窥全貌:采访一个学生,问为什么花25 000元报考研辅导班?答曰:报班给自己压力。再采访另一个,答曰:跟着班级学习,有老师指导学习,同时,班级环境安静。最终,两名学生当年都没有录取。

一般地,考研的各科内容都在大学期间的相应课程中学习过,如果做一个有心人,从入学就有规划地学习,在课程学习中特别注意考研科目的学习,考研辅导班完全可以不报。不过,我们青年人,没有这样思考而是跟风,轻易相信,愿意为考研经济作贡献,主要原因是有报班的经济基础,没有认真考虑投入-产出。

出国留学方面,西方高等教育为吸引中国留学生细分了不同的"价格歧视"市场。西方发达国家高校资源过剩,它们希望招录中国学生。同时,国外高校招生,也迎合我国学生的需求,因为,新中国成立后,广大留学归国人员建功立业激励年轻人,以及改革开放令中国人对外国高等教育更加了解,出国留学成为一种时尚。

所以,各高校国际合作教育成为高校标配,当然国际合作的更多的是我们出去的多,进来的少,并且进来的多是奖学金留学,像出现北师大某教授认为留学生奖金一年10万元太低的言论,引起网友热议。我国留学中介也如雨后春笋般涌现,并赚得钵满盆满。

但是,由于国外研究生实施推荐升学制,比国内研究考试容易得多,所以不少学生走国外升学道路。现实中,在出国留学申请过程中,我们学生主要需要解决语言问题,这是硬性指标,否则不能出国,余下的申请、通关、翻译等都由留学机构包办,而在校内,往往计划出国的学生,经常跟授课教师沟通联系,表达其出国意向,希望老师在课程成绩方面给予关照。面对这样的局面,国外高校的一个举措,可见问题不一般:相对排名靠前的英国高校对中国留学生录取要求,只接受学校 List 1A 的部分 985 和 211 院校,且需要各科成绩 80 分以上。

现在我们部分学生为了避开国内考研的竞争压力,走捷径到国外读研究生,多是为留学经济"作贡献"而已,相比国内研究生,存在部分回国的"海龟"写不出一篇规范的学术论文的现象。国外研究生分研究性硕士和课程性硕士,研究性硕士同国内学硕一样,需要 2~3 年学习,还要有课题研究和发表论文等要求,而课程性硕士仅需完成规定课程学习,完成学分要求即可,所以只需 1 年,而这样的硕士水平同国内本科水平基本相同(语言能力除外),但薪酬要求却比国内本科生高,因而国内企业对这样的留学生尽量避而远之。因此,才有众多的海归成为"海带"或"海龟",他们投入少、付出少,回报当然也就少,他们在国内的就业前景并不乐观。

据"北美留学帝"微信号披露的 BOSS 直聘研究院的 2020 年上半年春季海归求职报告显示:海归人才职位的平均薪资为 7 481 元,与 2019 年同期相比较,提升了 7.3%,远低于平均期望薪资。同时,列出人力资源管理者(HR)不喜欢的四类人:(1) 盲目求职,没有准确目标。(2) 妄自尊大,对自己实力没有正确认知。(3) 不真诚,喜欢斤斤计较。(4) 不懂变通,入职后业绩增长不明显。我们可以换位思考一下,如果你去应聘工作,怎样才能避免成为HR 不喜欢的人?

2.6 需要——实习与兼职

市场愿意提供且有能力提供私人产品,以满足私人需要。而公共需要一般市场不愿意做,或无能为力做,所以,公共需要一般由政府提供公共产品满足。作为一名大学生,应该分清楚什么是私人需要,什么是公共需要,什么是自己真正需要,这有助于分清自己该做什么,该怎么做。通过下面两则故事,体会什么是自己真正的需要。

故事：需要

一记者问叙利亚的一名大学生："你现在最想要的是什么？"大学生回答道："没有战争，国家稳定，好找个工作，养活自己。"

一记者问伊朗的一名大学生："你现在最想要的是什么？"大学生回答道："没有侵略，打倒美国特朗普政府。"

一记者问英国的一名大学生："你现在最想要的是什么？"大学生回答道："爱情。"

以上两个故事告诉我们：需要因人而异，因环境不同而有不同。有的人傻傻地不知道自己的真正需要，有的人也分不清公共需要和个人需要，从而会影响他的行为。俄国文学家克雷洛夫说过，"贪心的人想把什么都弄到手，最后结果是他所有的都丢掉了"，大学生不明白自己的需要将是可悲的。

经济学中的公共需要是指社会公众公共利益的需要，诸如社会公共秩序的维护、防治水旱灾害、环境保护、国防建设等。这种需要不是个别需要的总和，而是共同利益，具有不可分割性。这个概念中的关键词是共同利益，包括公众和共同利益两方面，其特性是不可分割性。因此，公共需要不因人们的地位和收入而改变，公共需要是一种有效需求，是社会总需求的一部分，等同于政府需求。

一种需要是否应归属公共需要，可以从以下三方面判别：（1）符合公众共同利益。（2）私人不能满足（或私人不愿提供）。（3）根据社会利益应该由国家提供或垄断。像行政、国防、城市公共设施、基础科研、环境保护、义务教育等属于刚性需要；像职业教育、医院、交通、通讯、能源是弹性需要；像某些产业进行投资，是因为国家宏观调控需要而进行的，属于随机公共需要。

公共需要的满足是需要付出代价的（以全体公众的税收为代价）。用社会成员的剩余来满足，满足公共需要的产品或服务就是公共产品，而公共产品（public good）是私人产品的对立，它具有一部分人对某一产品的消费不会影响另一些人对该产品的消费的非竞争性，以及具有一部分人在消费过程中所产生的利益不能排除其他人在消费的非排他性。而私人产品是由市场生产、市场提供的，个人需要可以通过个人产品分割满足，私人产品之外的都是公共产品。

在当前市场经济体制下，政府要做的就是向社会提供公共产品，比如，国防、公共卫生、公众的养老保障、每个人的基本生活保障等，另外，政府还需做的是公平收入、减小经济波动、保障充分就业等。

而私人需要是个人利益的需要，私人需要由市场提供私人产品来满足。私人产品都是由市场组织生产，个人通过价格竞争获得，但个人消费私人产品时，就排斥其他人消费，即私人产品具有消费竞争性和受益排他性。

我们大学生要处理的"需要"问题，主要是学习的需要、实习与工作需要以及其他生活、生理需要，大学生现实的需要主要是私人需要。其中，学习成为差生的负担，导致学习成为一种社会需要，是一种被需要。实习与工作需要容易被差生理解成公共需要，他们希望由社会和学校提供，这个观点是错误的。

有的学生入学时，认为政府应该分配工作（父辈的计划经济时代已经过去）、政府应帮助解决生活贫困问题等，这是不现实、不合理的。政府只会对找不到工作的应届生提供临时补贴，对失业的人提供临时生活补助，最终还是要其自力更生，只有当其失去劳动能力时，才会享受到基本生活保障。在学校生活有困难的，国家有各种政策给予保障生活，比如，入学时的贫困助学金，免利息，一般工作1年后开始偿还本金，利息由政府承担；校园勤工俭学报酬收入，规定最低费用是每小时12元；对毕业生实习期工资，以不低于当地最低工资标准为限等。学校提供了学习平台，也就是提供了可以实现满足自己需要的平台，是否能够满足个人需要，需要自己在这个平台中积聚实现满足需要的力量。

社会兼职和实习属于私人需要。个人通过兼职获得一定报酬收入，还可以获得社会、工作经验的积累，是个人能力的提高，所以，社会兼职受益的是个人和企业。而实习有一定公共需要的特征，是全体公众受益的，而且不论是当代人还是后代人，所以，财政资金富裕、人口较少的国家可以做到实习由政府来安排。在我国计划经济时代，实习是政府安排的。但现在，由于大学生人数众多，再像以前学校或政府包办实习已经行不通了。现在把实习作为人才培养计划的一个必须环节，由学校组织实施。学生实习，首先受益的是学生，其次企业也可以受益，比如，可以支付低廉报酬，甚至不支付报酬（但企业也不是无付出的，需要提供实习指导和管理），还可以优先在实习生中挑选适合企业的人才，也能减少员工离职率，否则它们要到人才市场招聘还需要承担招聘成本（至少支付招聘摊位费）。因此，社会兼职和实习完全可以当成私人需要，而不作为公共需要，不需要政府提供，可以由市场提供。

虽然社会兼职和实习是私人需要，由市场分割满足，但作为大学生要明白自己真正的个人需要是什么。现在，许多大学生对兼职和实习有一些误区。

关于社会兼职，它一般发生在假期或平常在校期间。有的学生，对社会兼职往钱看，不管兼职工作的性质、时间安排以及长短，极大地影响了学习。

有的学生，目的不明，仅凭即兴爱好，想到什么工作就去尝试，而且一发不可收拾，也荒废了学业。

有的学生，缺乏明确的人生规划，希望通过兼职，熟悉社会，积累社会经验，但可能与所学专业无关，不利于专业就业。比如，一个计算机编程设计专业的学生，实习到超市当企业产品代理，不可否认对人生经验积累有帮助，但对专业就业会有多大帮助？

甚至有的学生，以逃避学习去兼职。

下面先来全面了解实习是什么。

(一) 实习的定义

顾名思义，实习是到实践中学习，也可以理解成到实践中检验所学理论，即用实践检验所学理论。

因此,广义的实习,是指一切能够将理论用于实践的行为,比如实验、探索研究、比赛、社会实践等。狭义的实习,是指在理论学习之后,到社会上从事相关工作或活动的行为,比如到企业顶岗工作、参观考察等。

(二) 实习的作用

实践检验理论。实践是检验真理的唯一标准,通过实践可以加深对理论的理解,也进一步推动理论的发展。关于实习,可以通过实习加深对专业理论知识的认识和理解,发现学习上的不足,也可以提高学习兴趣,认知行业,反过来促进专业课的学习和学习兴趣的培养。

创新来源于实践。问题导向或需求导向是促进创新的主要来源,通过实习,可以促进个人重新规划职业、重新认识自己、重新定义人生目标。

实习还可以提高对职业技能的认识,以及了解社会岗位。

(三) 实习的类别

(1) 按实习工作性质分

①非毕业实习。该实习目标是进一步认识行业,了解社会,兼赚取一点收入。这里实习岗位比较广,可以是专业领域的实习,也可以是其他领域的实习,更多地是进行各种尝试(比如销售、发传单等)。

②毕业前实习。该实习发生时间在大四第一学期的10月至12月,此时学习任务少,为寻找人生第一份工作做准备。

③毕业实习。它一般在大四第二学期进行,这时,是边实习、边写论文,也边找工作。实习过程中是企业与实习生双选的时间。

(2) 按实习的内容分

①专业实习。专业实习的途径有学校推荐、自荐、亲友推荐。

②非专业实习。根据自己的兴趣,同学推荐,多以赚钱为目的。

(四) 实习的困境解决

(1) 树立正确的实习态度。有的人抱怨实习单位剥削实习生,干活辛苦等。在当前买方市场下,实习不要过于在乎收入的多少,而要注重积累工作经验、人生经验,要重视个人的品格、品质培养。

(2) 防止被骗。市场中各种企业鱼龙混杂,骗子公司专门对实习生设定:缴纳培训费,包工作;缴纳服装费、材料费等。这些都是欺骗大学生,这类情况多发生在非专业实习中。

(3) 实习单位中师傅的态度冷漠。不像老师和蔼可亲、有问必答,师傅是要求严格,却指导少的,更多的是靠实习生的领悟和体会。

(4) 实习工资标准。多在500~2 000元/月,或按日算,70~120元/天。有的同学,见到这个收入水平,认为可以解决自己的吃饭问题或额外开支的交际问题,就不管三七二十一,去实习、去兼职。

（五）实习中应注意事项

（1）要做到：用手、用眼、用脑，甚至需要发挥情商，才能真正学到想学的。

（2）要爱企业如家，关心企业、节约各种企业资源。

（3）服从命令听指挥，不拉帮结派，团结一切可以团结的同志，但不奴颜婢膝。

（4）不懂就问，但尽量做到只问一次。

（5）善于处理实习中遇到的问题。

…………

你认为关于实习中还有什么要注意的，为什么？

这里有一个国际经济与贸易专业的校企合作项目：上海某科技网络公司免费集中培训国贸专业学生的跨境电商技能，然后提供给上海工贸一体企业或外贸企业，实习期包住宿，最低实习工资 3 500 元起。在第一期合作中，经过培训参加就业实习双选后，有三分之一的实习学生在企业不超过三天，放弃实习机会，他们放弃的主要原因是：企业所在地较偏远（上海郊区），企业提供的住宿卫生条件有点差。第二期合作在此基础上吸取经验，制定规范的实习合同约束学生和企业，约定双方履行基本的义务，企业也尽量地提供人性关怀，这样，相比第一期，第二期放弃实习的现象就少了一点。第三期发生如下问题，微信交流为证，这是一位相对较优秀的学生反映的情况，供大家思考其中蕴含的实习道理。

实例：实习纠纷

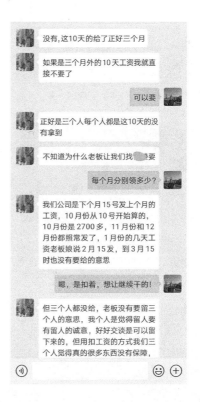

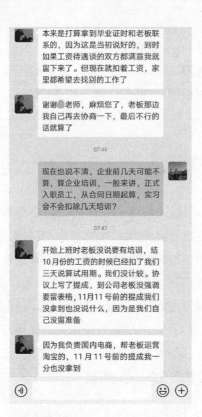
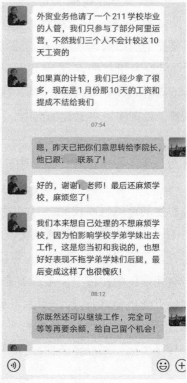

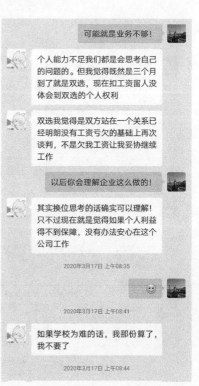

本案例中出现的薪酬问题,由于当时没有调查原因,也就没有多少建议,仅是学生的一面之词,也不好作出评论,这里不是不鼓励学生该主张自己的权益,只是主张权益需要有证据,不能凭口头约定。建议大学生在实习或兼职中,要把经验积累作为首要目的,要明白自己真正的需求,并为之努力。当然,当遇到不良企业,应该拿起法律武器维护自己的权益,这样的不良企业(包括企业经营行为不良的),即使高薪挽留也不能留下来。

另外,大学生的生活费用,以及恋爱等需要,是完全私人需要,只有自己竞争才能获得满足,满足自己私人需要的资源是自己拥有的资源——收入、知识、能力等,但要防止像"校园贷"那样不该发生的事情发生。

2.7 外部性——善于抓住机会

任何事物都有两面性,对社会的影响也有两面性,从某种程度上来说,不是积极影响,就是消极影响。在市场中,任何交易对交易方之外的其他主体有积极影响或消极影响。市场中积极影响就是正外部性,消极影响就是负外部性。作为社会的一员,我们大学生应该学会分清事物的外部性,趋利避害。下面一则案例,就是反映如何利用正的外部性,实现自己的价值和梦想的。

案例:喀拉苏乡的冷水

喀拉苏乡是丘陵地形地貌。这里的庄稼靠天吃饭,雨水充足的年份,它就能丰收;遇到旱年,它就减产,甚至绝收。

多年前,张秀从浙江金华来到新疆西北部的尼勒克县喀拉苏乡,一下子就喜欢上了这里的美景和淳朴的村民,扎根于此。然而他发现,这里的乡亲们并不富裕——靠天吃饭,导致了喀拉苏的贫困。截至2017年3月末,尼勒克县建档立卡的贫困人口有2 367户7 771人。

经过考察,张秀发现喀拉苏的雪山蕴藏着纯净无污染的冷水资源,有天然的养鱼优势。他决定带着村民养鱼致富,他成立新疆鱼水情农业有限公司。冷水鱼养殖业包括冷水鱼养殖、渔家乐饮食文化,以及相关的乡村旅游活动开展。成立一年多,养鱼场就初见成效,不仅带动了当地劳动就业,同时,2017年11月22日,609户贫困户收到了第一笔分红,合计182.7万元。

这个案例告诉我们:用喀拉苏乡的冷水资源成立冷水鱼养殖、渔家乐饮食文化、乡村旅游,说明靠山吃山靠水吃水这个道理,这就是青山绿水正外部性的运用。任何事物都有正反两面性,就看我们看问题的视角,是发现其正面还是其负面,还是没有发现其特性。比如,某犹太小镇有两个同是富人相继去世,但当地送行的居民,一个是所有居民参与送行,一个却寥寥无几。所有居民参与送行的富人荒淫无度,但他身前经常出手大方买这家鸡、那家鹅的;而几乎无人送行的富人节俭禁欲,一日三餐只吃干面包和萝卜,无益于当地居民。世界对每一个人是客观公正的,不会用慧眼看世界,就不能看到世界能够给自己带来的影响,从而失去众多机会。

经济学中外部性是指经济主体(厂家或个人)的活动对周围的人或社会造成的非市场化的影响。这个概念最早是由经济学家马歇尔和庇古在20世纪初提出的,它侧重强调一种经济力量对另一种经济力量的"非市场性"的附带影响。外部性有两种,如果是坏的影响,就是负外部性(negative externality),如果是好的影响,就是正外部性(positive externality)。比如2017年出现共享单车,解决了"最后一公里"的出行难题,确实给人们出行带来诸多方便,但是很快给城市公共交通带来乱停乱放、占道、交通事故等城市交通负面影响;抽烟的人不会对二手烟造成的危害支付任何治疗费用,这都是给社会带来"负外部性"的案例。邻居种花给隔壁的养蜂人带来额外的收成,自己却不会因此获得分成;互联网诞生诸多新型商业模式和互联网经济,这都是"正外部性"案例。

从整个社会来说,应该减少负外部性,增加正外部性。但是,对于负外部性,市场本身是不能阻止负外部性不断扩大,比如企业排污会随着产量的扩大而扩大;对于正外部性,市场本身也不能鼓励正外部性的提供,比如一家药厂产生的纯净热水本可以免费给附近居民使用,却白白地排入下水道,也就是,市场不能解决外部性问题,只有政府来纠正外部性,政府采取的办法就是将外部性"内部成本化"。

对于负外部性内部成本化的措施,如对排污企业征收排污费,专款用于环境治理;或用政策制度限制。如,2017年9月份出台共享单车指导意见要求,"北京共享单车不得设置商业广告""对车辆投放实行动态平衡",对于管理不力的企业将"限制其投放""对废弃车辆必须及时回收,按环保要求处理"。

对于正外部性内部成本化的措施,就是进行财政补贴或政策优惠等,鼓励提供正外部性、减少负外部性。如在我国各地的招商引资,政府通过税收减免以及其他政策优惠,引导企业进驻产业园区,弥补企业资源流动带来的额外成本。

对于正的外部性,我们大学生可以充分利用,要善于抓住机会,为我所用。

在校园内,有的学习旅游管理专业的学生,想学习日语,怎么办?有的人花钱参加社会上的培训机构,实际上,可以充分利用学校资源的边际成本为零的特性,到学校的日语专业选修课程,或旁听,还可以利用课间时间咨询授课教师,进行疑难问题解答,这是校外人员很难享受到的。有的人对职业规划较模糊,怎么办?可以参加应届生大型招聘会,提前了解市场对毕业生的要求。想进行某种探索性研究,却缺少方法、数据怎么办?可以查阅图书馆电子资源,可以查阅专业期刊文章,可以查政府、部门、行业协会等的报告、年鉴、统计数据。考研学校怎么选?可以通过该校的同学、网友了解相关情况,每年学弟送别学长时,为什么不能跟考研成功的同学熟悉一下,留下联系方式呢?兄弟学校什么时候举办校园人才招聘会？……

当前，大学生被称为"创客一代"，如何选择创业项目？可以考虑政府的引导和扶持政策，其次挖掘客观社会资源和自然资源，能否利用其外部性，像案例"喀拉苏乡的冷水"养鱼，还有，考虑引入什么合作伙伴或选择什么创投基金，看他能否有助于创业。

我们都想得到积极影响，避开消极影响，但忽略了消极影响存在的潜在机会，因为主体不同，事物的正负影响可以转化，就看我们转化的能力如何，这需要我们经常进行思维转换。

故事：犹太人赚钱思维

（1）

有个人家里养了一头驴，现在病得快不行了，如果该驴没生病，至少能卖800元，但现在生病了，在集市上被犹太人100元买了。大家都嘲笑这个犹太人，太傻，浪费了100元。但这个犹太人，买了这个驴之后，发彩票，2元一张彩票，共发行1 000份，中奖彩票为一头驴，结果是彩票收入2 000元，中奖者要求退回病驴，最终这个犹太人收入1 898元。

（2）

第二次世界大战之后不久，战胜国决定成立一个处理世界事务的联合国，在选址和资金困难一筹莫展之际，小洛克菲勒果断出资870万美元在纽约买下一块地皮，在人们惊讶中无条件捐给联合国总部。

在联合国总部大楼建起来后，四周的地价立刻飙升，洛克菲勒家族早有谋划，在买下捐赠给联合国总部地皮的同时，也买下了与其毗邻的大片地皮，因此收获了不知多少个870万美元的回报。

从这两个故事，可以看出世界没有无用之物，也没有无用之人，就看你的思维方向，看你的思考方式和能力，因为正负可以相互转化。

用心看世界，遍地是机会。比如，现实中产业集聚的地方，其人口也较密集，那么，餐饮、交通就会获得发展机会；大型住宅社区建成的地方，将会带来培训、娱乐需求的增加；到高校密集的城市如北京、上海、南京、武汉、西安读书，会分享到名校高校资源；到经济发达地区学习，会分享到更多的就业机会等。

因此，大学生应该注意周围的学习生活环境，根据自己的需要，思考存在哪些正外部性，哪些可以为我所用，这样既可以节省一些成本，也可以培养自己活跃的思维，获得意想不到的收获。思考存在哪些负外部性，不仅可以规避风险，还可以发现潜在机会。

2.8 学会思考是成功之本——以"培养高等数学学习思维"为例

世界是普遍联系的,人处于世界之中而不能不受世界影响,也不能不影响世界。我们应该掌握慧眼看世界的本领,学会发现问题、分析问题、解决问题,这是我们未来立足世界的根本,如何做到学会思考,不妨先培养自己的周密思维和逻辑推理能力,本节以高等数学的学习作为本篇的总结,检验大家的思维能力。

曾经有高校将物理学和高等数学作为所有专业学生的必修课,说明高等数学课程对学生思维能力的培养非常重要。但大学里高等数学是挂科率较高的课程之一,这里有教师和教育管理的原因,但更重要的是学生学习的原因,更多的是学生自我歧视,缺乏思考的原因。如果能够在接触高等数学学习之初端正态度,掌握学好高等数学的思维和方法,既可以避免挂科,也可以为其他课程的学习打下基础,以及在大学为学会思考奠定必要的基础。

现在想考研的好多同学,即使是自认为成绩好的同学,在做考研真题检验一下自己水平时,有的发现一题都不会,考研的热情就被浇了一盆冷水,这种情况发生的主要原因是大学的高等数学课程降低了教学难度(否则,普遍挂红灯),同时,高等数学基础没有打好。

高等数学学科有自己的学科特点:讲究逻辑推理,要求严谨,有条理;讲究思路和方向,要求能够在众多的解题方法和知识点中作出合理选择与运用;讲究分析和解题过程,要求具备一定的归纳总结和演算能力。所以,社会对数学成绩好的人的感性认识是:思维敏捷、考虑问题周到、做事严谨少冲动,善于分析问题和解决问题。如何提高数学成绩,掌握学习数学的思维非常重要,以及要掌握学好高等数学的方法。

下面以考研中较熟知的高等数学知识点——求极限为例,来探讨如何培养学好高等数学的思维和提高成绩的途径,作为学会思考的总结,并奉献给广大入学的大学生。

(一)掌握如何学好高等数学的思维(1)——学会读题

读题,是将数学美妙、精练的语言,读出丰富的内涵,以及解题目标和解题思路。

不同的知识点都有其独特的解题方法和技巧。作为知识点——求极限,能够快速、正确解出极限值,首先应具备的基础是——归纳出求极限的原理有哪些,即有哪些方法、哪些题型,如未定式的洛必达法则、夹逼定理、两个重要极限、无穷小等价代换、幂指函数法、定积分定义法和函数法等;其次是具备提高解题速度和正确率的方法,即能够掌握一些解题技巧,这里的技巧主要是围绕目标进行变形、综合运用理论等。

考研中,求极限这个考点,只用一种求极限方法的题目是不会考的,至少需要用两种以上求极限的方法,甚至综合其他知识点。下面以求极限为例说明做数学题的思考过程。

例证：求 $\lim\limits_{x\to 0}\dfrac{1}{x}\left[\left(\dfrac{2+\cos x}{3}\right)^{\frac{1}{x}}-1\right]$

看到题目，要读出其丰富的内涵，那么内涵有哪些呢？

思路一：题中有幂指函数，有未定式，因此，就先想到求极限的类型是不是 $\dfrac{0}{0}$ 型或 $\dfrac{\infty}{\infty}$ 型，如果是，就需要用洛必达法则，接着就是要用到幂指函数求导。

(1) 判断是不是 $\dfrac{0}{0}$ 型，需要验证：

$$\lim_{x\to 0}\left(\dfrac{2+\cos x}{3}\right)^{\frac{1}{x}}=\lim_{x\to 0}\left(1+\dfrac{\cos x-1}{3}\right)^{\frac{1}{x}}=e^{\lim\limits_{x\to 0}\frac{\cos x-1}{3x}}=1$$

即 $\lim\limits_{x\to 0}\dfrac{1}{x}\left[\left(\dfrac{2+\cos x}{3}\right)^{\frac{1}{x}}-1\right]=\lim\limits_{x\to 0}\dfrac{\left(\dfrac{2+\cos x}{3}\right)^{\frac{1}{x}}-1}{x}$，该题符合 $\dfrac{0}{0}$ 型极限法 —— 幂指函数求极限原理

(2) 接着，在运用洛必达法则中要解决的问题，是要求出 $\left(\dfrac{2+\cos x}{3}\right)^{\frac{1}{x}}$ 的导数：

设 $y=\left(\dfrac{2+\cos x}{3}\right)^{\frac{1}{x}}\Rightarrow \ln y=\dfrac{1}{x}\ln\dfrac{2+\cos x}{3}=\dfrac{\ln(2+\cos x)-\ln 3}{x}$ —— 幂指函数求导原理

$$\Rightarrow \dfrac{1}{y}\cdot y'=\dfrac{\dfrac{-x\sin x}{2+\cos x}-\ln\dfrac{2+\cos x}{3}}{x^2}$$

$$\Rightarrow y'=\dfrac{-x\sin x-(2+\cos x)\ln\dfrac{2+\cos x}{3}}{x^2(2+\cos x)}\cdot\left(\dfrac{2+\cos x}{3}\right)^{\frac{1}{x}}$$ —— 变形成未定式极限

(3) 下一步求极限：

$$\text{原式}=\lim_{x\to 0}\dfrac{1}{x}\left[\left(\dfrac{2+\cos x}{3}\right)^{\frac{1}{x}}-1\right]=\lim_{x\to 0}\dfrac{\left(\dfrac{2+\cos x}{3}\right)^{\frac{1}{x}}-1}{x}$$ —— 洛必达法则

$$=\lim_{x\to 0}\dfrac{\left[-x\sin x-(2+\cos x)\ln\dfrac{2+\cos x}{3}\right]\cdot\left(\dfrac{2+\cos x}{3}\right)^{\frac{1}{x}}}{x^2(2+\cos x)}$$ —— 变形，整理，便于寻找

$$=\lim_{x\to 0}\dfrac{-x\sin x-(2+\cos x)\ln\dfrac{2+\cos x}{3}}{x^2(2+\cos x)}\cdot\left(\dfrac{2+\cos x}{3}\right)^{\frac{1}{x}}$$ —— 运用极限运算法则

$$=\lim_{x\to 0}\dfrac{-x\sin x-(2+\cos x)\ln\dfrac{2+\cos x}{3}}{x^2(2+\cos x)}\cdot\lim_{x\to 0}\left(\dfrac{2+\cos x}{3}\right)^{\frac{1}{x}}$$ —— 运用极限运算法则

$$=\lim_{x\to 0}\dfrac{-x\sin x}{x^2(2+\cos x)}+\lim_{x\to 0}\dfrac{-(2+\cos x)\ln\dfrac{2+\cos x}{3}}{x^2(2+\cos x)}$$

$$=-\dfrac{1}{3}-\lim_{x\to 0}\dfrac{\dfrac{\cos x-1}{3}}{x^2}=-\dfrac{1}{3}-\dfrac{1}{3}\lim_{x\to 0}\dfrac{-\dfrac{1}{2}x^2}{x^2}$$ —— 无穷小等价代换

$$= -\frac{1}{3} + \frac{1}{6} = -\frac{1}{6}$$

其中(1)、(2)步骤是读题,要多问"为什么这么做",如果不能回答出为什么,就是基本原理没有掌握和理解;然后是"遇山开路,遇水架桥",为步骤(3)作铺垫。这里介绍的学会读题是最朴素的基本数学解题方法,也是较有效的方法(多数情况下有效)。

数学是会就是会,不会也假装不了的一门学问,瞎编乱造是不可能得到正确的结果的;在解题过程中坚持自问"为什么",要做到每一步都是有理有据(即有法则、公式、原理等支撑),则一定能够得到正确结果。认为数学基础不好,或惧怕数学的同学,可以尝试这种方法培养自己学习数学的思维,熟练以后就可以省略一些步骤,请记住"熟能生巧"。

(二) 掌握如何学好高等数学的思维(2)——学会变形

数学变形,就是根据已知式子,围绕目标方向变形。需要结合定理、公式等,但要进行恒等变形。变形的技巧往往起到事半功倍的作用。技巧,实际是对定理、公式等知识的综合运用。下面仍然以前面的例子为例说明学会变形是需要掌握学好高等数学的基本思维之一。

例证:求 $\lim\limits_{x\to 0}\dfrac{1}{x}\left[\left(\dfrac{2+\cos x}{3}\right)^{\frac{1}{x}}-1\right]$ 　　利用对数性质变形: $a = e^{\ln a}$

思路二:$\lim\limits_{x\to 0}\dfrac{1}{x}\left[\left(\dfrac{2+\cos x}{3}\right)^{\frac{1}{x}}-1\right] = \lim\limits_{x\to 0}\dfrac{\left(\dfrac{2+\cos x}{3}\right)^{\frac{1}{x}}-1}{x} = \lim\limits_{x\to 0}\dfrac{e^{\ln\left(\dfrac{2+\cos x}{3}\right)^{\frac{1}{x}}}-1}{x}$

$= \lim\limits_{x\to 0}\dfrac{\ln\left(\dfrac{2+\cos x}{3}\right)^{\frac{1}{x}}}{x}$ (这里需要证明 $\lim\limits_{x\to 0}\ln\left(\dfrac{2+\cos x}{3}\right)^{\frac{1}{x}}$

$= 0$,即 $\lim\limits_{x\to 0}\left(\dfrac{2+\cos x}{3}\right)^{\frac{1}{x}} = 1$,

$= \lim\limits_{x\to 0}\dfrac{\ln\dfrac{2+\cos x}{3}}{x^2}$

$= \lim\limits_{x\to 0}\dfrac{\ln(2+\cos x)-\ln 3}{x^2}$ ——继续变形、整理

$= \lim\limits_{x\to 0}\dfrac{\dfrac{-\sin x}{2+\cos x}}{2x}$ ——运用洛必达法则

$= \lim\limits_{x\to 0}\dfrac{1}{2+\cos x} \cdot \lim\limits_{x\to 0}\dfrac{-\sin x}{2x}$ ——继续变形,用极限运算法则

$= -\dfrac{1}{6}$

显然,用思路二解法比思路一解法要简单、容易得多。当然,这种变形技巧需要建立在熟练掌握定理、公式,以及归纳题型和解题技巧基础之上,这就体现出所谓的数学基础。在数学解题中,变形无处不在,学会变形是学好高等数学的另一个基本思维。

通过变形,过程简化了,难度也降低了。解数学题,不同的变形,往往是殊途同归,只是不同道路上遇到的困难不一样。在考试中能够节省时间和提高正确率的就是用合理的方

法、走正确的道路。若要做到这些,读题就显得很重要,很多人建议提高数学成绩就是要多做题,也是这方面的道理。

以下面的例子对"学会变形"作总结:

已知$x_1>0, x_{n+1}=3+\dfrac{4}{x_n}$ $(n=1,2,\cdots)$,证明:$\lim\limits_{n\to\infty}x_n$存在,并求出其极限。

解:显然,$x_n>0(n=1,2,\cdots)$, $x_{n+1}-x_n=\dfrac{(4-x_n)(1+x_n)}{x_n}$

⇒ 当$x_{n+1}-x_n\leqslant 0$ 时,$\{x_n\}$递减,且$x_n\geqslant 4$;
当$x_{n+1}-x_n\geqslant 0$ 时,$\{x_n\}$递增,且$x_n\leqslant 4$

⇒ $\{x_n\}$单调递减有下界或单调递增有上界,
即$\{x_n\}$单调有界

⇒ $\lim\limits_{n\to\infty}x_n$存在,设极限值为$A$

⇒ $A=3+\dfrac{4}{A}$

⇒ $A=4$(负值舍去)

> 作差是常见判断大小的方法之一;变形的原则要能够容易作判断

> 遇到不能直接判断大小的难题,这里可以进行讨论,解数学题中常见的讨论方法:分类

> 运用数列极限存在定理:单调有界,极限必存在

这个式子是如何得到的?

解题过程中能够把上面插入的知识点掌握,并能够做到正确运用,那基本上就具备学好高等数学和提高成绩的基础了。

(三)掌握如何学好高等数学的思维(3)——学会应用

数学应用,就是能够经过逻辑推理,运用题目中蕴含的定理、公式甚至技巧等,以达到解决问题的目标。

例证:求 $\lim\limits_{n\to\infty}\sum\limits_{k=1}^{n}\dfrac{k}{(n+k)(n+k+1)}$

这是一道数列极限题型,最常见的是运用夹逼定理,但这个方法中很难做到放缩要达到的要求,只好放弃,另寻他法。

如果,将分式拆项后,列举一下,就可能找到规律,看下面解答过程。

$\lim\limits_{n\to\infty}\sum\limits_{k=1}^{n}\dfrac{k}{(n+k)(n+k+1)}$

$=\lim\limits_{n\to\infty}\sum\limits_{k=1}^{n}\dfrac{k}{(n+k)(n+k+1)}=\lim\limits_{n\to\infty}\sum\limits_{k=1}^{n}\left[\dfrac{k}{n+k}-\dfrac{k}{n+k+1}\right]$

$=\lim\limits_{n\to\infty}\sum\limits_{k=1}^{n}\left[\dfrac{k}{n+k}-\dfrac{k+1}{n+k+1}+\dfrac{1}{n+k+1}\right]$

$=\lim\limits_{n\to\infty}\left(\dfrac{1}{n+1}-\dfrac{n+1}{2n+1}\right)+\lim\limits_{n\to\infty}\sum\limits_{k=1}^{n}\dfrac{1}{n+k+1}$

$=-\dfrac{1}{2}+\lim\limits_{n\to\infty}\sum\limits_{k=1}^{n}\dfrac{1}{n+k+1}$

> 为什么化为三项?可得到相邻两项差的和,可以消项

而 $\lim\limits_{n\to\infty}\sum\limits_{k=1}^{n}\dfrac{1}{n+k+1} = \lim\limits_{n\to\infty}\left\{\left(\sum\limits_{k=0}^{n-1}\dfrac{1}{n+k+1}\right)+\dfrac{1}{n+1}+\dfrac{1}{2n}\right\}$ 数学要讲究严谨性，严格按定积分定义

$= \lim\limits_{n\to\infty}\dfrac{1}{n}\sum\limits_{k=0}^{n-1}\dfrac{1}{1+\dfrac{k+1}{n}} = \int_0^1 \dfrac{1}{1+x}dx = \ln 2$

$\Rightarrow$ 原式 $= -\dfrac{1}{2} + \ln 2$

这个题型属于求数列极限。化简、消项是同学们容易知道的，即先拆项。这是根据分式形式，就式论式变形的。通过不断变形，最终应用了定积分定义，求出极限值。

（四）提高高等数学成绩的途径

（1）多数人抱怨自己数学基础不好，那么，数学基础是什么？

数学基础就是对数学的知识（包括定理、公式等）有一个总体上的把握。如果能够做到：①熟悉知识模块，即知识点有哪些，其常见的解法和技巧有哪些，特别是公式、定理的条件。②了解知识体系，即章与章之间的联系，它们又是如何联系的。做到这两条，则我们就掌握了一定的数学基础。关于求极限这一知识模块，能够熟练求极限，就是上文提到的 7 个基本求极限原理，它与导数、积分、无穷级数等密切相关。

（2）解高等数学题的方法

数学解题方式有千万种，但其根本就是要正确运用相关知识点，并联想出知识点和知识点间的关系，因此，首先必须要读题、变形和运用，然后可以通过提问或反问的方式，联想出题目相关的知识点。自我提问是解数学题的基本方式，也是较有效的方式。

①提问。在解题过程中不断提问自己，思考为什么这样做，可不可以更简洁和简单等。其中要做到，题目目标是什么，这是大问题；以及题目条件是哪些，这是小问题。常见的一种提问方式是倒推法，先从结论入手，即从解决问题或求出结果开始，分析出需要哪些知识和方法，再从读题开始，看看已具备什么条件，联系所掌握的知识点和解题技巧，确定解题思路。

②确定分析与思考方向，就是将大问题分解成若干小问题，化难为易，化繁为简。

③实施解题过程：解决小问题，加上数学语言，即用因果关系词语连接各个小问题，达到最终解决题目。

此题型首先判断为 $\infty - \infty$ 型类未定式极限，基本题型是二次根号差，用分子有理化方法。

下面以求极限 $\lim\limits_{x\to+\infty}(\sqrt[2020]{x^{2020}+x^{2019}} - \sqrt[2020]{x^{2020}-x^{2019}})$ 为例说明：

解法一：$\lim\limits_{x\to+\infty}(\sqrt[2020]{x^{2020}+x^{2019}} - \sqrt[2020]{x^{2020}-x^{2019}})$

$= \lim\limits_{x\to+\infty} \sqrt[2020]{x^{2020}-x^{2019}} \cdot \left[\sqrt[2020]{\dfrac{x^{2020}+x^{2019}}{x^{2020}-x^{2019}}} - 1\right]$

$= \lim\limits_{x\to+\infty} \sqrt[2020]{x^{2020}-x^{2019}} \cdot \left[\sqrt[2020]{1+\dfrac{2x^{2019}}{x^{2020}-x^{2019}}} - 1\right]$

第 1—3 步，是基于将类未定式 $\infty - \infty$ 转化为未定式 $\dfrac{0}{0}$ 或 $\dfrac{\infty}{\infty}$；第 3 步变形，是为了说明能够用无穷小代换：$x\to 0$ 时，$\sqrt[n]{1+x}-1 \sim \dfrac{1}{n}x$

第二篇 经济运行——学会思考

$$= \lim_{x \to +\infty} \sqrt[2020]{x^{2020}-x^{2019}} \cdot \frac{1}{2020} \cdot \frac{2x^{2019}}{x^{2020}-x^{2019}}$$

$$= \frac{1}{1010} \lim_{x \to +\infty} \frac{\sqrt[2020]{x^{2020}-x^{2019}}}{x-1}$$

$$= \frac{1}{1010} \lim_{x \to +\infty} \frac{x}{x-1} \cdot \sqrt[2020]{1-\frac{1}{x}}$$

$$= \frac{1}{1010}$$

> 第4步整理,是为了便于观察,根据相关理论,可以直接得到结论,这里增加第5步,是进一步便于判断出极限值。

解法二: $\lim_{x \to +\infty}(\sqrt[2020]{x^{2020}+x^{2019}}-\sqrt[2020]{x^{2020}-x^{2019}})$

$$= \lim_{x \to +\infty} x \cdot \left(\sqrt[2020]{1+\frac{1}{x}}-\sqrt[2020]{1-\frac{1}{x}}\right)$$

$$= \lim_{x \to +\infty} \frac{\sqrt[2020]{1+\frac{1}{x}}-\sqrt[2020]{1-\frac{1}{x}}}{\frac{1}{x}}$$

> 将类未定式 $\infty-\infty$ 转化为 $\infty \cdot 0$,再转化为未定式 $\frac{0}{0}$ 或 $\frac{\infty}{\infty}$。

$$= \lim_{t \to 0+} \frac{\sqrt[2020]{1+t}-\sqrt[2020]{1-t}}{t}$$

> 换元,目的是使式子变简洁,也使得洛必达法则使用中求导变得简单。

$$= \lim_{t \to 0+} \frac{\frac{1}{2020} \cdot (1+t)^{-\frac{2019}{2020}}+\frac{1}{2020} \cdot (1-t)^{-\frac{2019}{2020}}}{1}$$

$$= \frac{2}{2020} = \frac{1}{1010}$$

(3) 学好高等数学的关键

"看也懂,但动手就无从下手"是多数大学生对学数学的一种最常见感受。由于对知识掌握不足,导致影响解题中的读题。由于数学语言简练,解题过程不会体现所蕴含的所有的数学知识(不论是简单的还是有难度的),只有通过亲自演算才能完全理解所蕴含的全部数学知识和方法技巧等。因此,数学不是看会的,需要亲自演算推理,只有勤实践才能提高,通过细化演算步骤,才能真正做到:会了,如何下手。比如求不定积分: $\int \frac{1}{\sqrt{x(1+x)}}dx = \int \frac{1}{\sqrt{\left(x+\frac{1}{2}\right)^2-\left(\frac{1}{2}\right)^2}}d\left(x+\frac{1}{2}\right) = \ln[2x+1+2\sqrt{x(1+x)}]+C$,这里由于省略了一些步骤,首先可能看不懂,也可能记住了积分公式,认为看懂了,但如何让我们真正会了、懂了呢? 不妨细化解题步骤。关于该例题,首先确定这是关于无理式的无穷积分,其次根据题型特点,联想到解题方法是采用二次根号下配方成平方差或平方和,然后可以套用不定积分公式求解,上面的解题过程基本是这样,一般的资料也这样提供解答,但很难让大家真正掌握。若通过如下细化过程,必然让所有人能够真正掌握这类题型,真正掌握学好数学的关键。细化过程如下:

$$\int \frac{1}{\sqrt{x(1+x)}}dx = \int \frac{1}{\sqrt{\left(x+\frac{1}{2}\right)^2 - \left(\frac{1}{2}\right)^2}}d\left(x+\frac{1}{2}\right)$$

根据被积函数特点，属于三角换元类型，应用公式 $1+\tan^2 t = \sec^2 t$ 进行三角换元，最好要画出换元三角（如下）

（令 $x+\frac{1}{2} = \frac{1}{2}\sec t$，则 $dx = \frac{1}{2}\sec t \cdot \tan t\, dt$）

$$= \int \frac{1}{\frac{1}{2}\tan t} \cdot \frac{1}{2}\sec t \cdot \tan t\, dt$$

$$= \int \sec t\, dt = \int \frac{1}{\cos t}dt$$

$$= \int \frac{\cos t}{\cos^2 t}dt$$

$$= \int \frac{1}{1-\sin^2 t}d\sin t$$

推导不定积分公式用到的技巧：将简单分式复杂化，然后能够运用凑微分法求解。

$$= \frac{1}{2}\int \frac{1}{1-\sin t} + \frac{1}{1+\sin t}d\sin t$$

$$= \frac{1}{2}\int \frac{1}{1-\sin t}d\sin t + \frac{1}{2}\int \frac{1}{1+\sin t}d\sin t$$

——按有理分式积分法：分解

$$= \frac{1}{2}[\ln(1+\sin t) + \ln(1-\sin t)] + C$$

$$= \frac{1}{2}\ln\left(\frac{1+\sin t}{1-\sin t}\right) + C$$

——运用基本不定积分公式

$$= \frac{1}{2}\ln\left[\frac{1+\frac{\sqrt{\left(x+\frac{1}{2}\right)^2-\left(\frac{1}{2}\right)^2}}{x+\frac{1}{2}}}{1-\frac{\sqrt{\left(x+\frac{1}{2}\right)^2-\left(\frac{1}{2}\right)^2}}{x+\frac{1}{2}}}\right] + C$$

——运用换元三角还原

$$= \frac{1}{2}\ln\frac{x+\frac{1}{2}+\sqrt{x(1+x)}}{x+\frac{1}{2}-\sqrt{x(1+x)}} + C$$

——整理，但数学结果要化简

$$= \frac{1}{2}\ln\frac{\left[x+\frac{1}{2}+\sqrt{x(1+x)}\right]^2}{\frac{1}{4}} + C$$

——分母有理化

$$= \frac{1}{2}\ln\left(\frac{x+\frac{1}{2}+\sqrt{x(1+x)}}{\frac{1}{2}}\right)^2 + C$$

——防止出现符号、系数的错误

$$= \ln[2x+1+2\sqrt{x(1+x)}] + C$$

（4）提高高等数学成绩的保障是养成良好解题习惯

良好解题习惯的养成，基础是对数学知识点的掌握，其次是解题过程细致、细心，遵从数学课程特点。良好的数学解题习惯如何养成，下面举几个例子来进一步体会。

①求极限 $\lim\limits_{x \to 0} x \sin \dfrac{1}{x}$

有的人得到错误答案1。正确的思路和过程是：$x \to 0$ 时，$x\sin\dfrac{1}{x}$ 是无穷小量与有界量的积，因此极限值为0，所考察知识点是无穷小量的性质。做出错误答案的原因是：$\lim\limits_{x \to 0} x \sin \dfrac{1}{x} = \lim\limits_{x \to 0} \dfrac{\sin\frac{1}{x}}{\frac{1}{x}} = 1$，造成这个错误的原因有：一是看到重要极限的表面相似性，对重要极限定理不理解，即对知识点是一知半解，这是根本原因；二是缺乏读题和思考，只求形似，不注重过程，缺乏问为什么和验证。

②求极限 $\lim\limits_{x \to a} \dfrac{\sin x - \sin a}{x - a}$

有的人解题过程是这样：$\lim\limits_{x \to a} \dfrac{\sin x - \sin a}{x - a} = \lim\limits_{x \to a} \dfrac{\cos x - \sin a}{1 - a} = \dfrac{\cos a - \cos a}{1 - a} = 0$，他用到了洛必达法则，这里唯一正确的是指导运用洛必达法则求极限法，因为老师会告诉我们不管三七二十一，洛必达是较万能的方法，但没有正确运用求导公式。现实中，不论知识点难或易，是复杂还是简单，一道数学题往往是多个知识点的综合，一旦其中一个知识点错用、误用，都会导致解题结果错误。

③求极限 $\lim\limits_{x \to a} \dfrac{\sin x - x}{x^3}$

有的人解题过程是这样的：$\lim\limits_{x \to a} \dfrac{\sin x - x}{x^3} = \dfrac{\cos x - 1}{3x^2} = \dfrac{-\frac{1}{2}x^2}{3x^2} = -\dfrac{1}{6}$，这里结果是正确的，所用知识点也正确，但出现常见的一种不良解题习惯，我们称之为"操之过急"型，突出当下知识与技巧，忽视数学中最基本的要求——恒等，其实，这是一种不良解题习惯，也是数学基础不好的表现。

因此，对于刚入学的大学生，刚接触高等数学课程，可能由于刚从紧张的高考中解脱，而放松学习要求，也可能是潜意识认为高等数学难学，从而学习动力不足，导致高等数学"挂红灯"。除此之外，高等数学科目"挂红灯"就是由于学习高等数学的思维和方法没有掌握。如何摆脱高等数学"挂红灯"现象，首先，不能以"我数学基础差，学不好""我高中是文科生，惧怕数学"等借口进行自我歧视。其次，要提高数学基础，即掌握学习高等数学的思维和提高学好数学的途径和方法，逐步培养数学解题的良好习惯。最后，要善于思考，不能被动学习，善于动手。做到这几点，则高等数学科目将不会"挂红灯"，也有助于培养自己学会思考。

　　社会对高等数学已经形成一种偏见：不好学。事实上，是我们自我歧视，缺乏动手实践造成的。如果我们掌握学习思维方法，加上勤动手，完全可以学好高等数学。大学校园中，不论是何种大学，都存在这样自我歧视的现象，由于家庭或某件事导致形成这样一种"这方面我不行"的观点，这是先入为主、定势思维作怪，是一种自我歧视，一旦形成自我歧视，往往导致个人在某方面或某种能力的"堕落"。这就需要我们学会思考世界、思考自我，避免自我歧视；学会思考，培养自己缜密的思维能力。

　　同时，学好高等数学还是验证大学生能否坚持、是否有毅力的试金石。

2.9　关于思考能力的调查

　　（一）为什么正式上课前要有一个 10 分钟的预备铃？请简要回答。

　　该问题考查同学们是否善于思考。参与回答的 80 多位同学，都明白预备铃的预备提醒作用，但多数认为是学生的准备工作，分别能够认识到，预备铃响起，学生应该进教室，停下其他的事，总结前一次课内容，预习本堂学习内容等，只有 20% 的认识到也是教师的准备工作，以及 20% 的认识到 10 分钟的预备时间应该要做好正式上课的内容衔接工作，但更多的认为，预备铃响起，就是做好准备上课，如何准备却没有进一步思考。因此，课前预备 10 分钟，可以总结复习上一次课的主要内容，检验是否有疑问的地方；预习下一节课，看看是什么是重点，是否有疑问，需要重点听讲或提问的部分。对于老师，也应该提前 10 分钟到课堂做好同样的准备工作。下面摘录同学们的代表性回答，分析未必完全正确，没有作出删减，仅供读者参阅。

　　代表性回答 1　给正式上课做准备，给老师和同学准备时间，便于老师更好地授课，学生按时到教室，便于预习和复习。

　　代表性回答 2　做好课前准备。学生多，进教室熙熙攘攘、断断续续的，给予充足的时间让同学们进教室做好上课准备，不会影响老师授课。

　　代表性回答 3　上课前的预备铃是为了提醒同学们时间快到了要准备好开始上课，其中包括准备好上课所需要的东西，做好还没有做完的事情，以及能够按时进班门。

　　代表性回答 4　让同学们有一种紧迫感，不能太拖拉，能提前到教室做好准备，等待老师，这样就不会过多地去浪费时间。

　　代表性回答 5　给正式上课做好充足的准备，也可以预习一下学习内容，做好还没有做完的事情，进入上课状态，同学拖拖拉拉进教室会影响老师授课。

　　代表性回答 6　让学生有准备上课的心理准备，准备好上课需要的物品，提前进入教室做好预习功课，早点进入学习的状态。

代表性回答7　个人认为:首先是给还未到教室的学生一个赶往的时间,提醒他们加快步伐。其次是给已经在教室的同学们一个准备正式进入学习状态的提醒,拿出课本,准备上课。最后是给老师一个时间提醒和授课预备:授课话语以及授课思路等。

代表性回答8　预备铃可以提醒同学们提前做好上课的准备,可以让同学们调整一下上课的状态;也可以提醒老师快要上课了,提前到教室做好上课的准备,不耽误正式上课时间。

代表性回答9　预备铃响起后,学生就开始准备上课需要的书本、用具等,准备该课内容,也可以预习一下,它就等同于跑步时的预备,不能缺少。

代表性回答10　提醒师生做好上课准备,尤其是让学生提前进入上课状态,提升学习质量。

(二) 振兴个人有哪些方式方法？请概要列举。

这个问题考查学生的思考方式和能力,对于大学生来说,振兴个人就是如何做到出类拔萃,或者是取得一定的成绩,或者至少是成为一名合格大学生。振兴个人是相对于当前"不良"状况,或与目标存在较大差距时,需要振兴。对于差学生的振兴,至少是成为合格学生,对于一个优秀学生的振兴,就是如何更上一层楼,或变得不平凡。所以,振兴个人,应该先发现自己存在哪些问题,然后发挥优势、弥补不足,能够做到从0到1,或者是从1到10等不断创新,创新自己的思维、思想和能力。

同学们的回答都是基于自己的经验、阅历和认识,提出自己的方式方法,也都是充满正能量、值得肯定的。当然,有的人是口号式,认识较肤浅,比如,"看一些振奋人心的演讲,读一些开阔视野的书,不断的向前发展""发挥自己的优势,努力学习专业技能,回报祖国,为社会做出贡献"等。以下是摘录同学们的代表性回答,未必合理正确,没有作出删减,仅供读者参阅。

代表性回答1　(1) 发掘自己的优点;(2) 找出目标,从生活或励志书籍中,找一个你希望能成为一个像他(她)那样的人来做你的生活模范;(3) 肯定自己的能力;(4) 培养某方面兴趣,在自己的优势、专长、兴趣中,找到一个可以专门培养、发展;(5) 与人和睦相处,要关心别人,要"容易相处",因为如果你有朋友,你会得到支持和鼓励,你一定会振作起来。

代表性回答2　(1) 制定切实可行的计划,睡前反思一日学的内容;(2) 多看书籍,养成阅读名著的习惯,适当摘录经典语句;(3) 提升自我技能,扩大知识面,扩大人脉。

代表性回答3　(1) 要丰富自己的学识,多读书,多旅行,见天地,见众生;(2) 要树立自信心,相信自己,接纳自己;(3) 要遇事淡定,处事沉稳,学会说到做到,一言九鼎。

代表性回答4　(1) 找出自己身上的优点;(2) 发展自己擅长的领域;(3) 提高自身实力,打下坚实基础;(4) 和志同道合的人、良师益友多交往,学习别人的特长;(5) 阅读励志书籍,培养良好的三观。

代表性回答5　(1) 走出舒适圈,不断找到新的挑战激励自己;(2) 要有自己的目标,然后朝着目标不断前进。

代表性回答6　我认为振兴个人的方式方法有:(1) 精神层次,即使看完励志演讲或者励志视频后,要知道激励你的不是他的那几句话,而是让它成为你的精神,只有这样振兴你的才会长久;(2)实践层次,每天完成自己的任务,争取一点点的进步,不要假装努力学习,因为期末成绩不会陪我们演戏。

代表性回答7 (1)减少娱乐时间,将时间多用在学习和发展其他特长上;(2)对平时的时间有安排,有计划;(3)多认识更加优秀上进的人,开拓人脉;(4)制定短期和长期目标,并付诸实践。

代表性回答8 (1)制定一个总目标,再为之分期努力;(2)每日三省吾身,改正不足。

代表性回答9 自律,自强,警钟长鸣。

代表性回答10 (1)注重个人基础知识的巩固;(2)提升创新思维;(3)多读一些有营养的书籍,坚持写作;(4)多旅游开拓视野;(5)多和优秀的人交流讨论;(6)善于发现自己的优点,多激励自己,相信自己的能力。

(三)请了解一下市场后回答,西方高等教育与我国高等教育有哪些细节上的不同?请概要性列举区别。

关于这个问题的回答,是要同学们明白,立足当下,如何做好自己。同学们的回答基本与事实吻合,但80%没有说出细节差别,并且看问题的深度不够,普遍倾向于赞同西方,反对我国高等教育模式。从同学们的回答中可以看出,他们认为中西高等教育的差别在主动式和被动式、个性化和模式化、市场化和理论化等方面。由于很少接触到效果评价,同学们就不能发现更深层次的差异。宏观方面来说,西方高等教育学校和教师的自主性较强,我国是行政化明显,教师和学校的自主性不足;西方现代高等教育较规范,过程考核重于结果考核,我国恰好相反,重结果考核,轻过程考核。微观方面来说,西方高等教育是学生自主学习要求较高,我国是注重专业体系知识培养;西方高等教育是重视个性与兴趣而忽视质量,我国是重视质量而忽视个性和能力;西方的政治体制决定西方的是精英教育,而我国当前是相对大众化教育。当前,不少的一般国外院校的留学生回国,不会、不能写好一篇规范的学术论文,不会指导学生写毕业论文,专业研究能力并不突出,"海龟"和"海带"就是当前我国社会对国外高等教育的评价。以下是摘录同学们的代表性回答,分析总结未必准确,没有作出删减,仅供读者参阅。

代表性回答1 西方教育是主动式教育,让学生主动去学习,找到自己的兴趣爱好,有一种自主学习的意识,而我国采用的是被动式的,老师教什么学什么。区别:西方的学生可能会通过自己去寻找问题而去思考答案,而我国学生是去解答老师所提出的问题。所以西方学生的独立思考分析能力可能比我国学生更占有优势。

代表性回答2 西方教育:教学更自由,倡导让学生自己去探索问题,然后发现问题并思考问题,最后总结出结论。在平时的学习中也不会有大量的课外作业。中方教育:老师在前人的基础上给学生讲课,告诉学生这个定理只需要记住就可以了,不用知道为什么,让学生按部就班地学习,没有养成独立思考的能力,课后再布置大量的作业让学生去巩固学习。

代表性回答3 中西方教育在教育模式和方法上都有所不同。西方教育更重视师生互动和学生自主思考和自主探究。从教学目标上说,更重视学生个人综合素养的培养和自主活动能力的获得。中式高等教育太过于被动,老师有时太过于注重准确性,追求统一性与规范性,缺少了灵活性,影响学生独立思考的能力。中西方教育都有利弊,可以取其精华、去其糟粕。

代表性回答4 (1)教育理念不同:中国的教育理念与西方的教育理念截然不同,中国偏重于灌输式教育,而西方鼓励创新,教学方法不同;(2)学生管理体制不同:我国高校的学生管理一般由学校学生工作室包办,西方较自由;(3)外国教育比较注重能力,而中国教育最注重的是分数。

代表性回答5 (1)专业课程的设立。西方教育目的是为了适应社会需求而设立的专门课程,中国教育缺乏适应社会需求的课程;(2)教学方法。西方学生在课堂上有较高的自由度,而中国教育更加注重系统的研究,老师教,学生听;(3)检查学生的学习成果。西方教育更注重创造性思维的显示,培养学生的学习兴趣,而中国仍然采用旧的方法,要通过测试来检验。

代表性回答6 西方教育注重培养学生的思维能力,引导学生自主发现并解决问题,偏向于放养式教育;我国教育注重培养学生的政治思想,学生得到的知识大部分来源于课本,学生难以跳出固有模式去尝试,偏向于灌输式教育。

代表性回答7 在西方大学,强制性的主题很少,有主题丰富的选修课。但是我国高校的必修课占据主要部分,而且许多学校(特别是技术学院)有严重偏理科科目的现象。西方学校强调更多的能力用来分析和解决问题,而不是记忆或描述。

代表性回答8 一个是复制粘贴,一个是发现新大陆。

代表性回答9 我眼中的中西方教育的显著差异有以下几个方面:(1)因材施教。虽然在我国每天都在提因材施教,但并没有几个人理解因材施教的真谛。反而是西方的教育在这方面体现得较好,更适合学生的发展,把学生的潜力挖掘出来。(2)赏识教育。在中西方都有赏识教育,中国的赏识教育比较模糊笼统,对孩子做得比较好的地方往往只用一句"你真棒"加以赞赏,而西方是把棒在哪里告诉孩子。中国家长有耐心的少,光心里着急是不够的。(3)惩罚教育。在中西方都有惩罚教育,在中国孩子受到惩罚都是以大人的眼光来判断,比如,孩子把东西拆坏了,家长往往要打骂孩子,而在西方家长认为孩子并没有错,反而鼓励孩子多动手。

代表性回答10 教学目标方面。中国:对于培养孩子相对基础扎实,结合课本知识进行教学,重视对课本知识的掌握和理解。西方:重视能力、情感方面的教学。培养学生个人综合素养和学生自主学习能力、自主活动能力。

(四)请市场调查后回答:考研培训机构的盈利模式是什么?如果你创办考研"培训机构",要重点解决什么问题?请概括性说明。

该题目考查学生对身边事物的观察,以及专业知识运用能力。考研培训机构的盈利模式为:工商登记注册,招聘讲师、编写教材 ➡ 选址教学点、招生宣传、收取费用 ➡ 教

学 ➡ 创新办班模式、分校 ➡ 扩大规模 ➡ 优化、创新。同学们的回答,有的是针对中小学培训的,而非考研培训,有的谈到盈利,而非模式。在这一流程中,每一个环节都重要,最后要形成品牌应对竞争,增加客户粘性或忠诚度,保持持续竞争力,总体上,同学们的回答缺乏条理和专业性。以下是摘录同学们的代表性回答,但未必正确,没作删减,仅供读者参阅。

代表性回答1 盈利模式:怎样让更多的考研学生去选择他们的考研机构,然后通过他们的钱去赚取其中的利益。创建考研机构。重点:应该解决的是升学效率,用好的效果去宣传,招更多的考研学生,取长补短。通过了解学生的成绩等各方面,去设定一个有效的方法,怎样激起学生的积极性,去自主学习。

代表性回答2 考研培训机构的盈利模式:通过对课程顾问培训,使其掌握专业技能和销售技能,不断地提高签约率,再做好教学和服务团队的服务质量的提升,优化学员学习效果以及家长的消费体验,累计口碑,以此来慢慢地提升机构的知名度,保证常年有稳定的客户以及机构的持续盈利。重点解决的问题:现金流。如果要生存下去,那么一定要有持续稳定的现金流,从学员和家长那里收过来的钱,不是机构真正的收益,那么就要考虑学员的"课时",多上几节课就多一点现金流入。机构每个月都要投入一定的场地费,人员成本,而持续稳定的现金流能为机构带来周转的时间,再逐步变为机构的收益,保证机构的顺利发展。

代表性回答3 (1)通过向学生卖课程产品、卖学习用品、卖活动而盈利;(2)通过与学校合作,让学校帮其宣传;(3)线上线下同时进行。重点解决的问题:(1)提高本机构的考研通过率,一个考研机构最诱人的必然是此机构培训后的考研通过率;(2)个性化的教学方案,根据不同类型的学生制定不同的教学方案。

代表性回答4 通过售卖老师的知识,向学生推销学习课程、学习产品。重点要解决不要推销过多无用产品增加学生负担。

代表性回答5 现在很多教育机构生存很艰难,九成以上的属于小品牌或者是没品牌,周边环境竞争又恶劣,到处都是同行。导致客户拉新难,线上线下流量成本都高居不下,转化也难,品牌没什么名气。只能通过价格跟同行恶性竞争,最后导致转化率低下,利润更是寥寥无几。作为教育机构,转型最好的方向就是结合亲子社群来玩。首先是引流这块,通过亲子社群来引流,比传统发传单、打电话等地推方式,效果至少好三倍以上。

代表性回答6 盈利模式:课程组合销售,低价抢生源。重点问题:机构选址、经营模式、精细化课程、机构宣传。

代表性回答7 盈利模式:通过对课程的培训,使其掌握专业技能,再做好教学和服务团队的服务质量的提升,优化学员学习效果以及家长的消费,累计口碑,以此来慢慢地提升机构的知名度,保证常年有稳定的客户以及机构的持续盈利。重点解决的问题:(1)提高考研通过率,一个考研机构最诱人的必然是此机构培训后的考研通过率。(2)制定个性化的教学方案,根据不同类型的学生制定不同的教学方案。

代表性回答8 盈利模式:考研机构分不同的班供学生们选择,有全程班、半程班、冲刺班等。同时在线考研辅导可帮助考研辅导机构以低成本的方式带来更多的收益,考研辅导机构可把线下的课程录制下来,上传到在线教育系统以课程专栏售卖。要解决的问题:保证专业程度,建立教学体系,做好团队管理,吸引优秀学生。

代表性回答9 盈利方式:(1)与学校合作,招生资源稳定;(2)"晚托辅导+周末班"捆绑销售;(3)低价抢生源;(4)售卖课程;(5)售卖辅导资料以及文具等。重点解决以下问题:(1)优质教育;(2)打造品牌效应;(3)丰富的优秀教师资源;(4)考研报名设定一定门槛,以此提高考研的通过率。

代表性回答10 盈利模式:线上线下混合教学,配套自制书籍课程练习等。主要解决的问题是打响知名度,让更多的人知道。可以通过新颖的教学模式,或老师的知名度等,教育质量也应当提高。

(五)在实习或应聘,或者其他方面,你发现哪些骗局?

该问题考查同学们对社会善恶的识别能力,通过亲身经历和新闻报道,可以总结出实习或应聘中出现的骗局,或存在潜在的欺骗陷阱。同学们分别总结出如下骗局:收取入会费(押金);门槛低、工作简单,还说有高薪;口头承诺,不签订合同;高回扣,诱惑搞传销;招聘转培训的,挂羊头卖狗肉等。以下摘录同学们的代表性回答,没有作出删减,仅供读者参阅。

代表性回答1 (1)以直接进入名企的口号,收取高额的中介费;(2)实习时间过了之后不转正;(3)被迫签订一些不合理的合同;(4)实际工作中的薪资待遇与说好的不一样;(5)还有的以培训为理由收取费用等。

代表性回答2 (1)虚假招聘会;(2)试用骗局,单位会给你少付工资;(3)中介骗局,收取中介费,但是单位不真实;(4)收取佣金或者培训费;(5)合同骗局,利用合同的细节处欺骗实习生。

代表性回答3 (1)明明不缺人还一直在招人;(2)实习需要先缴纳培训费用;(3)没收手机、身份证;(4)面试地点更换或者与公司地点不一样;(5)实习期间不签订用人协议。

代表性回答4 (1)收押金;(2)刷单;(3)单独平台实行培训;(4)让你出卖个人信息。

代表性回答5 试用骗局:毕业生上岗后一般都会有三个月到六个月的试用期。有些单位利用这一条款,要么在这一期间少付工资,要么到期后蓄意辞退。毕业生就成为了公司免费的劳动力,不仅浪费了时间,还侵害了毕业生的权益。高薪、高职位骗局:很多公司利用大学生刚出来就想拼搏、一步踏上人生高峰的心理,开出高薪水或者是实习期转正后升职某某职位的诱惑陷阱。

代表性回答6 合同骗局:有些合同可能会在工资薪酬、试用期、转正期、就岗分配等方面不详细。培训费骗局:以录取作为诱饵骗取培训费,毕业生求职心切,掉入此类陷阱。

代表性回答7 有以下的骗局:(1)虚假招聘会。(2)试用骗局。(3)中介骗局。(4)承诺骗局。(5)合同骗局。(6)培训费骗局。(7)地点骗局。(8)网络陷阱。(9)传销骗局。(10)电话骗局。(11)职业不符。(12)扣押身份证、押金。(13)高薪高职位骗局等。

代表性回答8　实习克扣工资;不按法律法规缴纳五险一金;应聘中会有很多HR打电话让你过去面试,但实际上人员早已内定,只是要走一个过场让领导看到这是经过公平筛选后的应聘人员。

从以上五个问题的回答可以看出,同学们对社会认识不足,可能是由于不关心社会造成的,同时,同学们也缺乏思考世界的动力和能力,对社会认识越是不深,表现得就越是不成熟。

第三篇 经济规律——善于学习

经济规律也称为经济法则,它不以人的意志为转移,我们可以通过认识经济规律,理解人们的行为,指导自己的行动。了解一些经济规律,有助于我们发现问题和分析问题,提高我们的学习效果和效率;善于学习,也有助于我们综合素质的培养和提高。众多大学生都想高人一等,梦想富有,那么最好先了解经济规律。了解经济规律对创业、创新也是很有必要的。下面的一个故事,反映出全面学习、善于学习的重要性。

故事:两个铁路工

烈日炎炎,一群工人在铁路旁边修路基。一列渐渐减速的列车中断了他们的工作,列车停下来,在最末尾的一节特制空调车厢,窗户打开,一个低沉友好的声音:"大卫!是你吗?"

大卫正是其中一名铁道工,他回答:"是我,吉姆,见到你很高兴。"之后是一个多小时的惬意谈话,最后两人热情握手道别。

大卫回到工地,他的同事立刻围了过来,他们很难相信他居然有一个总裁朋友。大卫解释道:20年前,他和这位朋友吉姆共同为这条铁路工作。

一个人以开玩笑的口气说:"为什么20年后你仍在骄阳下工作,但吉姆却做了总裁,坐在有空调的特制车厢里?"

大卫心痛地说:"20年前,我在为着1小时1.75美元的薪水做事,但他真的是为这条铁路以及乘客工作。"

同样是为别人打工,有的人却成了总裁,有的人终生碌碌无为。问题不在于梦想对人的事业有多大影响,而是善于总结与学习,能够让梦想插上翅膀!有梦想的人很多,最终始终给别人打工的毕竟是占大多数,差别在于是否能够让梦想插上飞翔的翅膀。有的人眼界狭隘,格局太低,因而他的梦想仅是梦而已,当然,有的人缺乏梦想,也会导致眼界狭隘、格局太低,终生碌碌无为。

3.1 企业家——情商比智商更重要

通过基于技术创新的高科技企业和基于业务创新的非技术类中小企业的大量创办,以及大企业内部适应变革的种种组织、业务和技术创新,美国企业家推动并成就了美国经济的世界第一地位。企业家对于任何社会都是一种重要经济资源,某种程度上企业家素质80%是天生的,20%是可以通过后天培养获得的。了解企业家精神或素质,有助于完善自己,对创业也能够增加1%的成功率。下面两则案例,可以初步了解企业家精神。

案例1:中美企业家宣言

美国企业家宣言	中国企业家宣言
I do not choose to be a common person. It is my right to be uncommon—if I can. I seek opportunity—not security. I do not wish to be a kept citizen, humbled and dulled by having the state look after me. I want to take the calculated risk, to dream and to build, to fail and to succeed. I refuse to barter incentive for a dole; I prefer the challenges of life to the guaranteed existence; the thrill of fulfillment to the stale calm of Utopia. I will not trade my freedom for beneficence nor my dignity for a handout. I will never cower before any master nor bend to any threat. It is my heritage to stand erect, proud, and unafraid; to think and act for myself; to enjoy the benefit of my creations; and to face the world boldly and say: "This, with God's help, I have done." —Entrepreneur's Credo of the American	我们是商人 生命的意义就是创造 我们不是"无商不奸、为富不仁" 那正是强盗们掠夺财富、愚弄大众的谎言 我们是商人 生命的意义就是创造 我们拒绝国家照顾下的安稳 鄙视那些高高在上利用公权掠夺的王侯将相 我们是商人 生命的意义就是创造 我们拒绝帝王赏赐的免费午餐 嘲笑那些挥霍财富、不思创造的花花公子 我们是商人 生命的意义就是创造 我们笑迎失败,但渴望成功 创新、冒险正是我们基因里最高贵的精神 我们是商人 生命的意义就是创造 我们与失败和挫折一同前行 积聚的智慧正是我们财富创造外延的半径 我们是商人 生命的意义就是创造 有商业的地方就有自由美德 诚信、契约正是我们缔造财富坚守的誓言 我们是商人 生命的意义就是创造 我们因此自豪,也因此骄傲 创造财富,改变世界正是我们崇高的使命

案例 2：他是谁？

1. 1809 年 2 月 12 日出生	0 岁	2. 1818 年母亲去世	9 岁
3. 1831 年经商失败	22 岁	4. 1832 年竞选州议员失败	23 岁
5. 1833 年借钱经商、破产	24 岁	6. 1834 年再次竞选州议员成功	25 岁
7. 1835 年订婚后即将结婚时未婚妻死	26 岁	8. 1836 年精神崩溃，卧病在床 6 个月	27 岁
9. 1838 年争取成为州议员发言人，失败	29 岁	10. 1840 年争取成为选举人，落选	31 岁
11. 1843 年参加国会大选，落选	34 岁	12. 1846 年参加国会大选，当选	37 岁
13. 1848 年寻求国会议员连任，失败	39 岁	14. 1849 年想做州土地局长，遭到拒绝	40 岁
15. 1854 年竞选总统参议员，落选	45 岁	16. 1856 年争取党内副总统提名，不足 100 张得票	47 岁
17. 1860 年当选总统	51 岁	18. 1865 年 4 月 9 日，战争结束	56 岁
19. 1865 年 4 月 15 日，遇刺身亡		换做是你，能够承受他的挫折吗？	
人在成功与失败之间奋斗一生！ 平庸、堕落还是优秀的差异，关键在于生活态度和人生追求！！			

这个在挫折面前没有消磨掉雄心的人就是亚伯拉罕·林肯——美国第 16 任总统。某种程度上说，林肯也是一位企业家，因为他经营管理的是美国政府。企业家们都有这种共同特点，即挫折磨灭不掉他们的奋斗目标。我们面对企业家不能只羡慕其成功，更应该学习其优秀品质。当然，企业家不仅有很多共同特点，也有自己特有的成功经验，比如山姆·沃顿总结的十大成功经验：

信念一：敬业

山姆坚信，"如果你热爱工作，每天你就会尽自己所能力求完美，而不久之后，你周围的每一个人也会从你这里感染这种热情"。

信念二：所有同事都是合伙人，合伙人要分享你的利润

只有同事都把自身当作合伙人，他们才能创造出超乎想象的业绩。

信念三：激励你的合伙人

仅靠金钱和股权是不够的。每天经常想一些新的、较有趣的办法来激励你的合伙人。比如，设置高目标，鼓励竞争，并随时进行区分；让经理们互相调换工作以保持挑战性；让每个人都去猜测你下一步的计策会是什么，但不能被一猜就着。

信念四：坦诚沟通

尽可能地同你的合伙人进行交流，他们知道得越多，理解得就越深，对事物也就越关心。情报就是力量，你把这份力量给予你的同事后所得到的益处，将远远超出将消息泄露给竞争对手带来的风险。

信念五：感激你的同事为公司做的每一件事

支票与股票或许可以收买某种忠诚。但任何东西都不能替代几句精心措辞、适时而真诚的感激之词。它们不花一分钱，却珍贵无比。

信念六：成功要大肆庆祝，失败也不必耿耿于怀

不幸失败，也不妨穿上一身戏装，唱一首歌曲，其他人也会跟着你一起演唱。要随时随地设计出你自己的新噱头。所有这一切将比你想象的更重要、更有趣，而且它会迷惑对手。

信念七：倾听公司每一位员工的意见，广开言路

第一线的员工才是最知道实际情况的。你要尽量了解他们所知道的事情。为了组织下放责权，激发建设性意见，你必须倾听同事们告诉你的一切。

信念八：要做得比客户期望更好

如果你这样做了，他们将成为你的回头客。妥善处理你的过失，要诚心道歉，不要找借口。顾客永远是对的。

信念九：为顾客节约每一分钱，这可以为你创造新的竞争优势

如果是高效运营，你可以犯许多不同的错误而依然能够恢复元气。但如果运作效率低下，那么你可能显赫一时，但最终会败北。

信念十：逆流而上，另辟蹊径，蔑视传统观念

如果每个人都在走老路，而你选择一条不同的路，那你就有绝好的机会。

在现代，劳动、资本、土地、企业家才能并称为四种生产要素，企业家是企业，也是国家、世界的稀缺资源。

企业家"entrepreneur"一词来源于法语，其原意是指"冒险事业的经营者或组织者"，所以，企业家最突出的特点是"冒险"，是做别人没做的。在现代企业中企业家大体分为两类，一类是企业所有者型的企业家，其作为所有者但仍从事企业的经营管理工作；另一类是受雇于所有者的职业企业家。通俗地说，狭义的企业家是指第一种类型，而第二种类型通常被称作职业经理人。

我国历史上的"商圣"范蠡、"商祖"白圭、孔子弟子首富子贡、明初巨富沈万三、秦相吕不韦、晋商乔家乔致庸、红顶商人徽商胡雪岩等都被称为历史杰出企业家。在当代，腾讯马化腾、华为任正非、比亚迪创始人王传福、娃哈哈宗庆后、海尔张瑞敏、格力董明珠、小米雷军、福耀玻璃创始人曹德旺、阿里马云、联想柳传志等被称为当代中国企业家。不过近期华为被美国打压，在世界5G标准投票中，联想遭到网络唾弃，有中国企业管理教父之称的柳传志，因联想的发展道路而跌落神坛；马云因蚂蚁金服推迟上市，被《上海证券报》剔除出企业家名单。在美国，比尔·盖茨（Bill Gates）、股神沃伦·巴菲特（Warren Buffett）、亚马逊创始人杰夫·贝佐斯（Jeff Bezos）、脸书（Facebook）创始人马克·艾略特·扎克伯格（Mark Elliot Zuckerberg）都是世界著名的企业家。

企业家特有的基本人格特征主要有：经营企业的强烈事业心和责任感、敏锐的市场意识和创新精神、诚信和坚毅品质、丰富的知识、良好的修养等，其中最重要的特征是创新精神。当然还会有诸如直觉、判断、智慧、经验和洞察力等素质。

企业家创新精神的主要特征有：企业家应该以事业为重，有为事业艰苦奋斗、勤俭节约的精神；具备开放的心态和与时俱进的创新精神；具备社会责任感和历史责任感。亚当·斯密、约瑟夫·熊彼特和马克斯·韦伯等概括了企业家精神的七个特点：创新是企业家精神的灵魂，冒险是企业家精神的天性，合作是企业家精神的精华，敬业是企业家精神的动力，学习是企业家精神的关键，执著是企业家精神的本色，诚信是企业家精神的基石。

企业家类型可以分为四类：①精于计算的发明家；②灵感丰富的创新者；③乐观的企业创建人；④实力雄厚企业的缔造者。

企业家依赖于企业，但企业家成就企业。企业家可以将企业做成"行业龙头""世界500强"，还可造就有生命力的企业文化、建立强大的创新组织等。正是美国企业家的创新、创造，成就美国世界第一经济地位。世界500强企业排名中，2000年中国仅有10家，2010年有54家，2018年中国有83家大企业（包括港澳台地区），而2020世界500强企业中，有129家来自中国，历史上首次超过美国（121家），即使不计算台湾地区企业，中国企业（包括香港地区企业）也达到119家，从另一个方面说明企业家的作用。

前面两篇谈到全面学习的重要性，无论在学习还是工作中大家都会深有体会：情商比智商更重要。智商，对于个人解决个人问题更有用；情商，对于调动资源解决众人问题更有效果。智商是情商的基础，社会不仅需要智商，社会更需要情商。情商如同企业精神或素质一样，要好好学习，提高个人情商。

高智商可以使你在学习方面有成就，可以帮助你成为工程师、科学家，足以实现人生富有，当然也可以使你臭名远扬，一无所有。

工作中，在理论研究或技术研究等创造性工作方面，高智商会比低智商更有优势，在一般工作中，只要专业水平相同，创造价值基本等同，智商高低没有太大区别，情商反而显得更重要，情商是成功要素之一，当然，智商是情商的基础，提高情商需要具有一定的学习能力和一定的思想方法，不是表面的"左右逢源"。

那么，情商是什么？先看下面一个小笑话。

笑话：生命线与养老保险

一天，小夫妻俩无聊，在看手相消遣时光。老婆看丈夫的生命线又粗又长，而自己的又细又短，说道："老公，你至少能活80岁，而我至多活50岁。"然后含情脉脉地望着丈夫说："怎么办？"丈夫随口说道："你就不用交养老保险了，到时你领不到退休金。"

那么，结果是什么？老婆给了丈夫一记耳光。这个丈夫智商可能没有问题，因为想到老婆50岁去世，没有机会领取退休金，现在交养老保险就不会受益。但老婆需要的是情感慰藉,这说明该丈夫情商低。

情商(Emotional Quotient,简称 EQ)是情绪商数的简称,主要是指人在情绪、情感、意志、耐受挫折等方面的品质(或智力)。

情商高的人会激励自己。在遭遇挫折、陷入低潮的时候,他会提醒自己要积极面对,要站起来,未来还大有可为,结局会变得更好。因为自己有这个优点、那个长处,或因为自己做成过某件事、克服过某项困难,所以高情商的人在困难后都能重新站起来。

情商高的人通常积极向上。情商高的人也会激励他人,他会赞美周围的人,他会肯定他的家人、同事、朋友。别人跟他在一起常常会有一种重要感。

情商犹如企业家素质或精神,不仅可以调动个体劳动资源,使其最大化地投入工作,还有助于产生正能量,激励、协调其他劳动力资源以提高生产效率。比如,著名成功学家卡耐基曾经说过,成功是由 15% 的专业技能与 85% 的为人处世构成的,这是对高情商的个人说的。对企业来说,高情商的员工容易在管理方面出效果,在生产方面出效益,有利于企业形成集体合力。所以,企业更愿意招聘情商高的员工。当然,企业也可能不是基于高情商者具有企业家相似的素质考虑的,可能就是朴素地认为其便于管理。

一般地,人与人之间的情商并无明显的先天差别,更多的是与后天的培养息息相关。自身情绪、管理情绪、自我激励、识别他人情绪、处理人际关系这是情绪智力的 5 个维度,都不是先天的,是后天培养的,一个腼腆、内向的大学生经过保险公司 3 个月的培训后,能够变得八面玲珑,这就是后天培养情商的最好例证。然而有的人会问,好像有的同学情商高是天性,自己学不来。错也!后天培养情商,不是在意识到需要情商时才开始培养,情商的培养不是一蹴而就的,某些人天性情商高,可能是其家庭生活环境潜移默化地熏陶形成的。

同时,情商是情绪、意志、耐受挫折的综合,某些个体在情绪、意志、耐受挫折中某些专项智力高,而其他专项智力低,也就是情商没有均衡发展,导致表现出的情商千差万别。如果后天缺乏自我培养,有的人显得情商更低。

前面提到的了解自己,全面学习,最重要的一方面就是要提高自己的情商。同时,大学生要经常参加一些团队活动,具有企业家素质的队长更容易团结团队力量,队员具有企业家素质,也会增强团队战斗力。对于个人而言,培养企业家素质,有利于处理学习与活动、个人与集体和学校的关系,收获会比别人更多。

现实中,有的人持物自傲、恃才自傲,是缺乏情商的一种表现,往往在伤害到他人和自己时,还浑然不觉。个人、宿舍、班级、社会都会对高情商敞开,而对低情商产生戒备,有的人能够在很多场合左右逢源,而有的人经常使热烈场面瞬间尴尬,就是这个道理。大学生应该重点培养自己的情商,不论在以后的创业、找工作或工作中都会受益匪浅。

情商本无高低、好坏之分,但要在合适的地方、合适的时间表现出来才是最好,因为,十全十美的人是没有的。比如,网络曾经爆料这样一件事(或许是断章取义),据说万达老总王健林在采访中回答选人标准时曾说:"我曾经开除了一个年薪 80 万元的博士(这个博士从基层一步一步做到总裁办公室助理位置),留下了一个月薪5000元的大专生(一次外出总裁忘带名片,这个新来的行政员工能够掏出总裁的名片),我提拔员工就看他有没有眼力见!连酒都不主动给客户倒要他干嘛!"这个案例说明情商是多么重要,当然,也许会碰到另一个老总,从另一个角度认为,能够给客户倒酒的博士,他关注的重点在关系上,而不是在业务上,他希望的是每个人专注本职工作,发挥各自所长。所以,我们要客观看待情商,不能对其偏执。

情商属于个人管理范畴,可能80%"遗传",20%后天培养。我们往往强调知识的学习与训练,提高智商,而忽略情商,多少人也是在实践或世俗中感受到情商的不足,甚至有的人,一辈子也不在乎情商,就是要"任我行"。如何提高情商,建议大家坚持如下几个原则:

尊重与敬畏世界,心中有爱;

传播正能量,善于思考;

善于学习。

3.2 利益相关者——生活听父母,专业听老师

市场中利益相关者容易形成利益同盟,相关利益会影响到相关者的行为和决策。身处小社会中的大学生,经常需要听取老师、同学、朋友等意见,但容易出现偏信偏听的情况,存在不善于倾听,不善于接受建议等问题。下面一则案例,反映的就是该如何对待建议的问题。

案例:倾听与建议

有一天,戴尔·卡耐基去纽约参加一场重要的晚宴,在这场晚宴上,他碰到了一位世界知名的植物学家。戴尔·卡耐基从始至终都没有与植物学家说上几句话,只是全神贯注地听着。

然而等到晚宴结束以后,这位植物学家向主人极力称赞戴尔·卡耐基,说他是这场晚宴中"能鼓舞人"的一个人,更是一个"有趣的谈话高手"。其实卡耐基没怎么说话,只是细心聆听,却博得了这位植物学家的好感。

无论我们多有自信、活得多么安心,都需要别人的注意力来支持我们,因为兴奋来自希望获得正面的回馈,而害怕则出于被拒绝或别人的不关心,所以,学会倾听也是对对方的一种尊重和一种学习和成长。倾听的目的一般有两个:一是吸收信息,二是见证他人的经验。但建议与倾听不同,建议需要听者会听、会判断、会决策。历史上著名的不善听建议的例子:项羽刚愎自用,不听取范增的意见而最终四面楚歌;拥有十倍于曹军兵力的袁绍却被曹操击

败,其原因是田丰、沮授向袁绍献计献策,而袁绍不允诺,认为他人意见如废纸,最终惨败官渡。当然,也有听取建议成功的例子:刘邦积极听取张良、萧何、韩信的意见,做出正确抉择,建立西汉大业;刘备行诸葛亮之计而鼎立三国。现实中,忠言逆耳,往往忠言不被采纳,因为听者忽略了一个基本判断:建议者与自己是否利益相关,是正相关还是负相关,建议者是否需要对其提出的建议负责。

在市场中,利益相关者是指包括企业的股东、债权人、雇员、消费者、供应商等在内的交易伙伴,也包括政府部门、本地居民、本地社区、媒体、环保主义等压力集团,甚至包括自然环境、人类后代等受到企业经营活动直接或间接影响的客体。世界是普遍联系的,任何一个经济主体(或称企业),总存在利益相关者,它也不能离开利益相关者而独立存在。利益相关者中既有直接利益相关者,比如企业的股东、交易对象、消费者、雇员等,还包括间接利益相关者,比如垃圾处理厂附近的居民,经常出现垃圾处理厂选址时遭到当地居民的反对或阻挠的案例,因为垃圾处理厂会带来环境污染,影响生活质量,也会影响当地房价。大家也可以经常看到一些小区,一期业主阻止开发商降价的事件,就是因为开发商降价,影响到前期业主售房的价格,所以才会阻挠。由于利益相关者的存在,企业与利益相关者存在相互影响的联系,其相互影响关系模型如图3-1所示,影响相关者的行为和决策。

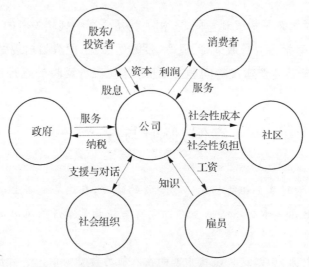

图3-1 利益相关者模型

1984年,弗里曼在《战略管理:利益相关者管理的分析方法》一书中,明确提出了利益相关者管理理论。利益相关者管理是企业的经营管理者为综合平衡各个利益相关者的利益要求而进行的管理活动。该管理理论认为,任何一个公司的发展都离不开各利益相关者的投入或参与,企业追求的是利益相关者的整体利益,而不仅仅是某些主体的利益。这是因为,当企业给利益相关者带来利益增加时,会得到利益相关者的支持,有利于企业发展;当企业给利益相关者带来利益损失时,利益相关者会千方百计阻碍企业生产与发展。

社会中,"朋"是两个人的意思,"友"是相近、亲近,或好的关系,所以,朋友是指不分年龄、性别、地域、种族、社会角色和宗教信仰,符合双方的心理认知,可以在对方需要的时候给予一定帮助的,一定层面上关联在一起的两个人的友好关系。朋友可以泛指除情人、亲人和亲属外的一切友好关系的人,诸如笔友、文友、网友、诤友、挚友、益友、盟友等。

有的人说衡量朋友是不是真正的朋友,要看是不是在任何情况下都能给予你一定帮助,这句话存在问题,因为这是单向索取。朋友是相互的,真正的朋友应该是在任何情况下都不让另一方受损失,而仍然能够与之保持友好联系和关系,而不能要求单方面付出。所以,世界上真正的朋友很少,像马克思和恩格斯在革命中形成的那样的真正友谊,在世界范围内,少之又少。我们学生口中经常称呼的朋友,很多不是真正的朋友,一旦涉及利益时,和利益相关者一样,都会降低自己的利益损失,他们可以形成一致对外的利益关系,对内不能形成利益分享。

一般的朋友是由于共同兴趣或爱好而联系在一起,在非利益损失下可以给予你非利益的帮助,也可能存在一定的利益帮助,但总是暂时的,若这样,长期的朋友关系也许会破裂。由于共同利益形成的朋友关系,会随着共同利益消失而趋于一般关系。

"生活听父母,专业听老师"意思类似于"忠言逆耳利于行,良药苦口利于病",诤友的话可能不好听,但对你有帮助;狗肉朋友的建议顺耳,因为他说的就是你想要的。

在生活中,要不要谈恋爱、买不买某种喜欢的东西,要怎样规划人生?关于这些问题,学生不愿听父母唠叨,认为父母不懂,或认为父母跟不上时代,与他们存在代沟。从利益相关者角度理解,父母的建议是对你负责(当然也可能存在错误的建议),他们可以和你一起承担不良后果,他们也愿意对建议付出,而其他"朋友"(算不上真正的朋友)不需要对他的建议负责,也不会对建议引起的后果负责,其建议也仅供参考而已。

专业听老师,意思是在专业学习上,或知识学习上听老师的。老师从某种程度上代表学校,要完成传道授业解惑的职责,作为"经济主体"的学校,学生是利益相关者,一旦老师不能很好地履行教师职责,学生会投诉到学校或上级部门,甚至向媒体吐槽,学校声誉将会受到影响。同时,从职业道德方面,老师基本上喜欢也接受学生问相关的专业课程中和与专业知识相关的问题,也会尽力解答好。但是,你会发现咨询老师其他方面的问题,老师基本是建议,不会替学生作决定,决定权仍然在学生手上。比如:要不要考研?不论是否适合,老师只能帮忙分析考研的各种条件、可能结果,不会替学生决定考研或不考研,如果替学生作出决定,很可能存在某种利益目的。考研填志愿中,报考哪个学校?没有一个老师会替学生决定报考某某学校,因为一旦出现后悔局面,老师除了自责,不会替学生承担后果。除专业知识学习之外,老师也仅是朋友关系,他的建议也仅供参考,只是建议相对更中肯,像诤友。大家知道,社会上有一些经济学家是某些利益集团的"喉舌",在房地产低迷时,仍可以鼓吹房价可以升到30万元/平方米,这话貌似有正确成分,因为现在的香港就是这么高的房价,但他不会告诉你,内地与香港房地产的市场差别,他也不会拿中国房地产与美国房地产作比较,否则,他的预测是站不住脚的。而社会上经常有"专业人士"为特定利益集团"站队",这种

"站队"现象比比皆是,所以,校园内有的老师鼓励你去报什么辅导班,可能是受到培训机构的请托,这也是本节提到的要做到"专业的疑惑听专业老师",未必什么都要听老师,这就需要大学生掌握分析能力,而不能盲目相信他人。

所以,我们思考问题不要看表面,要从利益相关者角度考虑,看其观点或建议是否公正、客观、理性,不能随意采纳。若是某人极力鼓励你做某件事,需要三思而后行。像你在逛商店时,想想售货员会对你怎么说,她对她的建议负责吗?你后悔过没有?人以群分、物以类聚,在校园内,学生会"群分",爱学习的在一起,沉迷游戏的自成一族,会出现"学霸宿舍",但也会出现"学渣宿舍",大家总觉得群友的建议顺耳,就是因为大家是相近的,所以,一个优秀学生绝不会从差生那儿得到合理建议,差生也不会听取优秀学生的合理建议,因为两者之间存在一种"意识歧视",或者说是群体间存在"群沟"(类似代沟)。由于不同群体学生身份的转变,更需要学会倾听,打破"群沟",才能从差生变为优秀学生,当然优秀学生变为差生也只是瞬间问题。"螃蟹定律"也是反映这个道理:一只螃蟹可能能够从一个桶里逃脱,但当有多只螃蟹时却一只也不会逃脱,因为其他螃蟹会拖后腿。

物以类聚,人以群分。我们的大学被分成不同类,其中的学生又被分成不同群,而处于"群尖"的优秀学生工作不愁,而处于"群底"的差生很难找到满意工作,这也有"螃蟹定律"的道理。

善于倾听、善于接受别人建议也是一项基本能力,可以在一定程度上避免人生走弯路或遭受挫折。很多同学盲从别人建议,不能分清是非、轻重、好坏、善恶,而成为差生,虚度年华。

3.3 创新——成功不能复制

创新对每一个人来说,并不遥远,能够模仿别人的经验对自己也是一种创新。但是如果要获得某种成功,模仿别人则可能永远不会获得同样的成功,社会中的成功企业,有哪两个企业的成功路径是完全一样?通过下面一则案例,体会创新。

案例:苹果Ⅰ号

乔布斯19岁那年,大学只读了一学期就因为经济因素而休学,成为雅达利电视游戏机公司的一名职员。他借住在同学斯蒂夫·沃兹尼亚克家的车库,常到社区大学旁听书法等课程。1974年,他赚钱后,前往印度灵修,吃尽苦头,只好重新返回雅达利公司做一名工程师。

安定下来之后,乔布斯继续自己年少时的兴趣,常常与沃兹尼亚克一道,在他家的小车库里琢磨电脑。他们梦想着能够拥有一台自己的计算机,可是当时市面上卖的都是商用的,且体积庞大,极其昂贵,于是他们准备自己开发。制造个人电脑的必需品就是微处理器,可是当时的8080芯片零售价要270美元,并且不出售给个人。

他们两个人对此并不灰心,仍继续寻找,终于在1976年度旧金山威斯康星计算机产品展销会上买到了摩托罗拉公司出品的6502芯片,功能与英特尔公司的8080相差无几,但价格只要20美元。

带着6502芯片,两个狂喜的年轻人回到车库,开始了自己伟大的创新。他们设计了一个电路板,将6502微处理器和接口及其他一些部件安装在上面,通过接口将微处理器与键盘、视频显示器连接在一起,仅仅用了几个星期,电脑就装好了。

乔布斯的朋友们都震惊了,但他们都没意识到,这个其貌不扬的东西,会给以后的世界带来多大的影响。而精明的乔布斯立即估量出这种电脑的市场价值所在。为筹集批量生产的资金,他卖掉了自己的大众牌小汽车,同时沃兹尼亚克也卖掉了他珍爱的惠普65型计算器。就这样,他们有了奠定伟业的1 300美元。

1976年4月1日那天,乔布斯、沃兹尼亚克及乔布斯的朋友龙·韦恩(Long Wayne)做了一件影响后世的事情:他们三人签署了一份合同,决定成立一家电脑公司。随后,21岁的乔布斯与26岁的斯蒂夫·沃兹尼亚克在他家的车库里成立了苹果公司。公司的名称由偏爱苹果的乔布斯一锤定音——苹果。后来流传开来的就是那个著名的商标——一只被人咬了一口的苹果。而他们的自制电脑则被顺理成章地追认为"苹果Ⅰ号"电脑。

1976年7月,零售商保罗·特雷尔(Paul Jay Terrell)来到了乔布斯的车库,当看完乔布斯熟练地演示电脑后,他认为"苹果"机大有前途,决意冒一次风险——订购50台整机,但要求一个月内交货,乔布斯喜出望外,立即签约,加班加点完成第一笔"大生意"。"苹果公司"开始名声大振,苹果的后续大家都是熟悉的。

苹果的创新成功经验,后来没有谁能够再成功复制。欲复制成功来获得成功,则一定不会成功,但成功经验可以借鉴,然后再创新,创新成功就是要走不寻常路。像马云的阿里、马化腾的腾讯创新成功后,后继模仿者都是失败的,但在此成功基础上再创新,却大有人在,如拼多多。

"创新之父"约瑟夫·熊彼特认为,所谓创新就是要"建立一种新的生产函数",即"生产要素的重新组合",就是要把一种从来没有的关于生产要素和生产条件的"新组合"引进生产体系中去,以实现对生产要素或生产条件的"新组合"。

熊彼特进一步认为作为资本主义"灵魂"的"企业家"的职能就是实现"创新",引进"新组合",所谓"经济发展"就是指整个资本主义社会不断地实现这种"新组合",或者说资本主义的经济发展就是这种不断创新的结果,而这种"新组合"的目的是获得潜在的利润,即最大限度地获取超额利润,熊彼特最终得到社会主义必然取代资本主义的结论。

熊彼特明确指出"创新"的五种情况:

(1) 一种新产品,也就是消费者还不熟悉的产品,或一种产品的一种新特性。

(2) 一种新生产方法,也就是在有关的制造部门中尚未通过经验检验确定的方法,这种新的方法绝不需要建立在新的科学发现基础之上,并且,可以存在于商业上处理一种产品的新方式之中。

(3) 一个新市场,也就是有关国家的某一制造部门以前不曾进入的市场,不管这个市场以前是否存在过。

(4) 一种新供应来源,不管这种来源是已经存在的,还是第一次创造出来的。

(5) 一种新组织,比如造成一种垄断地位(例如通过"托拉斯化"),或打破一种垄断地位。

后来人们将他这一段话归纳为五种创新,依次为产品创新、技术创新、市场创新、资源配置创新、组织创新,而这里的"组织创新"包括制度创新。

而管理大师德鲁克认为创新是能够给予一定资源以更新、更强的创造财富能力的机会,创新本身创造资源,为客户创造新价值。

德鲁克在《创新与企业家精神》中根据一些成功的创新案例,总结归纳了创新的七个来源:

第一个来源,是意外事件。德鲁克说这是最容易利用、成本最低的创新机会。比如,早期做连锁餐饮的万豪酒店在华盛顿州开的一家餐馆,生意意外火爆。经了解,生意火爆的原因是餐馆对面是机场,很多乘客就来餐馆买快餐带到飞机上(那时飞机上不提供吃的)。万豪就意外地发现了新机会,与航空公司合作,搞航空餐厅,取得了成功。

第二个来源,是"不协调的事件"。意思就是说,这事明明从逻辑上、道理上应该行,但实际结果就是不行。这时候,就可能产生创新。比如集装箱的发明:20世纪50年代之前,航海公司都在购买好货船、招聘好船员,他们的想法是,只有船跑得更快、船员业务更熟练,航运效率才会更高,公司才能赚钱。这听起来很有道理,但结果没啥用,成本还是居高不下,整个行业都快干不下去了。后来大家才发现,原来当时影响效率的最大因素不是船和船员,而是轮船在港口的装卸货率。所以大家想办法来提高货物装卸的速度,于是就发明出了集装箱,航运总成本一下子下降了60%,整个航运业起死回生。

第三个来源,是程序需求。也就是寻找现有流程中的薄弱环节,发现创新。比如巴西的阿苏尔航空公司,他们的机票价格很低,但乘客却不怎么多。后来他们发现,这是因为乘客到机场很不方便,坐出租车很贵,而坐公交或者地铁又没有合适的线路。也就是说,"从家到机场"是顾客出行旅程的一部分,但没有得到有效的满足。于是,阿苏尔航空开通了到机场的免费大巴,生意一下就好了,成为巴西成长最快的航空公司。

第四个来源,是行业和市场的变化。比如早在1975年,柯达就发明了第一台数码相机,但没有看到数码技术的出现会带来行业变化,它只想着保护自己的传统优势,结果最后很惨。

第五个来源,是人口结构的变化。像人口数量、年龄结构、性别组合、就业情况、受教育状况、收入情况等方面的变化,都会带来新的机会。比如中国 2019 年有 29.7%的老龄人口,意味着老龄化会带来养老产业的创新发展机会。

第六个来源,是认知上的变化。前面我们提到,意料之外的成功和失败能产生创新,就是因为它能引起认知上的变化。比如计算机,最早人们认为只有大企业才有用,后来意识到家庭也能用,这才有了家用电脑的创新。反过来,如果认知上没有变化,就可能失去创新。比如福特公司当年取得成功以后,对消费者的认知一直没有变化,一直以为买车的都是男人,汽车声音大,开起来才带劲。结果丰田生产出乘坐舒适度更高、噪音更小的家用轿车以后,福特就落伍了。

第七个来源,是新知识。在所有创新来源中,这个创新的利用时间最长。因为新知识创新往往需要好几个因素。比如,喷气式发动机早在 1930 年就发明出来了,但应用到商业航空上是在 1958 年,彼时波音公司研制出波音 707 客机,中间隔了 28 年。因为新飞机的研发不仅需要发动机,还需要空气动力学、新材料以及航空燃料等多方面知识技术的汇合。

创新常与创造、发明相联系,狭义的创新主要与科技密切相关。开创新生意、新事业,以及学会应用别人的创新都是属于广义上的创新。狭义的创新能力的衡量指标有研发投入强度、研发人员投入强度、工业增加值与发明专利数、工业新产品占比。

那么,我们学生的创新能力是什么?

大学生的创新主要是新思维或知识创造,即创新思想,其基础是广博的知识。当前国家开展的大学生创新创业工程,就是通过"双创"项目,一方面培养学生的企业家精神,另一个方面通过创业实践将创新付诸实践。

创新是一种创造性毁灭:创新者会不断被新的创新者毁灭。广义的创新容易被模仿,如新的商业模式,自从淘宝电商平台出现后,雨后春笋般地出现了当当、凡客、唯品会、聚美优品、美丽说、蘑菇街、贝贝、蜜芽、家园网等垂直电商平台,但如今倒的倒、衰的衰,基本全军覆没。瞄准阿里、京东未涉及的家庭装修、汽车维护保养等领域的"家园网"也已于 2018 年 10 月倒闭,老板跑路。当年放弃"技工贸"战略,走"贸工技"路线的联想,在风光 20 年后,现在也陷入了困境,由于没有战略眼光和核心技术,靠服务创新保持优势是短暂的,在当今 5G 来临时代,联想处于被淘汰的边缘。

而狭义的创新,指通过技术创新等掌握核心竞争力,相比广义创新,生命力要长得多,放眼世界的企业巨头多数是将研发放在首位,掌握核心竞争力才能保持企业百年长青。当然也有企业巨头倒闭,也有巨头企业没有核心技术的,比如沃尔玛超市连锁公司。

总之,成功不能复制,因为创新是创造性毁灭。我们学生喜欢学习成功经验,崇拜成功人士,当然也希望通过模仿能够成功。从创新角度看,我们看到别人成功是结果,不是过程,我们是无法复制成功过程的,复制结果一定不会成功。比如,考研成功的学长/学姐,经常介绍经验:政治在 10 月份开始背诵,专业课 9 月份开学时开始学习等,导致模仿者也这样做,结果却往往不尽如人意。他们只是介绍相对于他们自己较合适的学习计划或方法,他们的基础与优势是什么并没有介绍,也没人问,所以,每年学长/学姐介绍考研经验时,是介绍他们的经验总结,他们本身没有错,但个体差异没人知道,模仿者只是想模仿成功的结果,但并不知道该如何让自己成功。

前面提到的成功结果由15%的智商与85%情商贡献,要复制成功,应该学习成功者结果之外的85%成功过程,要在他人成功基础上加以创新,因此,要复制成功,应该是,复制成功=15%成功经验+85%创新。

3.4 市场失灵——创业成功率不足1%

现实市场中,由于存在垄断、技术壁垒、信息不对称、外部性、经济环境不确定等因素,导致市场失灵,因而市场中的企业浮浮沉沉,兴衰浪潮一波又一波。下面一则案例,可以说明创业成功的艰辛。

案例:博客中国

2002年,方兴东创建博客中国,之后3年内网站始终保持营收每月超过30%的增长,全球排名一度飙升到60多位。

2004年获得了盛大创始人陈天桥和软银赛富合伙人羊东的50万美元天使投资。

2005年9月,方兴东又从著名风险投资公司Granite Global Ventures、Mobius Venture Capital、软银赛富和Bessemer Venture Partner那里融资1 000万美元,并引发了中国Web 2.0的投资热潮。

随后,"博客中国"更名为"博客网",并宣称要做博客式门户,号称"全球最大中文博客网站",还喊出了"一年超新浪,两年上市"的目标。

短短半年的时间,博客网的员工就从40多人扩张至400多人,据称60%~70%的资金都用在人员工资上。博客网还在视频、游戏、购物、社交等众多项目上大把烧钱,千万美元很快就被挥霍殆尽。

博客网自此拉开了持续3年的人事剧烈动荡,高层几乎整体流失,而方兴东本人的CEO职务也被一个决策小组取代。到2006年年底,博客网的员工已经缩减到融资当初的40多人。

随着新兴门户网站的快速崛起,博客网如今在行业里几乎消失。

类似创业失败的大案例还有很多,小的创业失败更是数不尽。互联网创业时代,每天都有创业成功,但每天都有更多的创业失败。成功的经验可以只有一条,但总结失败的经验却有千万条,主要是市场中的不确定、不可控的因素多如牛毛,以有限的能力应对无限可能,创业成功还需要靠一点运气。

经济学中的市场失灵是指通过市场配置资源不能实现资源的最优配置。一般认为,导致市场失灵的原因包括垄断、外部性、公共物品、不完全信息、经济波动、收入分配不公平等因素。

由于不完全竞争、外部性、信息不完全、交易成本、偏好不合理造成的市场失灵称为条件性市场失灵,而把由于收入分配不公、经济波动失衡造成的市场失灵称为原生性市场失灵。

从竞争角度看,市场中存在诸多影响到企业生死存亡的因素,除企业正常需要的生产要素:劳动、资本、技术、土地外,还要受到政治、环境、经济波动、竞争者,还有创业者能力等因素的影响,所以,经常有人说到,中国企业的平均寿命为3~5年。

在某种程度上,创业就是创新,就是生产要素的新组合。现实市场特点是,首先,我们的市场不是完全竞争市场,除了前面提到的原因外,企业进出市场是有障碍的,有的是技术门槛,有的是政策门槛,有的是竞争门槛,再者就是市场退出也不是自由的,这是市场本身决定的。其次,创业者拥有的资源是有限的,而面对的市场是无限、无知和大量的不确定性,这是市场特点决定的。再次,企业要创造价值,价格围绕价值波动;要创造效益,利润为王;要占领市场,需求决定成败;要把握时机,机会是成功的关键,这是市场规律决定的,不是我们个人能力能够左右的。最后,创业者的素养。企业家能够让企业从0到1,企业家能让企业起死回生,素质低下的企业家则会加速企业死亡。

谈创业成功率,首先要划定创业成功标准:企业成立之后,在一定时间内能够运营并产生现金流,实现盈利。至于成功后由于运营或市场变化而破产,则是属于市场中企业生命周期的正常表现。

所以,我们常见的创业不成功情况,通常是企业成立,然后是没有市场需求,或者有需求,但现金流不足以支撑企业继续运营,在不长的时间内倒闭,更谈不上成本收回。

细心的人会发现某街道门面房:装修、开业;再装修,再开业;……,不断更换门庭,这种小型个体工商户的创业形式,就是不断创业失败。

一般地说,街道门面式的个体工商户创业,要求的投资资本较小,需要的劳动力也较少,适合大众创业,通常创业者同时也是企业的一线员工,但由于多是创意,缺乏核心技术,以模仿创业为主要内容,从而容易受到市场以及市场外因素影响的冲击而倒闭,属于创业不成功的重要原因之一。

也有拥有核心技术进行创业的,其不同于个体户创业类型,一般会以从事技术生产服务,或生产制造的股份制公司或合伙制企业形式创立。这种创业需要资本大、雇员多,由于投资资金的进入,会有专业监督,这种创业的成功率相对要高。

大学生创业成为热门话题,大学生被称为"创客一代",即使大学里开设创业辅导课,但大学生创业意愿比例较低,创业成功率也相对较低。创业成功率不足1%主要是指大学生的创业成功率非常低,而不是指绝对数值,不仅包括工商户式的创业,也包括公司式的创业。大学生创业成功率不足1%,对于个人而言意味风险极大,但成功后的收益也非常高,但是,对于社会而言,1%的成功也是市场的巨大成就。因此,对于大学生个人而言,就是要尽可能提高创业成功率,减少导致失败的条件。

总结我们大学生创业失败的主要原因有:创业项目选择问题、资金不足问题和团队内耗等,这些是条件性失败。但是犹如市场失灵一样,它还存在着原生性失败原因。

现实大学生创业成功率低,也包括社会人员的创业,主要基于如下原生性失败原因,即以有限知识应对无限未知矛盾,以有限能力应对无限不确定的矛盾。

第一,不了解自己。不清楚自己的特长和短板,若想创业成功,不仅需要相关专业知识,还需要综合素质,比如团队协作、领导能力、沟通能力和吃苦耐劳能力。另外,不清楚自己拥有什么资源,往往把创业想得很简单。

第二,创业目的不明确。创业者的梦想或规划都很宏大、长远,往往计划3~5年企业从规模扩张到上市,没有把失败作为规划之一,这常是狭隘的财富观支配创业。

第三,理性不足,缺乏创业积累,急功近利。比如,街边的个体工商户创业者,根本没有调查街道流动人口的流量、收入水平、消费偏好,没有调查周边细分市场、其他潜在竞争者、政府政策等;总是在创业中发现资金永远不足;总是一厢情愿,只有计划和对未来市场的猜想,但缺乏论证与支撑。

第四,缺乏企业家精神。

第五,缺乏创新,仅复制成功。总认为别人能够成功的,我也会成功。

创业不是简单复制别人的成功,不是想当然的"别人能够成功,我也能够成功",只有善于学习成功、善于总结自己、善于反省自己、善于完善自己、善于利用市场,才可以提高创业成功率。

3.5 拉弗曲线——物极必反

物极必反这个道理大家都懂得,但为什么会发生,又如何掌握"极",从而避免事物向相反的方向发展,却很少有人研究和知道其奥秘的。我们存在思维惯性,也总想再多一点,再好一点,更进一步,却没有及时发现变化,及时作出改变,从而造成事物向不好的方向发展。下面一则案例,就是关于一个从荣誉等身到跌落神坛的故事。

案例:儿童阅读推广人——美女校长

美女校长胡某梅,作为儿童阅读工作室主持人,曾获得2018年全人教育奖,2017《中国教育报》"推动读书十大人物",2016阅读改变中国"年度十大点灯人",广东省青年岗位能手,广东省青年教师阅读教学大赛一等奖,广东省教师素养大赛五项全能一等奖,深圳市"道德模范",深圳市"十大全民阅读推广人",深圳市"感动深圳教育人物",深圳市"十佳百姓学习之星",全国"百班千人"总导师,全国"阅读点灯人"大学"整本书阅读课程导师",马来西亚阅读种子教师公益行动总导师等奖项和荣誉称号,可谓是荣誉等身。

胡某梅被指抄袭,在经过网络的发酵后,龙岗区教育局介入调查,并在 2019 年 3 月 6 日发布了处理通报:责其停止所有侵权行为;撤销其副校长职务,调离教学岗位;撤销"龙岗区胡某梅名师工作室";撤销龙岗区"先进教育工作者""优秀校长"等荣誉称号;在本年年度师德师风考核中将其定为"不合格"等次。

这个事件并不是印证"站得越高,摔得越疼"道理,像钱学森、袁隆平、钟南山等站得比同行谁都高,却没有摔下来。阅读推广、培养青少年的读书习惯,事情本身没错,作为领头人,得到了非常多的荣誉,当然也要承担更多的责任,这在情理之中。但是,抄袭同行的作品,甚至抄袭中国台湾作家整本书,抄袭加拿大作家整个作品,并将这些抄袭的作品,变成了她的科研成果,变成了她博取名利的筹码就显然有问题了。因剽窃他人成果,她成为阅读推广大使,成为阅读总导师,成为"点灯人",集荣誉于一身!但经媒体曝光后,荣誉毁于一旦。胡某梅开始剽窃时已经改变了其"初心",在成名之后,不再做学问,但为了名与利能更上一层楼,只好走"抄袭、剽窃"的捷径,她忽视了事物发展的规律,缺乏尊重规律、尊重社会的意识,最终"名誉扫地"。当然这个案例中可以认为胡某梅的发展不是正常事物的发展过程,也可以认为是由后期抄袭导致物极必反的。

我们容易理解,当税率在一定的限度以下时,提高税率能增加政府税收收入,但超过这一限度时,再提高税率反而导致政府税收收入减少。因为较高的税率将抑制经济的增长,使税基减小,税收收入下降,反之,减税可以刺激经济增长,扩大税基,税收收入增加。

拉弗曲线是描绘政府的税收收入与税率之间的关系的一条曲线,图形如图 3-2 所示。

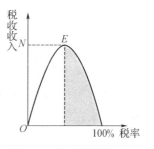

图 3-2 拉弗曲线模型

一般情况下,提高税率能增加政府税收收入,但不是直线关系。因为,税率的提高超过一定的限度时,企业的经营成本提高,投资减少,收入减少,即税基减小,反而导致政府的税收减少,之所以称为拉弗曲线,是因为美国南加利福尼亚商学研究生院教授阿瑟·拉弗在一次宴会上,为了说服当时福特总统的白宫助理切尼,使其明白只有通过减税才能让美国摆脱"滞胀"的困境,拉弗即兴在餐桌上画了一条抛物线,以此描绘高税率的弊端。后来,"拉弗曲线"理论得到了美国前总统罗纳德·里根的支持。在 1980 年的总统竞选中,里根将拉弗所提出的"拉弗曲线"理论作为"里根经济复兴计划"的重要理论之一,并以此提出一套以减税、减少政府开支为主要内容的经济纲领。

物极必反机理:质是指事物成为它自身并区别于另一事物的内在规定性,量是事物的规模、程度、速度以及构成要素在空间上的排列组合等可以用数量表示的规定性。度是事物质和量的统一,是事物保持自己质的数量界限、范围或幅度,当事物发展超过其度,则必然引起质量互变。这体现的是质量互变哲学原理:事物、现象由于内部矛盾所引起的发展是通过量变和质变的互相转化而实现的。物极必反就是事物在发展过程中,我们没有把握事物发展的度,没有发现事物发展外在环境细微的变化,最终量变引起质变;或没有发现事物的发展内因变化,最终质变引起量变。如何防止物极必反?计划是用来改变的,打破惯性思维,密切关注事物内外因变化,要不断创新,最终,是回到事物起点,但是是一种更高的起点。

根据拉弗曲线特征,基于产品生命周期或企业生命周期,投入-收益关系也存在近似拉弗曲线的函数关系,因为市场中短期内收益是投入的增函数,而长期收益是投入的递减函数,或者说投入的边际收益递减。现实中存在投入-收益悖论:投资者总是尽力用有限的投入期望获得最大的收益,但往往是用更多的投入却获得更少的收益。悖论如图3-3所示,最佳的投入-收益组合是 $A(x,y)$,而现实往往是在 $C(x^*,y^*)$ 的投入-收益组合点,是投入增加,而收益减少,即 $x<x^*,y>y^*$。

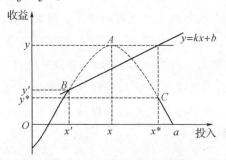

图 3-3 投入-收益悖论示意图

造成投入-收益悖论的机理:首先,最佳组合点 $A(x,y)$ 是未知的,但随着投入增加,收益也增加又是普遍接受的规则,而具体投入-收益的函数关系式未知。其次,人们倾向于用直线 $y=kx+b$ 去预测或指导投入-收益,可以用于投入的为有限资源 a,由于为实现目标,倾向于用最大的投入实现最大化的收益,但短期内是组合点 $B(x',y')$(由于投入时间短,达不到期待目标而放弃),长期投入-收益点则在最差的组合点 $C(x^*,y^*)$。

造成投入-收益悖论的原因有:第一,投资人的有限理性无法解决市场与社会的无限不确定性。所以,投资人无法发现最佳投入-收益最佳组合,也不能明确真实投入-收益曲线。第二,为使有限资源投资获得最大投入,倾向于不断投入,甚至还要勉强投资,直至破产。第三,随着投入增加,会出现管理效率低下、产品成熟期竞争者进入带来利润下降等,因此,长期内投入的边际收益减少。第四,投资者存在投入幻觉,即继续投入,收益会继续增长,并按一定投入乘数增长。

另外,人普遍存在如下几个心理行为:盲目自信;创业会成功的;随着困难增多,人坚持的毅力在下降;存在投入-收益的直线幻觉;期望收益就是收益;追求收益最大化。

所以,长期内,出现投入-收益组合点不在最优组合点,而是在较差的组合点。

当然,如果投入是无限的,则悖论将不会出现。因为,投入无限条件下,投入-收益曲线趋势不会与横轴相交,可能是无限向右上方倾斜。如果看看当前"二马一王"的白手起家背景,也许能领略其原因一二。马云父亲是一名摄影师,获得多项奖项,曾担任浙江文联要职;

马化腾的父亲先后在交通部海南八所担任过港务局会计、计划科科长、副局长,1997年更是成为一家上市公司的董事长;王健林的父亲曾经参加过我国解放事业,后来曾在当地政府担任要职。"二马一王"的创业精神固然重要,但你能说他们父辈对他们的创业没有一点帮助?没有一定的创业基础,创业可能是万万行不通的,当创业投入资源无限的时候,创业可能会更容易成功。

投入-收益悖论,反映到我们现实中,就是物极必反这个道理。物极必反是指事物发展到极端,会向相反方向转化。即事物发展到一定程度,不再继续向正方向发展,而是转向期望的反方向发展,与投入-收益悖论相互印证,即一切努力都是为了按照期望方向发展,却最终事与愿违。所以,物极必反与投入-收益悖论原理相同。柏拉图的麦穗故事,也反映投入-收益悖论道理。

故事:柏拉图麦穗

有一天,柏拉图问其老师苏格拉底什么是爱情,老师就让他先到麦田里去,摘一棵全麦田里最大最金黄的麦穗来,其间只能摘一次,并且只可向前走,不能回头。柏拉图按照老师说的去做了。结果他两手空空地走出了田地。老师问他:"为什么都摘不到?"他说:"因为只能摘一次,又不能走回头路,其间即使见到最大最金黄的,因为不知前面是否有更好的,所以没有摘。走到前面时,又发觉总不及之前见到的好,原来最大最金黄的麦穗早已错过了,于是我什么也没摘。"

又有一天,柏拉图问他的老师"什么是婚姻",他的老师就叫他先到树林里,砍下一棵全树林最大最茂盛、最适合放在家做圣诞树的树。其间同样只能砍一次,同样只可以向前走,不能回头。柏拉图照着老师的话做。这一次,他带了一棵普普通通,不是很茂盛,亦不算太差的树回来。

老师问他:"怎么带这棵普普通通的树回来?"他说:"有了上一次经验,当我走到大半路程还两手空空时,看到这棵树也不太差,便砍下来,免得错过了后最后又什么也带不出来。"

祸兮福之所倚,福兮祸之所伏,也是这个道理。世间万物,福祸所依、正反相对,好坏相互转化。前面的事例或道理都是关于事物好的形式向坏的方面转化的情况,现实中也大量存在事物的不好方面可以向好的方面转化,比如"危机"——危难中存在机会,即在不好的情况下,抓住机会,就会"转危为安"。2020年毕业季是真正的最难就业季,因为受到"新冠疫情"影响,企业复工难,但我经历这样一件事:5月份,我的一个学生负责企业业务的一个部门,需要招人,我很高兴地把招聘信息转给做学生工作的辅导员,结果一连几天都没有收到任何音讯,原来学生家长不愿意学生在这疫情期间出来工作(这时我国疫情基本平稳,企业基本正常运营),这就是危险或风险中存在机会。在大多数学生心安理得地在家休闲时,如果你勇于走出家门,是不是在经济不景气的情况下反而更容易找到工作?

再回到低层次高校的高素质学生的素质逐步下降问题,这里也包含物极必反的道理。因为入学的大学生没有正确评估学习环境,都默认大学校园就是"当前的样子",没有发现面临的危机或机会,导致一部分人"由优变差",当然也存在一部分人"由差变优"。很多考生家长梦寐以求的"同一起跑线",在大学入学时实现了,却在毕业季发现自己孩子又输在另一条起跑线了:没有规划,没有努力付出,没有听父母和老师的劝导,没有学会自学,没有掌握发现问题、分析问题、解决问题的能力。

在校园内,死读书和读死书的人,往往考试成绩不怎么优秀,他们学习时间不少,为什么成绩不高呢?就是读书只注重自我设定的目标,可能缺乏对课程知识融会贯通;一味地花时间,但是不了解课程特点;无法认真听课,没有抓住知识重点;也有可能,遇到难点没有克服。而思维活跃、学习时间不是太多的却能考出好成绩。

在校园内,不少学生参加过各种竞赛,总羡慕别人轻易得奖,而自己付出巨大努力,却没有好的比赛成绩。如果参加比赛,没有熟悉规则,不注重细节,可能投入的更多在次要方面,即使用功了,比赛成绩却不理想;有的比赛参与者,甚至动机不纯,不是为了提高自己,不是为学校争取荣誉,而是为了课外学分抵扣,为了到外面世界玩玩等比赛外的因素。

所以,不讲方法、技巧,不注重事态变化,而一味地投入,往往事与愿违。要防止物极必反,要善于学习总结,提高投入-收益回报率,避免物极必反。

3.6 效用——敢于第一个吃螃蟹

效用是对需求、欲望等得到满足的度量,虽然不能用数值来表示,但它确实是人们行动的一种动力,是检验成功的幸福指数。在校园内,很多学生不愿做第一人,缺乏青年人该有的冒险勇气,骨子里存在对未知的畏惧,不善于锻炼自己。下面是一则反映做第一人成功的案例,敢拼才会赢。

案例:敢为天下先

马云高考数学个位数却成功创办了中国最早的电商平台阿里巴巴;宗庆后40多岁踩着三轮车开始创业,却三次登顶中国富豪榜榜首,100人的民营小厂兼并有2 000多工人、亏损7 000万元的国营罐头厂,实现"小鱼吃大鱼";丁磊创建的网易公司成为中国互联网史上的一个神话;李书福在最困难的时候没有放弃,2010年耗资18亿美元收购沃尔沃,成功打造了中国第一家汽车跨国公司。

争做第一,可以领略到别人领略不到的山顶风光。争做第一与俗语"枪打出头鸟"语境不同、指向目的不同,但两者是辩证关联:一方面,争做第一往往是超越既存的第一;另一方面,成功做第一,就会成为竞争者的竞争目标,如果畏惧"枪打出头鸟",则永远无法争做第一。

经济学中的效用是指对于消费者通过消费或者享受闲暇等使自己的需求、欲望等得到满足的一个度量,比如饥饿的人消费食品使得食欲得到满足。经济学家用它来解释有理性的消费者如何把他们有限的资源分配在能给他们带来最大满足的商品上。人们在做选择时倾向于选择在他们看来具有最高价值的那些物品或服务,萝卜白菜各有所爱,烟民视香烟为至宝,而女士更钟情于化妆品和衣服,就是这个道理。

基数效用论以效用可以量化为基础,即认为一个人得到的满足程度是可以用单位衡量的,同时认为边际效用是递减的,边际效用就是每增加一单位物品某个人所得到的额外满足程度。比如,当某个人吃第一碗饭时,这个人觉得很满足,但是随着吃得越来越多,某个人对饭的欲望就递减。所以,当边际效用为零时,效用是最大的,当边际效用小于零时,效用随之减少。该理论的缺陷有:(1)"效用单位"如何衡量;(2)边际效用递减规律(即购买商品越多,边际效用越小,商品价格越低;反之,购买商品越少,边际效用越大,商品价格越高)取决于人们的心理感受,很难得到验证;(3)需求曲线的背后其实是人们之间的边际效用的互相比较,这不具有说服力;(4)假定收入是平均分配的。

序数效用理论认为:效用作为一种心理现象无法计量,也不能加总求和,效用之间的比较只能通过顺序或等级来进行。比如,消费者消费了一块巧克力与一本书,如果他认为消费一块巧克力所带来的效用大于消费看一本书所带来的效用,那么称消费一块巧克力的效用是第一,看一本书的效用是第二。它力图避免效用可以直接被计量这种尴尬的假设,并为经济学提供了一种新的分析方法,即无差异曲线分析法。

这两种效用理论分析方法,一种是以基数效用论为基础的边际效用分析,一种是以序数效用论为基础的无差异曲线分析。由于基数效用的先天缺陷,在现代西方经济学界,比较流行的是无差异曲线分析。

序数效用论的无差异曲线是用来表示给消费者带来相同效用水平或相同满足程度的两种商品不同数量的组合。无差异曲线的效用函数公式是:$U=f(X,Y)$,式中 X、Y 分别表示两种商品的数量,U 为效用函数,代表一定的效用水平,或消费者满足程度的水平,在不同消费组合点 a、b、c、d、e、f 消费效用相同,不同收入水平决定不同的无差异曲线。但"序数效用论"和"基数效用论"在逻辑上是完全等价的。

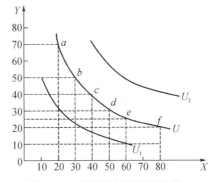

图 3-4 社会消费无差异曲线

效用论在消费心理方面有实际应用价值。企业的产品要多样化,即使是同类产品,只要不相同,就不会引起边际效用递减;企业要使自己生产出的产品能卖出去,而且能卖高价,就要分析消费者的心理,看产品是否能满足消费者的偏好。有这样一个销售案例,就说明这个问题:一件 500

元的女士大衣在商场橱窗里展示了半年也没有卖出去,后来,一个新来的员工在价格前面添了一个数5,结果一个礼拜,这件衣服卖出去了。边际效用递减原理启示企业要进行创新,生产不同附加值的产品。

在校园内,经常需要同学们第一个站出来回答问题、提出解决问题的方案,争做第一个。但很多学生在需要站出来时,都是退缩:(1) 担心自己能力不够、做得不好。(2) 看看别人怎么做的,自己就知道如何做得更好。(3) 不愿意参加。大家发现,前两种想做的人最后总是没有做,因为被别人抢先了。从提出问题的人看来,他更喜欢第一个站出来的人,首先不论对错,勇气可嘉,敢于担责,会给人留下好的印象,而第二、三个站出来的呢,印象上要落后,同时,前面提出的方法、方案,后面的需要去补充与完善,难度更大,导致一般后面的就更不敢站出来了。所以,第一个站出来吃螃蟹的人,会收获很多益处。

在高校,作为学生辅导员,经常要做的工作有:培养优秀学生,选举出班级管理队伍等。如果学生勇于站出来:第一个交入党申请书,第一个要求做班长,第一个报名参加志愿者等,是不是可以获得某种程度上的优先?因为,如果辅导员去精挑细选,要耗费更多的时间精力,甚至在选择中给自己出难题,所以,第一个站出来的,给辅导员心理满足的效用是最大的。

教师在课堂上,对学生的座位也有这种效用评价递减的心理。教师会认为坐教室第一排的同学的学习态度或热情是最高的,后面各排的学习态度评价逐步降低,到最后两排,可能就被定性为不学习或学习不好的同学。

愿大家都愿意做第一个吃螃蟹的学生,敢于争做第一。当然,争做第一,也不是要求去做"猛张飞",而是建立在一定基础之上,即在一定条件下,争做第一。所以,我们大学生应该时刻为争做第一做准备,不能没有目标,不能无所事事。

3.7 道德困境——不要把脖子伸出去

当前沟通方便,信息传递快,人越来越不愿意思考,已经习惯于"不知道找百度""群内求助",这样可能会耽误其他人不少时间,同时也会暴露自己。下面是哈佛商学院一个经典案例,帮助学生体会道德困境。

案例:1 or 5?

如果你看到了一列电车在向前行驶,由于制动失灵,它将撞上前面的5个人,但是你有机会转动方向盘,使电车驶入岔道,代价是撞死岔道上的1个人。你会如何抉择?

对前者大多数人都会轻松地做出选择:转向岔道,撞死一个人,遇到善善选择,是无解的,而遇到善恶的选择一定应该选择善。

市场中的道德（ethics）通常是指一套定义正确和错误的行为准则或原则。比如，卖醋的企业在醋里兑少量的水售卖；公司明确规定不论什么原因加班都没有报酬，而企业因紧急任务将一名员工调整周末加班，之后补休息两天，但是把休息的两天登记为"病假"。这两个现象都是企业中常见的道德问题。

"道德准则"即道德的标准规范，是一种行为约束准则，它是依道德内容所遵循的标准原则或行为准则，顺应道德的准则是善，违逆道德的准则是恶，道德本身并无矛盾，而执行者在依道德之理执行准则时会产生冲突。

道德困境是符合不同准则的矛盾冲突的行为之间的一种非此即彼的选择现象。比如，企业若公布缺陷则破产，要不要隐瞒商品缺陷？下面是一个真实道德困境案例：

案例：放还是不放？

2005年6月，马库斯·勒特雷尔所在的特殊军事小组，前往阿富汗境内的一个小村庄，寻找一名塔利班领导人。他们在山脊上占据了一个位置并俯瞰那个村庄，但是突然遇到了两名赶着羊的阿富汗农民和一个14岁的小男孩。是否要杀掉这些牧羊人？因为如果放他们走，他们可能会去通报塔利班分子。最后勒特雷尔投了决定性的一票，放走了他们。

一个半小时后，士兵们被80~100名手持AK47和火箭筒的塔利班分子包围了，除了勒特雷尔，其他人全部遇难。塔利班分子还击落了一架试图解救他们的直升机，机上16名士兵全部遇难。勒特雷尔感到无比悔恨，他觉得当初自己应该赞成杀死牧羊人。

再如，2020年2月11日，美国《华盛顿邮报》和德国电视二台等媒体发布的一项联合调查，是有关"美国如何欺骗其他国家，窃取情报的同时赚取巨额资金？"的报道，其内容为：美国中央情报局（CIA）曾和德国联邦情报局（BND）在数十年间共同控制瑞士公司Crypto AG（生产密码编制设备行业领军企业），通过其销往世界上百个国家的加密设备窃取外国政府通信情报。20世纪50年代，美国成功说服Crypto AG降低卖给其他国家的设备的加密强度，相应损失由美方补偿。到了20世纪70年代，CIA及负责密码破译的美国国家安全局（NSA）几乎控制了该公司的方方面面，它们与BND联手，决定其人员雇用、技术设计、算法植入和销售对象。美德事先伪造程序植入设备中，当其他国家使用时，它们就可以破解各国用来发送加密文件的代码。Crypto AG该不该这样做？不这样做，将受到美国制裁，有可能像法国的阿尔斯通公司最终被美国巧取豪夺由通用公司收购，现在的"孟晚舟事件"又是美国对华为的阿尔斯通翻版。

道德困境是面临不同情况的选择。一种情况是在某一时刻存在着善与恶，而选择者此时却只能选择其中的一种而舍弃其他。如，有的企业网管利用工作便利，盗卖客户信息牟利，换做是你，卖还是不卖。另一种情况不是在善与恶之间选择，即不是在正价值与负价值之间进行选择，也不是在善与非善，即有无价值之间进行选择，而是在善与善之间进行选择。

比如，某个同学因生病需要一大笔治疗费用，你考虑是捐200元还是捐1 000元。

市场中，企业为一时之利，会使用以次充好、价格欺诈、山寨假冒、合同诈骗、窃取商业机密等手段，选择从恶的道德行为，最终都被公布于阳光下，遭受道德选择错误的惩罚。这是企业自己伸出脖子等待市场的审判。

大学生也经常会碰到道德困境的难题，比如，假如你班上有一名同学偷了期末考试试卷，并以50元价格卖出其复印件。而你需要在这次考试中考好，要不就会有期末考试不及格的风险。你怀疑班上同学已经买了试卷，这样会影响你的考试成绩，因为老师是以全班的成绩曲线来评分。你是买试卷还是不买？是拒绝购买而努力复习，还是将情况报告给老师？这时，你陷入了"道德困境"。

下面看看刘墉的博客描述的"别把脖子伸出去"的案例。

案例：别把脖子伸出去

在美国申请著名的大学，除了要送高中成绩和全国会考SAT，还要两份老师的推荐函。由于敢去拼这些顶尖学府的成绩都相差无几，推荐函往往能起关键的作用。

有位功课特棒的高中生，样样拿A，但是高三那年，他才选完一门课，就忐忑不安。因为听说那门课的老师非但脾气坏、作业交去常不发回来，而且从来不给A，最好的成绩也不过B+。

因为那老师够老、够凶悍，而且越老越凶悍，他倚仗自己的老资格，有搞派系的本事，在教师会里霸占重要的位置，连校长都怕他。

这位高材生想把课退掉，唯恐全A的成绩单上出现B，可是好胜的他又想："过去多辣的老师我没碰过？还不是都拿A。这老师凶，我不怕，如果我报告写得漂亮，考试拿满分，又从不缺课。他能不给我A吗？我在他班上拿A，更能证明我的实力！"

不过他还是不安心，终于忍不住跑去问老师："听说你从来不给A？"那老师对他一瞪眼，当着好多其他的同学，冷冷地说："没错！你最好别来我班上。"

他还是没退选，因为他不信邪，信自己的实力。果然！没几堂课下来，那老师就对他刮目相看，上课时常把他叫起来问问题，在走廊上遇到，还主动跟他打招呼。学期结束，成绩单发下来，他果然得了A。

这高材生得意极了！四处秀他的成绩单，"看吧！从来不给A的老师，也给了我A。"

开始申请学校，要寄推荐函了，高材生第一个想到的就是这位凶悍的老师。心想，"听说过去没有学生敢请那老师写推荐信，而我在他班上拿到A，他当然最欣赏我，我如果找他，搞不好他还会受宠若惊地极力推荐。"果然，那老师听到他的请求，高兴地叫了起来，用手指着自己的胸口说："你要请我写？能有这份荣幸，真是太好了！"

依照美国大学的规定，推荐函必须直接由学校寄去，而不能交给学生转寄。那老师也真快，才隔两天，就主动对高材生说："各校的信都发出去了！"

四月初，一封封学校的录取通知寄到，而这位原想来个全垒打的学生，居然全部落空，连用来垫背的学校都对他说拜拜了。由于美国大学对入学资料是严格保密的,没人能知道,这位高材生也一辈子不会知道自己全军覆没的原因。

但我们可以肯定的是这位高材生把自己的脖子伸出去任人宰割了!!

——摘自刘墉先生的博客

在校园内,学生伸出脖子任人宰割的事例很多。比如:每学期期末的时候,总有学生向老师咨询,哪些是考试重点(一点儿不含蓄);有的表达对自己课程的担心(要出国,希望批改试卷松一点,或者说学分绩点还差一点,希望多给一点分数);有的考试结束发短信,"我都写了,能不能多给点分"等诸如此类的"乞讨"情况。这样你就是告诉老师,你是一个没有认真学习的学生。有的学生课堂旷课,下一次课拿来事假条、病假条(简单的医生建议休息假条)等,这些现象都是典型的不学习、不努力的人,送上门告诉老师他是一个不用功的人。还有一种,现在学生脾气很大,对学校有点不满意,就打电话或写投诉信到教育主管部门;有的投诉老师不关心学生(就是老师上课严格要求);有的在评教时留下评语"垃圾"(老师本身水平不错,还挺认真的)……这些学生也许把大家的脖子都送出去了?

每到考试时总发生如下的案例:

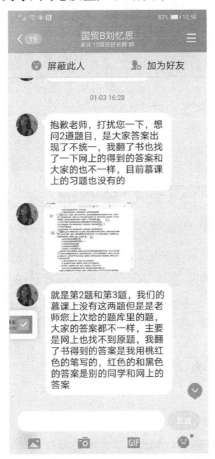 

图3-5

该学生两次QQ留言,老师都没有回,第一个不回的原因是,已经规定课程结束不再回答题目的解答问题;第二个不回的原因是,学生无非想要点分数,那多给还是不多给?第三个不回的原因是,他的思考问题出发点不对,他不是要掌握知识、解疑答惑,而是要老师给出答案。显然,不能怜悯,这对其他人是不公平的,老师要坚守职业道德。事后查阅分数,该生期末试卷分数为70.98分(在线考试,客观题试卷,系统打分)。从他要在网上百度到习题答案,要平时分数,和估计能够考90分没问题的判断,这样的学生是不是"伸出他的脖子"了?

在校园内还有一种常见现象,即有的人为了问问题而问问题,缺乏思考,提出的问题往往暴露自身缺陷——基础薄弱,这是不是主动"献丑",把自己脖子伸出去了?

现在招聘中也出现一种新现象,倒霉的"差学生"经常会碰到:企业给予员工专项培训,培训完成后要工作满八年,想辞职需要偿还培训费(培训费由企业代缴);想要辞职,除非本单位同意,否则相关行业两年之内不可以进入;福利待遇收入按照岗位进行设定,不同岗位对应不同福利待遇和收入。找到的工作看起来很美,但事实可能是:实际只需500元的培训,但企业告知是交2万元的培训费;再故意找茬,借口新人工作错误,然后进行岗位调整,大大降低对应的福利待遇和收入;如果辞职,就要赔钱,否则等你找到新的工作,通过你的保险号找到你和新的工作单位再起诉。应届毕业生往往因收到久违的录取通知而失去清晰判断,容易被表面麻痹,把自己的脖子伸出去任人宰割。现在企业起诉辞职员工没有遵守商业秘密,赔偿高昂赔偿费的案例很多!

我们知道有知而有畏、无知易无畏,但不能无畏又无知;我们也不能无德,若无知又不学则更易将自己的脖子伸出去任人宰割。社会需要尊重规则、恪守社会道德的人,不能把市场中获得一时之利的"奸商"作为模仿对象。

3.8 卡特尔——看不见的利益同盟

社会中利益是各种关系的纽带,我们身处其中不能避免受到其影响,要善于发现现象背后的利益关系,这样你就能够成为洞察世界的聪明人,这也是本书强调的利益分析法的形式之一,否则会经常纠结于世界对自己的不公。下面一则案例反映,我们的世界随处暗藏看不见的利益同盟。

案例:德国汽车尾气排放

据德国《明镜》周刊2017年7月21日报道:自20世纪90年代起,大众集团及其子公司奥迪和保时捷、宝马、戴姆勒等德国汽车生产商以不同工作组的形式举行秘密会议,就技术、成本、供应商,甚至最近深陷丑闻的柴油车尾气处理系统达成一致。这可能成为"德国经济史上最大卡特尔案例之一"。

报道援引大众向德国竞争监管部门联邦卡特尔局提供的不当行为坦白信的内容:20多年来,200余名大众员工参加了60多次这样的秘密会议,目的是消除竞争。

令人震惊的是,这些汽车行业巨头还通过这些会议商定柴油车尾气处理技术,讨论甚至具体到柴油机尾气处理液的储存罐尺寸等细节,为如今的柴油车尾气"排放门"丑闻埋下隐患。

卡特尔垄断组织是相对隐蔽的,但可以从利益角度分析其理论上的存在,再加上企业行为,就容易发现其客观存在。企业之间为了利益,容易形成利益同盟,就是我们社会个人之间也容易形成松散或牢固的"利益群体",比如,熟悉的舍友之间。事实上,只要三个人中有两人认识,而第三人是陌生的,这样三个人就可以形成两个群体。

市场中,由于不同利益交易主体相互联系,各自会为了自身利益形成合谋、联盟、战略关系等,所以,我们分析问题时要能够看见隐形的利益同盟,有利于我们看问题更深刻。现以看不见的利益同盟作为本篇的总结。

卡特尔(cartel)是指生产或销售某一同类商品的企业,为垄断市场,获取高额利润,通过在商品价格、产量和销售等方面订立协定而形成的同盟。垄断利益集团、垄断联盟、企业联合、同业联盟也称卡特尔,是垄断组织形式之一。根据美国反托拉斯法,卡特尔属于非法。卡特尔由一系列生产类似产品的独立企业所构成,是集体行动的生产者,目的是提高该类产品价格和控制其产量,是一种正式的串谋行为,它能使一个竞争性市场变成一个垄断市场,属于寡头市场的一个特例。卡特尔的定价与产量分配原理如图3-6所示,图中 MC、MR、ATC 分别为边际成本、边际收益和平均成本,卡特尔同盟者共谋定价和产量,分别能够获得图中阴影部分的超额利润,使消费者利益受损。

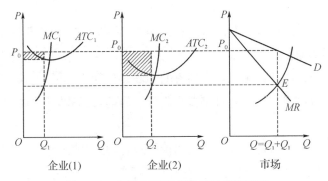

图3-6 卡特尔的定价和产量分配原理

市场中还存在非常多的非正式利益同盟。比如,关联企业间的转让定价,其交易价格不是市场竞争价格,而是根据关联企业间的利益输送需要制定的非市场价格。

还有像联想与高通之间松散的隐性同盟。在世界5G技术标准投票中,联想集团为了获得高通骁龙芯片855供应,将5G技术标准投票给高通,导致华为以23∶24一票之差输给高通，丧失 5G 技术标准主导权，高通成为 5G 标准主导者。

利益同盟会造成市场混乱，产生危害。先不说 5G 技术标准投票是由于政治站队导致华为败北，代表国际新兴力量被扼杀。在关联定价中，投资我国的外资企业，通过转移定价，将成本转移至我国，而将利润转移到国外，导致外资企业在中国大面积亏损，造成国家税收损失。

物以类聚也反映这个卡特尔理论。比如，一个企业中有夫妻二人共事，大家想想会有什么结果？可能存在对其他人产生不公平情况、相互包庇问题、安全隐患等，所以，有的企业就规定：不允许夫妻双方都在本企业工作。

在投票中，利益同盟表现得更是淋漓尽致。像美国总统选举，我国台湾地区的领导人蔡英文上台，日本军国主义代表上台，是利益集团寻租，政治家选票极大化，而选民为了个人一点私利，做出错误选择是一种选民理性的无知。

在校园内，同学们感受最深的是优秀团员等荣誉称号的选举等，除了拉票，还有正式或非正式、隐性的利益关系存在，从而影响选举结果，而不是大家都能够理性地根据条件和标准进行投票。

学校是个小社会，同学之间同市场主体之间一样存在某种利益关系，这种利益可以是物质的，也可以是无形、非物质的，对同学的决策行为产生影响，每一个人要认识到这一点，避免遭受挫折，也应该善于学习总结，应对可能的挫折。前面我们学习的各种校园行为和社会现象，都有松散或紧密的利益相关关系存在，了解利益这个关键点，就有助于分析和决策判断。

3.9 关于学习能力的调查

（一）代沟总是存在的，你与你父母的代沟是如何形成的，或者说为什么不愿意听父母的话？请概括性列举原因。

该问题考查同学们成熟状况。参与回答的 100 多位同学，80% 的认为是由于观念不同、缺少沟通、不理解、价值观、时代不同、年龄或教育差异等，10% 的认为是由于自己的原因：青春期叛逆、不懂事。

各种大小、形式的代沟，是两代人之间的价值观念、心理状态、生活习惯等方面存在的差异或对立，根本原因是两代人的地位不平等和成熟程度不同。两代人之间思考问题都是"自我为中心"，缺乏朋友般的平等和尊重，就容易形成代沟。同时，成年人的固执守旧、个性偏执、不能与时俱进，也是一种不成熟，少年人阅历少，思想、心智不成熟，因此两代人也容易存在代沟。但是，都过了"而立"年龄的两代人代沟则基本消除，因此，造成代沟的原因更多在于年少的一代。同学们回答该问题存在两个错误观点：一是，把造成代沟的责任推给父母，如，"思想过于传统""总是在唠叨""全部大道理""就小事越吵越大""干涉我的自由""被否定"。二是,没有认识到代沟的存在。下面是摘录同学们的代表性回答,不论是否回答正确,没有删减,仅供读者参考。

代表性回答1　父母总觉得你应该怎么样,把自己的想法强加在我们身上,很少静下心来倾听我们。

代表性回答2　父母管得太多,没有选择权利,出发点都是为我好。

代表性回答3　父母的做事想法很周到很全面,但是有些想法过于保守,甚至跟不上这个时代的步伐。以前我会跟他们争论,但他们也不听,觉得沟通不了,但是现在更愿意听他们的想法并且告诉他们事情现状。

代表性回答4　缺少沟通,每次想和他们好好聊天的时候他们都不懂我在说什么,没有共同话题。

代表性回答5　(1)与父母较少沟通;(2)父母的要求与自身想要的不相符;(3)不认同父母的某些观念和想法。

代表性回答6　父母一辈经历了一些事,有了自己的见解,而我们常常没有经历过所以见解可能不同,而且不同时代背景下的人思考的方式也不会一样,代沟就会形成。

代表性回答7　父母观点陈旧、思想保守、不是一个年龄段不能和自己感同身受。

代表性回答8　日常生活中缺乏交流,缺乏沟通。父母没有树立好在孩子心中的形象。

代表性回答9　受教育水平不同以及所接触到的环境不同从而使看待事物的想法不同。

代表性回答10　父母所希望的我比现实的我完美,因此要求过高。

(二)在校园内和工作中,你认为情商和智商哪个更重要,为什么?请概括性说明。

该问题考查同学们"以人为镜"的学习能力。情商和智商在任何时候都重要,只是在大学以前,人们忽略了情商的培养,重点发展智力了,而大学以后,人们又忽视智商,但发现发展情商有点晚了。事实上情商是从早期的家庭教育开始,某种程度上85％的情商是"遗传","人的本性难移""性格难以改变"。不是不能改变,是我们改变的动力和毅力不足。情商和智商的关系是,智商是情商的基础,情商是智商在个人情绪、情感的智力表现,所以,在校园内和工作中,两者同样重要,只是在同等条件下,因情商高而更容易获得成功。参与回答的同学中,90％的都认为是情商更重要,因为大家看到的成功者更多的是情商高的,但忽视他人成功的艰辛。另外,80％的同学都认为情商就是处理人际关系,这不完全正确。同学们代表性回答列举如下,并不完全正确,没有作删减,仅供读者参阅。

代表性回答1　情商更重要。无论在校园内还是工作中,都是要社交的,情商高的人能够更好的融入其中,整体的幸福感会更高。

代表性回答2　情商更重要,因为高情商的人,平时不易受他人情绪的影响和感染,有着较高的自我调节能力。纵然生活经历多少磨难,对于情商高的人也都能克服,并从中认识到自身的不足。

代表性回答3　情商更重要。一个人的智商再高有些事也不可能一个人完成,团队协作靠的就是情商,如果与别人相处不好不但得不到助力反而可能给自己增加阻碍。

代表性回答4　都挺重要的,情商有助于面对挫折、失败、生活中的不顺利。智商可以提高自己的实力。

代表性回答5　都重要,情商帮助提高人际关系,智商解决问题。

代表性回答6　情商更重要,交际圈决定了一个人的未来,再有学问没有机遇最后也只能是个打工人。

代表性回答7　想学得好就要智商,想过得好就要情商。

代表性回答8　都很重要,情商在为人处世上占很大作用,智商在知识学习和技能方面作用很大。

代表性回答9　情商更重要,情商是一个人的能力表现。

代表性回答10　情商和智商同等重要,因为只有这样才可以优秀。

(三) 俗语"富不过三代",为什么?请概括性说明。

这个问题考查同学们如何看待个人发展情况。"富不过三代",原因有很多,很难用几点来概括,但主要可以归结为两点:一是教育,二是忘记初心。100多位同学的回答中,50%的认为是教育问题,30%的认为是贪图享乐、缺乏奋斗,还有10%的有像"父债子偿""分家产完了""假的"等较偏激的认识。当然,当同学们观点不成熟,认识不深刻,那么对于自己如何做到由穷变富,或者保持富有,也就不会有正确的思想和方法。既然大部分同学能够认识到是教育问题,怎么没有实际行动?摘录同学们代表性回答如下,答案不完全成熟或正确,但没有删减,仅供读者参阅。

代表性回答1　因为上一代人希望把最好的留给下一代人,前辈的富裕是因为艰苦的创业,忽略了下一代的文化教育,导致下一代很容易家业败尽。

代表性回答2　很多富人都是从长期历经坎坷、艰苦创业开始,才得到财富和地位,但他们在教育下一代上没有很好的经验和教训,他们的子女就养成了爱炫耀、爱耍阔、爱奢侈、好高骛远的人性,当然家业也无法传承。

代表性回答3　每个时代的风口都不一样,没有什么能富过三代。

代表性回答4　品德对传承不够。

代表性回答5　人的惰性会导致后人对待人与事变得不再有前人那般水准,没有经历过大磨大难,不懂得如何去经营。

代表性回答6　富一代不想让自己的第二代吃苦,溺爱孩子或者工作繁忙,对孩子疏于管教。

代表性回答7　这是人天生的惰性,安于现状造成的。

代表性回答8　被眼前的利益蒙蔽了双眼,变得懒惰,应该适度居安思危。

代表性回答9　因为从简入奢易,从奢入俭难。

代表性回答10　不一定,一个良好的家庭灌输的科学正确积极的价值观与方法论注定会使富过三代成为事实。

(四) 辩"失败是成功之母",简要地说出支持你观点的原因。

该问题考查同学们如何看待创新问题,俗语"失败是成功之母"具有一定普遍性,但不是绝对,有一定的历史性。某种程度上,失败为成功积累经验和力量,在当前时代,失败可能意味着永远失败,反而是"成功是成功之母",原因是,"创新是创造性毁灭,持续创新才可以保持不断成功",生活中的案例比比皆是。

参与回答的100多位同学:90%都支持"失败是成功之母"这个观点,并且归结原因主要是经验的积累,奠定成功基础,只有10%的同学不支持这个观点,但解释原因不够充分。总体上,同学们没有考虑当下和特定的历史条件,惯性思维,缺乏创新思考,缺乏创新。下面是代表性回答,没有作删减,仅供读者参阅。

代表性回答1 失败是成功之母,因为只有错过、经历过才懂得如何避免错误。

代表性回答2 失败是成功之母,从失败中汲取教训,但是不能次次失败,次次失败说明没有吸取到一点有用的信息而导致失败。

代表性回答3 没有经历过失败的洗礼,我们的成功只能是暂时的,因为经历过失败我们才能具有处理失败的能力与合理的心态。

代表性回答4 实践出真知。

代表性回答5 失败本身并非是成功之母,成功也并非必须要以失败作为基础。还是要看自己的态度和追求吧。

代表性回答6 只有从失败中汲取教训,获得经验,才能离成功更近一步。

代表性回答7 失败得多了,就会从中总结出经验,进而找寻到成功的办法。

代表性回答8 我们要勇于面对失败,更要从失败中吸取教训和经验,失败并不可怕,难能可贵的是我们从中学习到新的知识和经验。

代表性回答9 我觉得失败不是成功之母,失败后的反思与改变才是成功之母,一个人失败了并不一定就能够取得成功,只有吸取失败中的教训并作出改变才可能取得成功。

代表性回答10 失败不会是成功之母,不断失败只会让你对这件事充满了挫败感,成功概率大大降低。

(五) 简要阐述你对"微信群"的看法。

该问题考查同学们对危险的防范意识情况,参与回答的100多位同学,80%写出微信的作用或功能——方便交流、沟通、学习,10%的同学认识到微信群有利有弊,弊端是打扰人、产生摩擦、低质量社交等。基本没人具体指出微信群其他利与弊。同学们应该能够看到,可以利用微信群做微商这个好处,同时应该看到微信群还存在"杀熟"、泄露个人信息、蕴藏诈骗的危害,所以,我们要能够辩证看待新鲜事物,学会趋利避害,不要通过挫折才会长知识。下面是同学们代表性回答,基本没有错误观点,以供读者参阅。

代表性回答1 微信群方便了人与人之间的交流,比如我们离家,就可以通过微信群跟家里人交流,不需要一个个的去找,节省时间。

代表性回答2 微信群方便了人们的交流,但是过于依赖微信群会丧失人的沟通能力,而且微信群过多也会使人感到厌烦。

代表性回答 3　微信群有利有弊。利是功能多，使人们交流更加方便。弊是有时候消息会打扰到他人，缺少面对面交流，使人们变得冷漠。

代表性回答 4　人以群分，物以类聚，中立态度。

代表性回答 5　有助于工作、学习的交流，挺好的。

代表性回答 6　我感觉微信群要发圈的话，就应该发些积极的，消极的就不要发，因为很多朋友能看到你的信息，要传播正能量！

代表性回答 7　微信群便于大家交流，省去了一个个通知的麻烦，但是也有的人在群里随意发表自己的观点，言论过于自由。

代表性回答 8　有利也有弊，更方便快捷地为大家提供一个讨论的空间但同时也给不法群体造成犯罪的空间。

代表性回答 9　我觉得有利有弊，事物总是具有两面性，虽然方便但是会造成一些舆论的加速转播。

代表性回答 10　是一个合理的存在。

（六）当前不少博士因为导师的"压榨"跳楼，以及国际期刊论文撤稿的新闻报道，你是如何看待当前"学术腐败"问题的？请简要说出各种原因。

该问题考查对社会热点问题的关心程度与分析能力，同学们的回答中，50%的都是指责"学术腐败"，而不是回答其原因，30%的指出应该加强监管。当前"学术腐败"案例甚至比历史上的总和都多，表象的原因是名与利，根本原因是品德和职业道德的缺失，以及竞争。对于利，应该是"君子爱财，取之有道"，对于竞争，竞争压力越大，道德风险越大，若没有对道德的监督与制约，世界将成为道德沦丧者的天堂。下面是同学们代表性回答，不完全正确，没有删减，仅供读者参阅。

代表性回答 1　学术腐败是人对功名利禄的真实表现，这是很可耻的。

代表性回答 2　学术的领域应该是严谨和求真的。关于此类事件应该公开处理，加大监督和惩罚力度。

代表性回答 3　（1）导师追名逐利，又不愿花时间做科研；（2）对金钱的追求远高于对学术的追求。

代表性回答 4　（1）导师不尊重学生的人格，过度指使学生；（2）当代教学环境有待提高改善。

代表性回答 5　过度集中于自身利益，而摒弃学术成果，希望从学术界获取利益，而不是为学术界奉献成果，以至于学术界利益化，学术的腐败。

代表性回答 6　学术腐败也是大环境导致的，因为导师高人一等的某些权利被某些无良导师利用，钻的是规则的漏洞。

代表性回答 7　给一方的权利过大，没有第三方的监视，我认为应设立专门的部门。

代表性回答 8　这个问题跟个别导师心理问题强烈有关，关乎人性，关乎心性。想着少花力气多吃好吃的想法。没有为科研奋斗之心,一味满足自身需求。该行为应强烈制止并采取严厉措施防止这种事情的再发生。

代表性回答 9　学术腐败不能单单从一方面看,有可能只是自身原因,自己的心理以及能力达不到才会选择极端的做法,学术腐败在于少数而不是全部。

代表性回答 10　压力过大,内心抗压力不强,不能及时疏导自己,没有正确的价值观念,生命才是一切之本。

关于以上 6 个问题的回答,反映同学们能够掌握基本的是非判断,掌握一定的事物发展规律,但不够深刻,看问题不够换位思考、多角度观察,对事物的认识应该结合特定的历史背景,才能有真知灼见。以人为镜,知得失,以事为镜,明事理。通过多分析、思考世界,才能够掌握学习能力。

第四篇　经济影响——了解我们的经济世界

我们所处的世界中，无处不经济，无处不存在经济学问。我们应该了解我们所处的经济世界，帮助我们实现行为的经济效益。通过下面的经济趣事，了解一下我们的世界无处不经济。

经济趣事：经济是什么

（一）投行：有一个投行菜鸟问，"什么是投行？"前辈拿了一些烂水果问他："你打算怎么把这些水果卖出去？"菜鸟想了半天说："我按照市场价打折处理掉。"这位前辈摇头，拿起一把水果刀，把烂水果去皮切块，弄个漂亮的水果拼盘，"这样，按照几十倍的价格卖掉"。

（二）长线投资：一位8岁的女孩拿着三角钱来到瓜园买瓜。瓜农见她钱太少，便想糊弄小姑娘离开，指着一个未长大的小瓜说："三角钱只能买到那个小瓜。"女孩答应了，兴高采烈的把钱递给瓜农，瓜农很惊讶："这个瓜还没熟，你要怎么吃它呢？"女孩："交上钱这瓜就属于我了，等瓜长大熟了我再来取吧。"

（三）情感经济学：如果你有6个苹果，请不要都吃掉，因为这样你只吃到一种苹果味道。若把其中5个分给别人，你将获得其他五个人的友情和好感，将来你会得到更多，当别人有了其他水果时，也会和你分享。人一定要学会用你拥有的东西去换取对你来说更加重要和丰富的东西。放弃是一种智慧，分享是一种美德。

（四）人生经济学：1. 身体是固定资产；2. 年龄是累计折旧；3. 爱情是无形资产；4. 暗恋是坏账；5. 缘分是营业外收入；6. 结婚是合并报表；7. 爱人是应付账款；8. 生活是持续经营；9. 吵架是营业损失；10. 衣服是包装费；11. 回忆是财务分析；12. 离婚是破产清算；13. 再婚是资产重组；14. 反思是内部盘点。

（五）幸福指数统计：如果你有吃穿住，你已比世上75%的人富有。如果你有存款，钱包有现金，还有小零钱，你已是世上最富有的8%了。如果你早上起床，没病没灾，你已经比活不过这周的100万人幸福多了。如果你从没经历战乱、牢狱、酷刑、饥荒，你比正身处其中的5亿人幸福多了。

摘自——https://wenku.baidu.com/view/60eb1e3beff9aef8951e061c.html

4.1 经济学发展——无处不经济

系统化美国汉密尔顿的幼稚产业保护理论的德国经济学家李斯特,以生产方式的不同将人类经济活动分为:渔猎时期,游牧时期,农业时期,农工业时期,农工商业时期5个阶段。虽然人类早期就有经济活动,但经济学发展则相对地非常晚。

经济学(Economics)是研究人类经济活动的规律,即价值的创造、转化、实现的规律——经济发展规律的理论,分为政治经济学与科学经济学(科学经济学是第一个由中国人自己创立的经济学科学理论体系)两大类型。

政治经济学根据所代表的阶级的利益,为了突出某个阶级在经济活动中的地位和作用,自发从某个侧面研究价值规律或经济规律。科学经济学自觉从整体上研究价值规律或经济规律。经济学的核心是经济规律;从科学经济学来看,资源的优化配置与优化再生只是经济规律的展开和具体表现,经济学的对象应该是资源优化配置与优化再生后面的经济规律与经济本质,而不是停留在资源的优化配置与优化再生层面。

西方经济学是指产生并流行于西方国家的政治经济学范式,狭义指西方资产阶级政治经济学范式,广义的则包括马克思主义政治经济学范式。

微观经济学是西方经济学中研究个体、家庭、企业、生产者与消费者、产品与交易、供给与需求、成本与利润、效用与价格、市场边界与政府干预、博弈与对策、竞争与合作、均衡与配置等微观经济现象的学科。

宏观经济学是西方经济学中研究一国经济总量、总需求与总供给、国民收入总量及构成、货币与财政、人口与就业、要素与禀赋、经济周期与经济增长、经济预期与经济政策、国际贸易与国际经济等宏观经济现象的学科。

从科学经济学的角度而言,微观经济学与宏观经济学由于不能研究一般经济规律与经济领域的特殊经济规律,因而微观经济学与宏观经济学不能成为一门真正意义上的学科。所以,科学经济学中就没有宏观经济学与微观经济学之别。

西方经济学定义的经济学(Economics)表明,它是一门研究人类行为及如何将有限或者稀缺资源进行合理配置的社会科学,将西方经济学理论应用到不同研究领域,就产生了不同应用经济分支:产业经济学、区域经济学、制度经济学、劳动经济学、福利经济学、发展经济学等,下面简单介绍它们的研究对象和主要经济规律,内容主要参考了百度百科相关词条。

(一) 产业经济学

产业经济学是关于产业的要素、结构、功能、性质、发展规律的经济学分支学科。以产业为研究对象,主要包括产业结构、产业组织、产业发展、产业布局和产业政策等。它探讨以工业化为中心的经济发展中产业之间的关系结构、产业内的企业组织结构变化的规律、经济发展中内在的各种均衡问题等;通过研究为国家制定国民经济发展战略,为制定的产业政策提供经济理论依据。产业经济是居于宏观经济与微观经济之间的中观经济,是连接宏微观经济的纽带。

产业经济学以产业为研究逻辑起点,主要研究科技进步、劳动力等要素资源流动、空间发展与经济绩效以及产业的动态变动规律,其主要研究工具是计量经济学工具(用 SAS、SPSS、Eviews 等软件),主要分析方法有博弈论分析方法、均衡和非均衡分析方法,主要思想来源是哲学中的矛盾对立统一思想、辩证法思想。学科领域有:产业组织、产业布局、产业关联、产业结构、产业发展以及产业政策。主要观点:实体经济决定虚拟经济;虚拟经济是引擎,实体经济则是轮胎;产业发展必然由非均衡趋向均衡。

(二) 区域经济学

区域经济学是从经济学角度研究区域经济发展与区域关系协调的科学。

区域经济学运用经济学的观点,研究不同区域经济的发展变化、空间组织及其相互关系。主要研究市场经济条件下生产力的空间分布及发展规律,探索促进特定区域而不是某一企业经济增长的途径和措施,以及如何在发挥各地区优势的基础上实现资源优化配置和提高区域整体经济效益,为政府的公共决策提供理论依据和科学指导。主要研究方向包括:城市化与城市经济问题、空间结构理论、区域生产力布局、资源合理开发利用、农村经济、区带规划及管理、区域投融资等。

区域经济研究的核心观点:世界正在变为三个相互竞争的经济集团,即(1)日本和中国率领的环太平洋经济区,包括韩国、东南亚等地区;(2)美国领导的西半球经济区,今后将包括拉丁美洲在内;(3)以法德为中心的欧洲经济区,将逐渐覆盖前苏联和东欧地区,也许还有北部非洲。跨国公司的全球经营,促进了区域贸易的发展,繁荣了区域经济。

(三) 制度经济学

制度经济学是把制度作为研究对象的一门经济学分支。它研究制度对于经济行为和经济发展的影响,以及经济发展如何影响制度的演变。新制度经济学起源于科斯(Ronald Coase)的《企业之性质》,科斯将交易成本这一概念引入了经济学,并指出企业和市场在经济交往中的不同作用。

新制度经济学重视对非市场因素的分析,诸如制度因素、法律因素、历史因素、社会和伦理因素等,其中尤以制度因素为甚,强调这些非市场因素是影响社会经济生活的主要因素。研究"制度"和分析"制度因素"在社会经济发展中的作用,强调制度分析或结构分析的研究方法不是以任何客观的指标来衡量经济活动,而是立足于个人之间的互动来理解经济活动。

新制度经济学认为制度就是规则,不是我们传统意义上所理解的政治或经济的制度,以批判资本主义制度本身的缺陷和局限性为己任,强调有必要进行改良,调整资本主义的各种经济关系,并预言美国资本主义的唯一出路在于社会改良。

主要观点有:一种制度下的预期收益与预期成本的关系决定了制度创新,制度创新存在着一定的时滞性,因此由制度创新决定的制度变迁是缓慢进行的;一项新的制度安排只有在创新的预期净收益大于预期的成本时才会发生。

(四) 劳动经济学

劳动经济学是研究劳动力市场中劳动力供给和劳动力需求各自影响因素,以及它们相互作用关系的经济学分支。劳动经济学的研究领域包括劳动力供给、劳动力需求、就业、工资、人力资本投资、失业、收入分配等。研究方法主要是实证研究方法(认识客观现象,向人们提供实在、有用、确定、精确的知识方法,其重点是研究现象本身"是什么"的问题)和规范研究方法(以某种价值判断为基础,说明经济现象及其运行应该是什么的问题)。在规范研究中由于存在信息障碍、体制障碍、市场缺陷,导致经济运行过程中互惠交换不能实现。

主要结论:家庭是劳动力供给行为决策中的基本单位;提出人力资本概念,人力资本理论把教育和培训看成个人投资方式。

(五) 福利经济学

福利经济学是研究社会经济福利的一种经济学理论体系,是从福利观点或最大化原则出发对经济体系的运行予以社会评价的经济学。它是由英国经济学家霍布斯和庇古于20世纪20年代创立的。庇古在其代表作《福利经济学》《产业变动论》《财政学研究》中提出了"经济福利"的概念,主张国民收入均等化,且建立了效用基数论等。

福利经济学研究的主要内容有:社会经济运行的目标,或称检验社会经济行为好坏的标准;实现社会经济运行目标所需的生产、交换、分配的一般最适度的条件及其政策建议等。帕累托最优状态概念和马歇尔的"消费者剩余"概念是福利经济学的重要分析工具。

主要观点有:分配越均等,社会福利就越大;马歇尔从消费者剩余出发推导出,政府对收益递减的商品征税,得到的税额将大于失去的消费者剩余,用其中部分税额补贴收益递增的商品,得到的消费者剩余将大于所支付的补贴。

福利经济学的三大基本定律:一是,不管初始资源配置怎样,分散化的竞争市场可以通过个人自利的交易行为达到瓦尔拉斯均衡,而这个均衡一定是帕累托有效的配置,即符合帕累托最优效应。二是,每一种具有帕累托效应的资源配置都可以通过市场机制实现。人们所应做的一切只是使政府进行某些初始的总量再分配。三是,在非独裁的情况下,不可能存在有适用于所有个人偏好类型的社会福利函数(也叫阿罗不可能性定理)。

福利经济学的缺陷:它以"完全竞争"的形式出现的标榜研究福利或最大化原则,是为垄断资本获取最大利润辩护的一种经济理论。无论是主张既要经济效率又要公平分配的福利经济学家,还是强调经济效率而不讨论公平分配的福利经济学家,都只是借助纯粹形式主义的分析来为西方国家的经济现状进行辩解(马克思经济学派评价)。

(六) 信息经济学

信息经济学是以弗里兹·马克卢普(Fritz Machlup)和马克·尤里·波拉特(Mac Uri Porat)为创始人的宏观信息经济学,又称情报经济学、信息工业经济学。它以信息产业和信息经济为主研究对象,是研究信息这一特殊商品的价值生产、流通和利用以及经济效益的一门科学,是在信息技术不断发展的基础上发展建立起来的,是经济学的重要领域。

以斯蒂格勒和阿罗为最早研究者的微观信息经济学,又被称为理论信息经济学,是从微观的角度入手,研究信息的成本和价格,并提出用不完全信息理论来修正传统的市场模型中信息完全和确知的假设。重点考察运用信息提高市场经济效率的种种机制。由于它主要研究在非对称信息情况下,当事人之间如何制定合同、契约,以及对当事人行为的规范问题,故又称契约理论或机制设计理论。

主要研究内容包括:信息的经济作用、信息的成本和价值、信息的经济效果、信息产业结构、信息系统、信息技术以及信息经济理论。

主要观点有:在非对称信息情况下,逆向选择和道德风险是随时可能发生的,减少的办法就是建立起激励机制和信号传递机制;价格是在搜寻中获得的,是以付出成本为代价的,因而,信息是不完全的,从而决定了竞争是不完全的;市场价格制度就不再是激励约束全部内容和手段,"非价格"机制成为激励约束不可或缺的内容。

(七) 环境经济学

环境经济学主要研究环境资源的经济价值,强调利用环境经济规律来解决环境污染问题,例如,如何利用经济杠杆来解决环境问题。环境经济学运用经济科学和环境科学的原理和方法,研究经济发展和环境保护的矛盾,以及经济再生产、人口再生产和自然再生产三者之间的关系,选择经济、合理的物质变换方式,以使用最小的劳动消耗为人类创造清洁、舒适、优美的生活和工作环境。环境经济学、生态经济学、资源经济学分别研究环境、生态系统和资源开发利用中的经济问题,内容上有重叠交叉。

研究内容有:社会制度、经济发展、科学技术进步同环境保护的关系,以及环境计量的理论和方法,社会生产力的合理组织,环境保护的经济效果,运用经济手段进行环境管理。

(八) 行为经济学

行为经济学是从探究理性人假设是否完全符合现实出发,把心理学和经济分析方法相结合,研究人的心理因素如何影响经济行为,使之系统性地偏离理性人假设。

行为经济学将行为分析理论与经济运行规律、心理学与经济科学有机结合起来,以发现现今经济学模型中的错误或遗漏,进而修正主流经济学关于人的理性、自利、完全信息、效用最大化及偏好一致基本假设的不足。狭义而言,行为经济学是心理学与经济分析相结合的产物。广义而言,行为经济学把五类要素引入经济分析框架:(1)"认知不协调-Cognition-Dissonance";(2)"身份-社会地位";(3)"人格-情绪定势";(4)"个性-偏好演化";(5)情境理性与局部知识。

理论前提是:关于"非理性人"的假设。

研究领域:非理性人及其行为。

研究方法:注重实验方法。

主要观点为人类行为的"三个有限性":人的行为理性是有限的,而绝非完全理性,每个人都具有有限意志力追求效用最大化,人类是有限的自私自利;储蓄行为中的"夸张贴现"(钱往往被立即花掉);股票市场上,投资者是非理性行为,投资者卖出已有利润但股价仍在上升的股票,死抱已亏损而且股价持续下降的股票;人们的偏好具有"风险厌恶"的基本特性。

(九) 发展经济学

发展经济学是 20 世纪 40 年代后期在西方国家逐步形成的一门综合性经济学分支学科,是适应时代的需要兴起,在经济学的体系中逐渐形成的一门新兴学科,它主要是一门研究贫困落后的农业国家或发展中国家如何实现工业化、摆脱贫困、走向富裕的经济学。

主要研究内容:经济发展规律、经济发展与社会发展相互关系规律、以经济发展为基础的社会发展规律。严格意义上,经济学就是发展经济学。发展经济学要求用主客体的对称分析代替纯客体的线性分析,用五维空间分析代替平面二维分析,用复杂系统论分析代替还原论分析,用规范分析代替实证分析,用规模分析代替边际分析,用"边际效益分析"提升"边际效率分析",用价值经济学代替价格经济学,用价值机制取代价格机制成为市场的核心机制,用国民福利体系代替 GDP 增长体系,用社会主义市场经济代替资本主义市场经济,用科学发展代替增长。

其核心概念是经济发展,经济发展指包括质量与数量在内的经济高质量发展,而不仅是数量的增长。经济发展是价值的发展而不是金钱的增长,是效益的发展而不是效率的增长,是全面的发展而不是片面的增长,是辩证的发展而不是线性的增长。"经济发展"概念把发展经济学和增长经济学区别开来,把经济增长与经济发展、经济发展与社会发展统一起来,把经济学定位为发展经济学,使发展经济学成为一门科学。

其主要缺陷:以资本主义发达国家的往日经验来规范发展中国家的经济发展,从发达国家的立场看待发展中国家面临的一些问题。

发展经济学是当代资产阶级经济学的一个分支,它具有当代资产阶级经济学固有的庸俗性质,发展经济学的主流是新古典学派,依据的基本思想是传统庸俗经济学和以 A. 马歇尔为代表的新古典学派的思想。(1)认为发展是渐进的、连续的、累积的过程,这种过程是通过边际调节来实现的。价格机制是经济调节,从而也是经济发展的杠杆。用静态的局部均衡分析方法就足以论证经济发展问题。(2)认为发展是和谐的、平稳的过程,是以自动的均衡机制为基础的。在发展过程中,冲突之间会出现秩序,私利角逐中会出现协调。(3)认为继续发展是可能的,其前景是令人乐观的,随着经济的发展会出现横向的"扩散效应"和纵向的"涓流效应",从而经济发展所得的利益会普及社会各个阶层。

(十) 管理经济学

管理经济学是一门研究如何把传统经济学的理论和经济分析方法应用于企业管理决策实践的学科,是应用经济学的一个分支。它把经济学的基本理论和数学分析工具相结合,应用于企业管理决策实际。因此,它又是一门经济学和管理学的交叉学科。管理经济学可以视为微观经济学某些部分的应用,以有助于管理者建立理性的决策思路,为管理者的管理决策提供分析框架。

研究方法：边际分析法（确定企业规模、制定价格策略、确定要素投入量、产品结构分析），均衡分析法（制定价格、确定产量、确定要素组合），数学模型分析法（需求预测、生产分析、成本决策、市场分析、风险分析）。

（十一）货币经济学

货币经济学是一门以货币有关的宏观经济现象为研究对象的科学，阐述货币的运作对经济发展的影响，以及货币、商品和价格之间的关系。在微观方面，主要研究货币的需求和供给两方面，研究货币经济学考察经济中的个人、商业银行、中央银行面对货币的决策。在宏观方面，主要研究货币在宏观经济中的作用，通过一般均衡的分析范式，结合无限期模型或者世代交叠模型来分析整个宏观经济，研究存在货币的情况下整个宏观经济的运行情况。

研究内容：货币与总产出之间的关系，货币与通货膨胀之间的关系，以及货币与其他宏观经济变量之间的关系，以及中央银行货币政策实施战略和宏观经济管理问题。

货币经济学也被称为货币银行学。

（十二）国际经济学

国际经济学是一门以国际经济关系为研究内容的学科，它以经济学的一般理论为基础，研究国际经济活动和国际经济关系，是一般经济理论在国际经济活动范围中的应用与延伸，是经济学体系的有机组成部分。主要研究对象有国际贸易理论与政策、国际收支理论、汇率理论、要素的国际流动、国际投资理论、开放的宏观经济均衡等。

国际经济学微观部分研究国际贸易（贸易理论、贸易政策、经济一体化、要素在国际间流动），宏观部分研究国际金融（汇率、国际收支、国际金融市场等）。

至此，简单介绍了经济学的发展状况，从而了解了我们的世界无处不经济，各种领域和行为都存在经济性，大学生应该了解点经济学，建立一定的经济思维来指导我们的行为。

4.2 贸易——合作共赢

"贸"是交换财物，"易"是交换，贸易是交换财物的商业活动。贸易连通世界，贸易不断改变国家之间的互动方式以及跨国公司的行为方式；贸易是经济增长的驱动因素，也丰富了人们购买的对象，反映出世界经济不断改变。

贸易是买卖或交易行为的总称，通常指以货币为媒介的一切交换活动或行为。其活动范围，不仅包括商业所从事的商品交换活动，还包括商品生产者或他人所组织的商品买卖活动；贸易分国内贸易和国际贸易。

第一次社会分工，即畜牧业从农业分离，贸易方式是物物交换；第二次社会分工，即手工业从农业分离出来,贸易方式为简单商品流通;第三次社会分工,即商业从生产中分离,贸易方式为发达商品流通。随着价值交换出现,极大地刺激了贸易发展。

在我国周口店"山顶洞人"遗址内发现海蚶、厚壳蚌等异乡物,说明,在2万~3万年前的远古时代,出现了部落间物物交换。从夏代进入奴隶社会,青铜器、陶制品、纺织手工业发展,到商代的货币"贝"出现,进一步推动贸易发展。到公元前11世纪,西域各国以"贡礼""酬谢"方式与周朝进行商品交换;再到公元前4~5世纪,中国纺织品远销希腊。

因此,中国的贸易发展符合马克思主义的贸易起源说:互通有无,平等互利。

西方解释国际贸易起源的理论有:亚当·斯密的"绝对优势论"、大卫·李嘉图的"比较优势论"、赫克歇尔—俄林的资源禀赋论(简称H-O理论)、费农的产品生命周期论、邓宁的折中生产理论、大市场理论、规模经济论、产业内贸易论、企业异质论等。

中国对外贸易起源于奴隶社会,其中陆路贸易始于西周,海外贸易始于春秋战国(李璞成观点)。从古陆路丝绸之路到古海上丝绸之路,我国对外贸易的发展,主要是"朝贡"贸易,是各通所需、互通有无、平等互利,即使是郑和七下西洋,也仅是宣扬国威,所以,中国的对外贸易始终是求同存异、世界大同、共享共赢的。当前我国十九大确定经济发展五大理念是创新、协调、绿色、开放、共享,体现我国的求同存异、世界共赢、和谐发展、互不干涉内政思想。

西方贸易发展主要是从水运发展开始。从公元前2000年地中海因贸易而繁荣的腓尼基民族,到公元前1000年希腊继起成为地中海贸易中心,再到罗马帝国的铁蹄扩张,在公元5世纪地中海地区和欧洲进入"中世纪"。然后,西班牙、葡萄牙最先实行殖民政策,建立庞大殖民帝国而称霸海上贸易,之后16世纪末殖民帝国"海上马车夫"荷兰兴起,英国继起成为"海盗帝国",并从事贩卖黑奴的"三角贸易",西方的近代对外贸易是"舰炮"为后盾的"剥削贸易",像美国执行的"美国优先"单边主义等是国内法凌驾于国际法之上的世界霸凌思想。

二战之后,各民族独立,但贸易没有回归本源。由于政治制度的偏见、国际利益的矛盾,形成贸易的猜忌,是国际竞争下民族国家的贸易猜忌。二战之后建立的美国主导的国际经济秩序和国际贸易规则,一方面使得贸易加速经济全球化,另一方面,贸易加剧世界不平衡。但国际贸易发展已经呈现出:共享、共赢、合作的趋势,相比贸易起源呈螺旋式上升。

经济全球化是当前世界的特征之一。自由贸易和运输革命成就了19世纪中期到第一次世界大战的全球化阶段;新的国际秩序建立以及贫穷国家融入世界经济,促进了二战后的第二个经济全球化阶段;跨国公司与信息技术促进当前经济全球化第三阶段。国际贸易让世界相互依存,密切联系,闭关锁国将被世界淘汰。但国际贸易使得各国主权受到侵蚀,贸易可以导致去工业化,产生寻租和价格波动,影响国家的经济发展,这一点对我国是个例外,但不能保证未来是否还能摆脱贸易带来的负面影响,特别是面对越来越多的贸易壁垒。贸易环境的变化会导致国内经济的变化,也会导致国内市场相关价格的变化。

在这个世界,谁也不能摆脱贸易,任何国家也不能没有国际贸易,我们因为贸易而富裕,也因为贸易而贫穷。

现实中,企业追求规模经济,而规模经济会产生商品过剩,过剩的商品如何解决?商品突破国家边界,就扩大了市场,解决了暂时的商品过剩危机。资本仍然会为了追求利润,提高生产效率,继续造成产品过剩,因此,通过国际贸易可以暂时解决生产过剩危机。但国际贸易发展的趋势,是积累世界性的生产过剩危机,因此,国际贸易必然带来更深刻的国家竞争和国家猜忌。

当前条件下,世界因为贸易而不平凡,也会因为贸易而紧张。我们个人也离不开"贸易"——个人与外界交易,需要有贸易战略和贸易思想指导自己的"交易"。在我国古代的"大同社会"是一种朴素的平等贸易思想,当前我国的"合作、共赢、和谐",以及"世界命运共同体"的对外合作思想代表了世界贸易思想潮流。因此,我们大学生的处世哲学也应该秉持这种思想,不应该有其他非分之想。按公平公正、合作共赢的贸易思想处世,可以减少很多不必要的烦恼,理解很多校园现象和社会现象。

现代校园内,学生与学校、同学之间的交际,都具有交易的某种特征。从历代私塾到现代大学,学生交学费,获得知识或是生存能力回报;在免学费的情况下,学生需要义务服务作为回馈。特别是现代大学,是具有市场经济特征的教育市场,其交易特征更明显。受市场经济影响,现代大学中同学的主流交际观点,是付出-回报的交易观点,因此,相对以前,同学情谊比较淡薄,也导致班级集体观念普遍不强。付出-回报的狭隘交际观,必然使同学关系紧张,缺乏温度,如果同学间交际秉持"合作、共享、共赢"的国际贸易观,则会增加同学间友情温度,避免很多紧张的同学关系和矛盾。

另外,广义的贸易是一种交换活动,交换受到利益驱动。我们大学生的交际或交往中,有什么可以用于交换的?是知识、情感、技能、信息等。有的同学梦想富有,但不经过贸易活动,如何获得想要的经济利益?一个不求创新、不求进步的人怎么富有,只能祈求"天上掉馅饼"!贸易是认知内的计划的收益,因此,财富来源于你的认知,若想更富有,只有突破自己的认知,无知不会富有,认知越宽广,贸易边界越大,赚取的财富可能越多,因为,现代人逐步认识到:人不能赚取自己认知之外的财富。

所以,大学生无论要实现什么梦想,只有善于学习、学会思考,不断突破自己的认知,才有可能不断实现梦想。

4.3 虚拟经济——不为假象迷惑

大家对虚拟经济是既爱又恨,爱的是它可以让你一夜暴富,恨的是它在不断积聚世界危机,对个人而言也可能导致一夜破产。

虚拟经济是指证券、期货、期权等虚拟资本的交易活动,它是以资本化定价方式为基础的一套特定的资产价格体系,与成本和技术支撑定价的物质价格系统不同,由于资本化定价,人们的心理因素会对虚拟经济产生重要的影响,虚拟经济在运行上具有内在的波动性。之所以称为虚拟经济,是因为资金作为价值的表现,它没有与实物商品进行交换,而只与它的同类即价值符号进行交换,使得价值与商品分离。

虚拟经济是市场经济高度发达的产物,以服务于实体经济为最终目的。随着虚拟经济迅速发展,其规模已超过实体经济,成为与实体经济相对独立的经济范畴。与实体经济相比,虚拟经济具有明显不同的特征:高度流动性(社会资源配置和再配置的效率,使其成为现代市场经济不可或缺的组成部分)、不稳定性(价格的决定并非像实体经济价格决定过程一样遵循价值规律)、高风险性和高投机性(虚拟经济越具有更高的投机性,投机性游资也越容易光顾这样的市场,达到通过短期投机,赚取暴利的目的)。美国是当前虚拟经济最大的经济市场。

虚拟经济的主要功能:(1) 通过发行和交易相关票券,透明企业的财务信息及其他有关信息,引导资金流动,促进和调整经济资源在各实体经济部门和企业间的配置,提高经济效益。(2) 促进企业组织制度的完善(例如,没有股权分散、股票交易,则没有现代股份公司及其内部治理结构),同时,通过提供各种金融工具,促使实体经济部门运作风险分散。

虚拟经济以其高流动性和高获利性吸引着大量暂时闲置和零散的资本投入到股票、债券和金融衍生品等虚拟资本中去,虚拟资本又可以使很多有风险的实物资产转换为可更安全保有的金融资产,而虚拟资产的多样性、可转换性和高度流动性,又使企业能以较低的风险成本实现资本存量的积累。虚拟经济通过各种金融工具,促使实体经济部门的运作风险分散,如期货期权等金融衍生工具产生的最初动机,就是为了套期保值和转移风险。

虚拟经济是一把"双刃剑",它是适应实体经济的需要而产生,可以促进实体经济的发展,但是,由于(1) 虚拟经济独立于实物资本之外、流动性很大,是投机家的乐园;(2) 虚拟货币的过量发行和银行信贷坏账的大幅增多,会动摇实体经济正常运行的秩序和信用基础;(3) 虚拟经济扭曲资源配置方式,降低资源配置效率,阻碍农业、工业等实物经济的发展;(4) 虚拟经济破坏金融系统运作,降低银行抗风险能力,引发金融危机;(5) 泡沫经济引致的虚拟繁荣景象扭曲了消费者的消费行为,是产生过度消费现象的重要根源,而过度消费又容易引致进口大量增加;(6) 虚拟经济过度增长客观上要求重新分配国民收入,而众多投机商的加盟,势必会加剧贫富两极分化,由此引发一系列社会问题;(7) 虚拟经济增长会产生产业空洞化等原因,可能对实体经济带来较大的负面影响,甚至是破坏性的损害。目前以美国为首的西方发达国家存在的一些国内与国际经济问题,有其虚拟经济过度的原因,是经济去实体化的后果。实体经济是虚拟经济的基础,去实体化经济犹如无本之木、无源之水,会动摇社会稳定根基。

虚拟经济中,投资是最重要的经济行为,未来每一个人都会面临投资难题,至少大家会投资股票。下面选择巴菲特的投资理念,以及流行买卖股票的经验,让同学提前感受,也有助于理解身边的经济学和我们身处的经济世界,实际上,人生发展同虚拟经济与实体经济关系一样,不能舍本逐末,不能追求浮华,大学生应抓住大学的短暂时光,重点积累人生知识和能力财富,追求浮华容易迷失自我。对于我们大学学习生活,以及以后的工作处事,这些富有哲理的投资经验总结同样适用。

(一)巴菲特十大投资金句

(1) 人性是贪婪的:当别人贪婪时恐惧,当别人恐惧时贪婪。

(2) 投资并不是智商160打败智商130的游戏:投资并不需要做与众不同的事,也并不需要多聪明。

(3) 你不可能跟一个糟糕的人做一桩好生意:应该跟比自己更强的人交往。

(4) 买股票就是买生意:提前做很多研究,不会因为兴趣做任何决定。

(5) 投资那些会让人亲你一口的产品。

(6) 潮水褪去,就知道谁在裸泳:把防控风险的意识和措施放在第一位。

(7) 无论你多么努力和有天赋,做任何事总要花点时间:坚定看好一个公司基本面,就长期持有。

(8) 好货不便宜。

(9) 积攒花剩下的钱不是储蓄,只能花储蓄后剩下的钱:节俭。

(10) 抄底唯一的问题是:永远不知道什么时候是底,抄底是个假命题。

目前不少大学生已经开始炒股,特别是一些商科的学生成立炒股社团,在为人生进入股市积累经验。股市经验很多,但作为股民,不少人不能克服人性贪婪的缺点,所以,股市中的90%以上散户是亏损的。下面罗列熊牛市的一些经验,当作股市信条需要遵守。

(二)熊市炒股十大金句

(1) 坚决不追高。

(2) 盘中大幅拉升超过3个点坚决不追。

(3) 远离10日均线坚决不追。

(4) 近半个月一直处于缩量的股票坚决不做。

(5) 趋势向下的股票坚决不做(短期超跌的除外)。

(6) 当天的热点,尾盘坚决不追。

(7) 连续两个涨停以上的股票没有回踩20日线的位置坚决不追。

(8) 位置高的股票坚决不做(有良好业绩也不行)。

(9) 不能重仓或满仓一只股票,一只股票的仓位最多三成。

(10) 只做短线,不能做中长线。

(三)牛市操作5大经验:

(1) 要坚定持股,不要稍有震荡或稍有获利,即抛股走人。

(2) 敢追领涨股,不怕连续3个涨停板。

(3)强者恒强,不能孤立等待回档再介入,而应顺应时势,该追的坚决追,该观望时则观望。

(4)技术指标大多处于"失灵"状态。

(5)各股都有机会,不可见异思迁,频追热点。

(四)关于技术指标的股票买卖口诀:

(1)高位放大量,股价近顶端。

(2)长阴夹星,卖出逃命。

(3)双峰触天,跌在眼前。

(4)量增价升,买入信号。

(5)量减价升,继续持有。

(6)量平价升,持续买入。

(7)涨三不追,跌四不压。

(8)金叉死叉是个宝,去伪存真才能炒。

上面搜集的金句、经验和口诀,不是至理名言,但可以作为需要遵守的信条,至少可以在未来虚拟经济中减少损失,降低风险。

虚拟经济中,赚钱和有钱都是暂时的,不要盲目相信他人,需要自己做大量研究,即使真正掌握了投资技巧,也做不到百投百胜。

实际上,我们何尝不是生活在现实与虚无并存的世界中,眼见未必真,真真假假,假假真真,一切未必当真,一切未必作假。我们生活在虚拟世界中,很难跳出,除非真人、除非圣人,大学生如何拥有一双慧眼呢,要遵循本书前面以及后面阐述的道理:有规划,会思考,善学习,以及学做真人。

校园内,"现象就是结果""看到的就是事实"蒙蔽同学们的双眼,阻碍大家正确看世界、科学分析问题。同时,信息在传输的过程中,会流失、扭曲,"×××说的"未必是正确的、未必是真的,但我们从未这样深刻认识和思考过,所以就会产生对世界的误解,对学校的误解,对老师的误解,对同学的误解,对朋友的误解。

看透世界,不仅是一种思想境界,更需要一种勇气和能力,拨云见日、抽丝剥茧需要一定的技能和技术,只有善于学习,才可能有能力抓住问题本质。

4.4 互联网经济——世界普遍联系

人类社会已经经历了四次工业革命:第一次英国工业革命迎来蒸汽与铁路时代,第二次工业革命迎来电气化时代,第三次工业革命迎来20世纪的大众消费时代(石油、汽车、化工和塑料等产业兴起),第四次工业革命是通信与技术革命。尼克·施特恩教授认为第五次工业革命将是清洁技术与生化革命,全球将以更小单位实行高质量生产。

当前属于第四次工业革命时代,互联网经济是其典型经济特征之一。

互联网经济是基于互联网所产生的经济活动的总和,是信息网络化时代产生的一种崭新的经济现象。

互联网经济时代,经济主体的生产、交换、分配、消费等经济活动,以及金融机构和政府职能部门等主体的经济行为,都越来越多地依赖信息网络,不仅需要从网络上获取大量经济信息,依靠网络进行预测和决策,而且许多交易行为也直接在信息网络上进行。

社会对知识经济的认识早于互联网经济,知识经济是以知识为基础、以脑力劳动为主体的经济,是与农业经济、工业经济相对应的一个概念,工业化、信息化和知识化是现代化发展的三个阶段。教育和研究开发是知识经济的主要部门,高素质的人力资源是重要的资源。知识经济是建立在知识的生产、分配和使用(消费)之上的经济,知识最重要的部分是科学技术、管理及行为科学知识。

知识经济的影响表现:信息、教育、通讯等知识密集型产业展现出的骤然增长的就业前景,将导致对无形资产的大规模投资;电子贸易、网络经济、在线经济等新型产业将大规模兴起;农业等传统产业将越来越知识化;产业结构的变化和调整将以知识的学习积累和创新为前提;经济活动都伴随着学习,教育融于经济活动的所有环节;同时,知识更新的加快使终身学习成为必要。

知识经济的关键是创新能力,信息革命、信息化与知识经济有着密不可分的关系,在互联网经济下,知识经济发展被插上飞翔的翅膀。

"互联网+"是用信息通信技术以及互联网平台,让互联网与传统行业进行深度融合,创造新的发展生态,即"互联网+各个传统行业"。

"互联网+"代表着一种新的经济形态,它指的是依托互联网信息技术实现互联网与传统产业的联合,以优化生产要素、更新业务体系、重构商业模式等途径来完成经济转型和升级。

2014年11月,李克强出席首届世界互联网大会时指出,互联网是大众创业、万众创新的新工具。其中"大众创业、万众创新"是2015年政府工作报告中的重要主题,被称作中国经济提质增效升级的"新引擎"。

互联网经济特征:跨界融合,创新驱动,重塑结构,尊重人性,开放生态,连接一切。

在互联网经济下,汗水和灵感是经济增长的关键动力,这里的汗水是人口和劳动力增长,灵感是投资和创新的产物。21世纪的中国进入了大手笔购买时期,正向价值链上端移动——从体力劳动转向脑力劳动,从制造廉价产品转向基于质量和专业知识的产品,以及购买知识产权和品牌,来帮助我国经济增速。

互联网经济下,一旦科技等其他因素在所有国家都可用时,人口就会再次成为决定产出的关键因素。

21世纪中国变身超人,推动世界经济。杰拉尔德·莱昂斯形容中国是罗宾汉(劫富济贫)、金凤花姑娘(刚刚好)和超人三个经济身份。即使我们是超人身份,也要警惕"尾部风险"(风险可能性很小,一旦发生便影响深远)。

当前经济下,各国注重非军事驱动经济的影响因素,像美国专注市场,中国专注国家力量,印度专注以人为本的民主,在互联网经济下,一切信息都有价值,任何一种微小变革都能产生巨大震动。

在互联网经济下,我们的利益分析法也要适应互联网思维,不能拘泥于传统工业思维,因为笔者的大学生们接触的课程,很多还是传统工业思维方式,还没有完全转型。

什么是互联网思维呢?

互联网思维,就是在(移动)互联网+、大数据、云计算等科技不断发展的背景下,对市场、用户、产品、企业价值链乃至对整个商业生态进行重新审视的思考方式,互联网思维是降低维度,让互联网产业低姿态主动去融合实体产业。海尔集团张瑞敏认为"互联网思维是零距离和网络化的思维"。王石认为"淘汰你的不是互联网,而是你不接受互联网。是你不把互联网当成工具跟你的行业结合起来。最终淘汰你的还是你的同行,他们接受了互联网,把互联网跟自己做的事情结合起来,淘汰了你"。百度前总裁张亚勤认为:互联网思维分为三个层级,层级一是数字化,互联网是工具,提高效率,降低成本;层级二是互联网化,利用互联网改变运营流程,电子商务,网络营销;层级三是互联网思维,用互联网改造传统行业,商业模式和价值观创新。

互联网思维的九大思维是:用户思维,简约思维,极致思维,迭代思维,流量思维,社会化思维,大数据思维,平台思维,跨界思维。不是因为有了互联网,才有了这些思维,而是因为互联网的出现和发展,使得这些思维得以集中爆发。

互联网思维的四个核心观点是:用户至上,体验为王,免费的商业模式,颠覆式创新。

在互联网经济中,作为大学生应该了解互联网思维,掌握互联网思维,没有激活的,要激活它、连接它。了解当前经济新形势、新发展,有助于在校园内也能够正确理解外面的社会现象,在校园内建立正确的价值观和行为准则。

世界本是互联和互通的,信息技术的发展加速和加密世界的互联互通,校园内的大学生也逃不开这个规律。校园内的任何事,都与己有关,但恰恰相反,很多学生都是事不关己高高挂起,自我隔离、自我陶醉在自己的世界中。思考世界、看问题仅是"我以为""我认为",而不能做到:根据×××理论/事实,据××××说/结论,我们得出×××××,应该采取×××××措施,解决×××问题,并建议××××。这样思考就是利用互联思维,真正处理问题,而不是游离于问题之外,片面思考和处理,用一句俗语概括就是"三思而后行"。我们不仅要积极融入互联网,还要善于联系。

4.5 新经济——新规则

第五次工业革命已经被提出,"互联网+"在我国兴起,计算机和通信网络正日益改变我们的生产经营和日常生活方式,新的经济形态冲击着我们的思维和思想。刘仲涛等翻译的《新经济 新规则》一书向我们提供了凯文·凯利(Kevin Kelly)的崭新观点和视角,有助于改变我们的传统意识,去应对新世界对我们的冲击。

(一)新经济是什么?

美国《商业周刊》将20世纪90年代的二次大战后罕见的美国持续性的高速度增长的经济现象,称为新经济。它是指建立在信息技术革命和制度创新基础上的经济持续增长与低通货膨胀率、低失业率并存,经济周期的阶段性特征明显淡化的一种新的经济现象,"新"是体现在其表现出与传统的"低通胀、低失业率不能同时发生"相悖的经济现象。

Kevin Kelly(下文称KK)认为:在新经济世界里计算机体积越来越小,通信交流不断增多,新经济具有全球化、注重无形事物和紧密地相互联结的特点;通信不再是经济的一小部分,通信就是经济。从而他总结出"新经济"就是关于通信的经济,正是通信变革带来社会变革,计算机芯片和通信网络的发明催生出这样一个"激活经济领域",它能够颠覆其他所有的经济领域。所以现在经济形态有的也称为"网络经济"或者称为"互联经济"(不同于互联网经济)。

新经济下,出现与以往传统市场不同的地方,KK在其《新经济 新规则》中总结出他认为能够应对当前网络经济的需要而打破常识的创新规则,以及应对当前经济变革的有效方法。

(二)KK的新经济下的新规则

由于网络经济的领先者会步步领先,商品越来越便宜,连接与关系比垄断更适应于网络经济等特征。因此,KK在《新经济 新规则》中总结了适应新经济应掌握的十个经济规则:(1)拥抱集群。去中心化。(2)回报递增。胜利连着胜利。(3)普及而非稀有。丰富产生价值。(4)追随免费之道。唯有慷慨才能在网络中胜出。(5)优先发展网络。网络繁荣带来成员繁荣。(6)不要在巅峰逗留。成功之后,回退。(7)从地点到空间,制造巨大差异。(8)和谐不在、乱流涌现。找寻失衡状态中的持续性。(9)关系技术。始于技术,成于信任。(10)机遇优于效率。与其解决问题,不如寻求机遇等。

由于网络创造了新经济秩序,因而,新经济运行挑战了我们的传统规则,KK提出应对网络经济的十大策略是:(1)蜂群比狮子重要。(2)级数比加法重要。(3)普及比稀有重要。(4)免费比利润重要。(5)网络比公司重要。(6)下山比登山重要。(7)空间比场所重要。(8)流动比平衡重要。(9)关系比产能重要。(10)机会比效率重要。

正如《尖峰杂志》编辑克里斯·米切尔推荐《新经济 新规则》时评价的"它是一部对他所

定义的'网络经济'的全局梳理,而这种'新经济'不仅会取代旧有的工业经济模式,更将变革我们的生活方式"。

(三) KK的应对新经济的具体策略

(1) 经济法则"拥抱集群。去中心化"是当前新经济形态下最普遍的一个法则。它呈现的原因是:网络即未来。一是,网络的两个要素是节点和连接。现在网络正呈现出节点越来越小,连接越来越多、越来越强的特点,从而我们的社会机制,特别是新经济机制将逐步服从于网络的逻辑,了解网络的运行方式将会是理解新经济运行的关键。二是,阐述网络运行的方式,我们正在让世界互联。任何物品能够发送少量信息并能从邻近节点接受信息,就可以将事物变成活的节点;单一功能的元件,以合适的方式连接起来,会产生奇妙的效果,即大量的单一功能聚汇可以形成智慧,这是网络运行的最可靠的运行方式;无数小东西连接而成的网络能够产生巨大的能量。

由此产生新经济与传统经济运行的原则不同:在传统经济中,完全听任最底层的摆布并不是集群效应的宗旨,需要某些来自上层的指点才能使其充分发挥效能。在企业里,领导层是监督的力量,在社会网络中,政府要尽监管的职责,而在技术网络中,要靠标准和规范。因此在传统经济中,没有来自顶层的指导和管理,自下而上的控制方式在面临很多选择的时候停滞不前,下层的广大群众会在很多选择面前丧失行动能力。而在新经济中,平等关系控制着局面,拓展底层力量的能力范围会比关注顶层的作用获得更丰厚的收益;在未来,新经济带来的巨大利益很大程度上是来自于对分权式和自治式网络的开发和利用。

所以应对"拥抱集群。去中心化"的策略:蜂群比狮子重要。一是,让技术隐形。二是,如果它不是活的,就去激活它。三是,如果它还没有互联,就让它互联,人海战术是王道。四是,传播知识,最后是尽量实时运转和尽全力做到"更多"。网络经济的游戏规则就是,去发现那些曾经以为太小而被我们忽视的事物,让他们用最合适的方式去拥抱集群。两千万台计算机构成的集群一定比两千万台独立的计算机厉害得多,应对去中心化,人海技术是王道。

(2) 关于经济规则"回报递增",应该"去中心化",而非像微软软件提供操作平台那样进行垄断。由于在工业经济中,成功是自我设限的,它遵循回报递减原理。而在网络经济中,成功是自我增强的,它遵循回报递增原理,因此,"领先者会步步领先,失去机会的会失掉全局",现实中通过华为手机与联想手机对比就可知,但格力手机这个市场新进入者,如果没有领先同业的地方,必将很快被市场淘汰。传统垄断者会肆意抬高价格并降低质量,而网络本身的内在逻辑是降低价格并提高质量;由于网络是技术性矩阵的有机行为,导致价值量随着成员关系的激增而呈现指数级增加,而且网络经济改变一切的原因之一是:在网络里,技术具备生物式生长特征。所以,在网络经济中,你不必处于中心控制地位。新经济中,中心控制只是理论上存在的一种现象,由于网络的庞杂,实际存在多元中心,每一个个体由于自身的优势有自己的"小中心",即拥有同业的领先优势,通过连接而形成一个网络经济整体。

(3) 关于经济规则"普及而非稀有",应"丰富产生价值",而非一定要占有稀缺资源。网络经济的基础是"机会的丰富",网络是一个充满各种可能性的工厂,节点数量越多越充分,网络系统越开放,价值也就会越高。所以,在网络经济中,要让商品流动起来,摒弃"物以稀为贵"的想法,通过网络最大限度地给予别人机会。实际上,给予别人机会就是一种连接,也才有机会连接更多,才能发挥网络的集聚与扩散效应,像现在的APP应用市场就是这样。

(4) 关于经济规则"追随免费之道",唯有慷慨才能在网络中胜出,而非追求利润最大化。网络使得价格不断趋于免费,网络效应加大价格下降曲线的斜率。不同于西方经济学观点,在新经济下,供给随着价格上升而下降,需求随着价格增加而上升,供需关系如图4-1所示,且由于知识和科技的同时扩张,推高需求曲线,压低供给曲线。这不同于传统供需变化的机理在于,新经济的分享特性导致垄断的不可行,以及技术的创造性毁灭成为常态。像当前电子书的价格越来越接近免费。

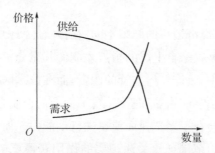

图4-1 新经济下供需关系示意图

(5) 关于经济规则"优先发展网络",是"网络繁荣带来成员繁荣"。网络正在不可逆转地颠覆全世界,要繁荣必先建设网络,工业经济中的实体制造也正不断地发生设计、生产、销售的全球化,正逐步地纳入网络。也由于信息胜过质量,所有的贸易也正向网络经济过渡,我们的世界正逐步网络化,我们应该勇敢面对,而不能拒绝或逃避。我们应该积极融入网络经济中,通过网络连接世界,革新传统,适应新经济。现在我国的"互联网+"战略,就是要通过网络技术将消费者与产品连接起来,创造更大的消费网络和生产网络。

(6) 关于经济规则"不要在巅峰逗留"中,只有"成功之后,回退",才能寻找到适合实现新目标的途径,前文中提到的山头理论就是基于这个经济法则提出的。

(7) 关于经济规则"从地点到空间","地理已死",时空不再是经济发展中的障碍。未来人们占据场所,但经济将占据越来越多的空间。传统经济中,去中介化现象突出,但在网络经济中,网络是中介的摇篮,网络技术刺激中介扩散,为大量小公司提供前所未有的利基市场。因为网络中的所有节点都是中介,所以,网络去哪,中介会跟随到哪,而且节点越多,中间人就越多。KK比照"星系自旋"现象,认为网络经济也存在自旋机理,即网络会自行产生推力,将内部物质推向外沿,内部几乎不存在任何物质,因此公司应考虑将工作外包给网络中的其他公司,我们姑且称之为"自旋理论",如图4-2所示。

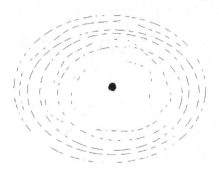

图4-2 新经济中的自旋理论示意图

虽然将看似核心业务外包,看似是去中心化,但由于自旋中存在向心力,承接的公司仍然会与发包的公司连接并且以发包公司为中心。所以,新经济中,关键看你怎么去分享和连接。现实中,像IBM把PC产品转给中国联想而专注于全球性的信息技术业务服务就是这个道理。

(8)关于经济规则"关系技术",网络经济中,经济规则的核心是增进联系,建立关系成为最主要的经济活动,通信技术和全球化将通常意义的关系转变成"超越时空、距离和形式的约束"的"超级关系"。技术是网络经济的基石,但只有关系才能使它屹然不动。新经济下"始于技术,成于信任",在关系技术下,需要我们"拥有最聪明的客户",也需要我们"让客户变得和我们一样聪明"。现实中,客户体验就非常符合这个道理。

KK的经济规则是"不要在巅峰逗留",及其应对法则是"成功之后,回退"在第一篇中已经阐述,这里就不再重复。

KK的经济规则是"机遇优于效率",及其应对法则是"与其解决问题,不如寻求机遇"。笔者认为,机会固然重要,但出现问题,不能逃避,要积极寻求解决办法,或许在新经济中办法更多,KK的放弃方法是不可取的。

总体上,由于新经济的分享经济、去垄断化、去竞争性、去实体性特点,孕育出KK所总结的新规则,网络经济趋势不可避免,我们需要改变传统观点和意识,重新思考如何运行新经济。

KK看到新经济带来的生活方式、盈利模式、思维方式的改变,给我们带来机遇和活动空间的扩展,当然我们也应该注意到新经济自身存在的问题,诸如安全、监管的缺失,以及信息不对称等,在人们面对新经济时,要防止对潜在风险认识不足。

校园内,有的学生不愿意听老师或家长的"大道理"和"说教",自诩"新新人类",对中华民族优秀传统和智慧不屑一顾,行动上特立独行,思想上自我、标新立异,但认不清新世界,不尊重客观世界,一味地与传统"割裂",但又不能真正拥有当下,所以,学校和社会经常抱怨,学生素质是"一代不如一代",当然这里也可能是社会守旧而缺乏纳新。所以,大学生不要、不必、也不能割裂"历史",因为人不能忘本,同时,不能守旧和畏缩,更要用"新规则"积极应对和拥抱未知和新世界。

4.6 世界经济思想

人的思想随着社会进步而进步,人类也因为人的思想进步而进步。经济思想并不是高深莫测的,只要我们每一个人仔细思考我们的世界,也会有新发现。我们需要了解它们,但更要注意思想会受到时代的局限。

(一) 前古典经济思想

在1776年亚当·斯密的《国富论》出版前,大约1500—1776年的经济思想被称为前古典经济思想,主要包含重商主义和重农主义。

重商主义是被用来统称公元1500—1750年期间的经济文献与经济实践,在这期间每一个人都是自己的经济学家,重商主义者试图确定推动国家权力与财富增加的最佳政策,是在世界总财富固定不变这一假设条件下着手研究的,其主要思想有:(1) 国家财富不是个人财富的加总,不鼓励消费,提倡通过同时鼓励生产、增加出口,以及抑制国内消费来增加国家财富。(2) 伴随低水平国内消费的高水平生产,使得出口增加,这样会增加国家财富和实力。(3) 为实现贸易顺差,一个国家应该通过关税、配额、补贴、税收手段来鼓励出口、限制进口;应该通过政府干预国内经济,以及通过对外贸易规则来刺激生产,应当对从国外进口的制造业产品征收保护性关税;应当鼓励进口用于制造出口产品的廉价原材料。(4) 重商主义深信货币因素而非实际因素是经济活动与经济增长的首要的决定因素,货币的充分供给对于国内与国际贸易的增长都特别重要。

1750年左右,在法国掀起了崭新而短命的一场重农主义运动。重农主义主张自然法则支配着经济体的运作;提出净产品概念,认为劳动只能生产出支付劳动成本的产品,而只有土地例外,地租是对社会净产品的一种度量。重农主义主要思想有:(1) 存在比人类所设计的任何秩序都优越的自然秩序,因此政府特有的任务是实行自由放任的政策——对事物不加干涉。(2) 经济增长的主要障碍是来自重商主义者对国内外贸易的规制政策,因此,反对重商主义的税收体制,提倡对土地征收单一税。(3) 净产品的源泉是农业,因此,主张自由放任会引起农业生产的增加,最终引致更大的经济增长。

(二) 古典经济思想

通常所说的经济学古典时期,涵盖了18世纪到19世纪的100多年的经济思想,主要有三篇文献:亚当·斯密的《国富论》(1776年),大卫·李嘉图的《政治经济学及赋税原理》(1817年),以及约翰·斯图亚特·穆勒的《政治经济学原理》(1848年)。

亚当·斯密因其《国富论》被称为现代经济学之父,《国富论》博大精深,其市场分析法奠定了今天的微观经济学,他的经济人假设、资本和资本家、资本积累、价值、相对价格等概念是对经济学的巨大贡献,亚当·斯密的经济思想无法用几点、几句话概括,在此选择几个对后世影响较深的观点:(1)劳动并不能够积累资本。劳动是生产的最大动力,有生产就有分工,分工就需要货币,因此,货币是自然交换的条件。(2)财富是产品与服务的年流量,国家财富应当按照人均指标来衡量。(3)政府应该接受自由放任的政策,自由能够实现经济体人均收入的最大增长率。(4)市场价格由供求双方决定,价格总水平能够通过黄金、白银或谷物的价格得到最好的度量。

大卫·李嘉图的主要经济思想:(1)经济学的主要目的是确定支配地主、资本家以及劳动者之间收入分配的法则。(2)劳动价值论观点——交换价值必须以使用价值为前提;价值取决于生产所必须的劳动量,而不是取决于支付给劳动者的工资。(3)地租理论——将社会作为整体看,地租并不是生产成本,但从社会个别成员看,地租就是生产成本,对农场主来说,地租是价格的决定因素,地租数量等于土地的机会成本。级差地租理论是指只有耕种较肥沃的土地,才会产生地租,质量较差的土地上是没有地租的。(4)收入分配论——收入分配状况是影响社会财富增长的关键因素。国家总收入分为工资、利润和地租三部分,资本积累来自利润。主张以降低地租的方式增加资本积累,实现财富增长。(5)国际贸易的比较优势论——对于处于绝对优势的国家,应集中力量生产优势较大的商品,处于绝对劣势的国家,应集中力量生产劣势较小的商品,即"两利取重,两害取轻"的专业分工原则。

约翰·斯图亚特·穆勒的《政治经济学原理》一方面维护亚当·斯密的自由经济理论,另一方面提出改善资本主义制度的方案,是经济学史上的第一次大综合。其主要经济思想:(1)生产规律是永恒的自然规律,是不以社会制度的改变而改变的,而分配规律是人类的制度问题,决定于社会法律、习惯以及统治者意志。(2)在价值学说上,商品价值是购买其他商品的一般能力,价格是表示商品与货币相联系的价值,价值分自然价值和市场价值。市场价值由市场供求关系决定,自然价值取决于生产费用。(3)在分配论上,短期内,工资决定于劳动市场上的供求关系,长期看,工资由工人最低生活资料的价值决定;利息是资本家节制的报酬,地租是优等土地收获超过劣等土地收获的部分,是使用土地的代价。(4)在国际贸易理论上,国际价值由供给和需求法则决定,生产费用决定商品价值的法则制约国际间商品交换比例的上限和下限。(5)主张政府适当干预。

这里不得不多说一句,马克思的政治经济学是在继承与批判的基础上,对黑格尔哲学、法国空想社会主义和古典经济学的结合发展。

(三)新古典经济思想

一般认为,新古典经济学兴起于古典经济学的终结年份(1870年),因"边际革命"而在分析方法上与古典经济学分道扬镳。它自身的终结年份通常被认为是第一次世界大战开始的1914年,或最晚结束于1930年,1929—1933年的经济大危机宣告了新古典经济学的破产。

早期新古典经济学认为,商品的边际效用决定消费者愿意接受的商品价格和商品价值,这是一种主观的边际效用价值理论。

第一代新古典派经济学(Neoclassical Economics):继承古典经济学经济自由的同时,以边际效用价值论代替了古典经济学的劳动价值论,以需求为核心的分析代替了古典经济学以供给为核心的分析;新古典派经济学第二代(New Classical Economics)(始于20世纪70年代):对以往新古典派经济学(Neoclassical Economics)进行细化,以理性预期和自然失业率为假设条件,主张市场经济能自动解决失业、不景气等问题,而政府主导的稳定政策没有任何效果,并认为失业和通货膨胀的两难问题,不仅长期不存在,短期也不存在。始于20世纪80年代的新兴古典经济学(New Classical Economics),以现代分析工具复活古典经济学,将分工和专业化的经济思想,换成决策和均衡模型来进行分析。

(四) 西方现代经济学

与新古典经济学比较,西方现代经济学痴迷运用多重均衡模型,甚至没有均衡的动态模型。西方现代经济学运用现代技术工具,利用数理和实证经济学等革命方法,以及经济学新范式,使得经济学发展呈百花齐放、百家争鸣的繁荣景象。

4.7　我国古代经济思想

"平心而论,中国先哲之经济名论,产生虽早,进步固缓,如果十分发达,中国经济思想史,早在世界经济思想中占有一重要之位置矣",这是我国著名经济学家唐庆增(1902—1972)对中国古代经济思想的一点感叹。他也列出导致中国经济思想在思想方面不发达的原因有:(1)人生哲学与健全经济思想冲突。如天命说和消极主义等否定人的创造力。(2)重视农业过甚。(3)蔑视工商二业过甚。中国历代,以农立国,思想家和政治家无不以农业为首倡。(4)中国经济思想常夹杂有伦理色彩,评价经济活动常以伦理为标准,而非经济的。(5)佛教输入影响。佛教的清净虚无,以及不生产而食于人,阻碍健全经济思想发展。(6)经济定义混淆。

我国古代"经济"初指食货之意,明清以后为"经世济民"之意。唐庆增继续列出在事实方面阻碍中国经济思想发展的原因有:(1)经济事物简单而致发展缓慢。工业不发达,交通不发达,以及"海禁"之前商业多与"僿野民族"交往,无重要进步可言。(2)国家地势阻隔,与西方经济学无接触。(3)历代政府失著。(4)中国历史上政治纷乱。(5)公私经济不分。(6)在中国民族特性方面,有喜保守秘密、喜墨守成规、喜侥幸赌博(计谋之意)等缺点。(7)社会组织发展不健全,中国社会向以家庭为单位,个人主义、社会组织无充分发展。(8)中国读书方法缺乏批判、创新,囿于古籍、名言。(9)中国著书方法不利于经济思想发展与传播。(10)佳书散佚。

事实上,我国经济思想产生很早,如《史记·货殖列传》云:"夫神农以前,吾不知已。至若《诗》《书》所述虞、夏以来,耳目欲极声色之好,口欲穷刍豢之味,身安逸乐而心夸矜势能之荣。使俗之渐民久矣,虽户说以眇论,终不能化。"早就表现出经济学之主要目的:口之于味,目之于色。之所以没有形成相较于今的发达经济思想,主要受限于经济制度和经济条件。在农业经济社会下,春秋战国时期,形成了百家争鸣的经济思想,相对于当时的条件,经济思想已经非常发达,并且奠定了以后各时期经济思想发展之源泉,所以,不能称谓我国经济思想不发达,只是缺乏集大成者,使之系统化;不称谓我国经济思想发达,是因为我国经济思想没有形成现代的西方经济学研究范式,没有在市场机制内研究经济学。

我国古代经济学是从道德和伦理角度对经济的探讨,相关分析受到当时的社会制度结构和经济发展水平的影响。在当时的经济制度和经济发展水平下能够允许追求私利的个人自由运作,而且有能力进行自我调节。

在农业经济社会,其生产要素是土地、劳动,另外资本、技术两个生产要素根本不值一提。土地在我国历史上直到清朝都处于不断"垦荒"的过程中,因此,在我国农业经济社会中,劳动就成为唯一的可变的生产投入要素,如何发展经济就成为如何管理人的经济学。用"经邦济世"思想建立普世价值观,不仅有利于统治者管理国家,还可以在生产上极大促进生产。所以,中国古代的经济学,微观上是关于"人"发展的经济学,宏观上是关于农业、税赋、财政、货币等的经济学。下面介绍我国春秋战国时期的经济思想,它们是我国经济思想发展的源泉。

(一) 儒家说

儒家提倡秩序的伦理社会体系,该体系调节所有自然和社会现象。在儒家社会里,人们之间的责任是相互的,国家是按照伦理标准和被传说的圣人编成法典的规则建立的,并由人通过道德影响而非法律。在孔子的等级社会中,每个人都发挥唯一作用,只要每个人都理解并发挥其作用就能带来社会和谐。

孔子:人要重道德养成,不当受外物之引诱,故"君子食无求饱,居无求安""君子谋道不谋食,……,忧道不忧贫",但非绝欲;"富贵可求也,虽执鞭之士,吾亦为之,如不可求,从吾所好",故"不义而富且贵,于我如浮云",即富贵可求,但以治世为限。

"君子喻于义,小人喻于利",是主张利有大小之分,前者(非伤害及个人仁义道德之利)应提倡,后者应反对;平民应当注意经济,士人当注重仁义。倡导政府"道千乘之国,敬事而信,节用而爱人,使民以时",量入为出,不伤财、不害民。同时敛税于土地,但倡轻税,藏富于民,且"不患寡而患不均"。

孟子:孟子的利、俭与富民思想与孔子一脉相承,但其处于战国时代,政治愈乱,诸侯相互战争。孟子提出自己的经济思想:因"养小以而失大",应寡欲;国家能够"乐民之乐者,民亦乐其乐,忧民之忧者,民亦忧其忧",而天下为公,万民皆得其利益;从恒产、重农、井田、薄敛、荒政、劳民、保商等富民政策,亦提出"无君子莫治野人,无野人莫养君子""人有不为也,而后可以有为"的分工思想,以及"善政民畏之,善教民爱之""谨庠序之教,申之以孝悌之义"的教育,可以使国家强盛。

荀子:秉守孔孟富民政策,但其能放胆言之,补充孔孟思想。提出政府应当将人民之阶级、严格划分,使人人各安其业,各发展其才能的专业分工思想;重农兴商,用人力以利用自然界(人定胜天);"人心本恶"必对民施以教育,"不富无以养民情,不教无以理民性,……立大学、设庠序,修六体,明十教"。

(二)道教说

老子:老子是孔子之师,孔子曾见老子,并受告诫,老子思想深刻影响孔子思想,特别是老子的修身养性得到孔子的继承与发扬。老子的5 000余字的《道德经》是对自然万物、人生、社会等方面进行观察后所作的哲学思考,体现他的人生观和自然观。《道德经》内容涉及政治学、军事学、伦理学、科学、宗教等诸多领域,被称为"万经之王",该书的核心是"道",即天地万物的本原,它化生主宰着天地万物。而道的特点是无、低、谷、柔、弱、和,人要何时都要保持本性,这样才能不离根本;要顺道,才能获得大道。故老子经济思想倾向于理想,但涉及社会改进不足。

然唐庆增却认为老子的经济思想是带有消极厌世、愤世嫉俗色彩,"盖无一不与经济思想进步发展之途径背道而驰,其经济思想有其哲学为基础,殆无不自有哲学为根据":诸如主张完全禁绝欲望,生活崇俭斥奢,返璞归真;官吏过多,为乱世根源;工艺发展为人民浮华之根本。事实上,从如何做人做事来说,老子追求的是"人道宜遵循天道",人需要掌握了道并遵循道才可以发展,掌握了"道"才可以具备道德精神,以及修身齐家治国等方略,而非一种消极厌世的思想。

庄子:庄子继承老子的无为哲学基础,提倡政府放任主义。庄子的理想人生当是"恬淡寂寞,虚无无为""虚静恬淡,寂寞无为""静则无为,无为也则任事者责也"。庄子的理想社会是:社会经济生活简单,物质文明消灭至最低限度,与自然接近,人民愚朴,欲望减少,达到"至德之世,建德之国"的状态。

(三)墨家说

墨子:墨子生于周定王初年,大约与儒家之子子思同时代,其经济思想与儒家比较,目的相同,即都主张均富。但他把儒家没有论及现存的混乱和困境看作是儒家思想的漏洞,他要像儒家一样,在现存的专制制度下追求促进经济和谐和福利,但方法上不同。墨子以兼爱和交利为出发点,以节用为中心,经济活动以是否"加于民利"为标准,形成墨家经济思想。但也有其独到的经济思想:(1)与儒道不同,主张人定胜天。"今天下之士君子,忠实欲天下之富而恶其贫,欲天下之治而恶其乱,执有命者之言,不可不非,此天下之大害也。""命富则富,命贫则贫,命众则众,命寡则寡,命治则治,命乱则乱,命寿则寿,命夭则夭,命虽强劲,何益哉?"利用劳力,勤劳始能有所创造,达到国富民强。(2)主张实用而节俭、节葬、非乐。"多以裘褐为衣,以跂蹻为服,日夜不休,以自苦为极"。(3)主交利,更主兼爱。"不独利己,抑且利人"。(4)关于分工,不仅进行职业分工,即各人择一专业,而且还可以进行分工制度,工人须有相当训练,以增强本人之能力。

(四)法家说

与儒、道、墨家相比,管子的经济理论较纯粹详尽,为纯粹经济学,也被西方公认为早期前古典经济学理论。《管子》的地位相当于西方亚当·斯密的《国富论》,管子的经济思想是一种富国政策,治国如不能将民生问题解决,则他事皆无从置办,盖时环境之出产物,盖当时中国各种经济制度新旧交替。

管子:"仓廪实而知礼节,衣食足而知荣辱"是管仲经济思想的纲领,政府与人民的关系是纯粹为经济的,趋利为人民,政府最重要的职务是富国、利民。管仲反对孔子的非集权、道德劝告和个人道德的方法,主张集中化的国家权力和管理的法律机制。与儒道节欲不同,管仲认为"人惰而侈则贫,力而俭则富""俭则伤事,侈则伤货"。管子的重农、重商、货币学说、财政学说(包括盐铁论)为时代革新之经济理论,尤其是他的轻重理论可以被视为现代的供给—需求理论的预言,另外其盐铁论更是开创古代经济思想的新纪元。

管仲的轻重说:当一种产品充裕时,它就变"轻"了,其价格将下跌。但产品被"锁藏"时,它就变"重"了,其价格就上涨。产品依据他们的"轻重"程度移进或移出市场,具有明确的运动趋势,即朝一个均衡价格运动。

管仲的盐铁论:盐为生活之必用品,为无伸缩力的,为用既广,故政府专利。盐为官业,禁民之私煮,由政府煮成后,增价专卖,更运至他国,赖是获利,为国收入。于铁,则是人民采用原料者,课以税,利率为君得三而民得七。

韩非子:荀子的学生,遵循老师的看法——人基本是受自私自利的动机驱使的。因此他认为,社会秩序和经济进步只能通过严格的、集中化的奖惩管理而实现。不过他的利己观是:由于人的自私自利之心,故一切行为,不为名则为利,动机皆非纯正,这与亚当·斯密的利己不同。由于人类的利己心,当御之以法,做到"法不阿贵,绳不挠曲,法之所加,智者弗能辞,勇者弗敢争""奉法者强则国强,奉法者弱则国弱"。韩非子志在救垂亡之韩国,故采取极端实用主义:社会纷争,是由于财富太少不敷分配的原因,所以,他认为人民财用足,则流于骄奢,不肯务俭,抑且怠惰不愿力作,倘政府不用足民政策,则人民采用不足,不能不刻苦勤俭,努力工作。

前一节与本节的经济思想不是什么特别的东西,是对现实的思考,是为解决现实问题提出的理论和方法,西方资产阶级经济思想是为资产阶级辩护和维护资产阶级利益的思想体系,我国古代的经济思想是对自然社会的思考和维护帝王将相和国家安定与发展的主张和思想,这就是东西方经济思想的主要差别,我们常人专注于现实问题解决,同样可以达到一定理论高度,也能够实现为国为民的理想抱负。

4.8 规模经济——生活经济学

前面了解了经济理论,希望能够做一个真正的理性人,对自己的行为负责。以身边经济学作为本章总结,期望能够用经济思维思考世界,处理各种事物。

在当前世界互联互通、非中心化状态,比传统更容易产生规模经济。规模经济又称规模效应,即因规模增大带来经济效益提高,即生产要达到或超过盈亏平衡点,即规模效益。它是根据边际成本递减推导出来的,也就是说企业的成本包括固定成本和变动成本,在生产规模扩大后,变动成本同比例增加而固定成本不增加,所以单位产品成本就会下降,企业的销售利润率就会上升。但是规模过大可能产生信息传递速度慢且造成信息失真、管理官僚化等内耗增大的弊端,反而产生"规模不经济"。

在没有高新技术的前提下,产品没有竞争力,靠规模效应、降低成本、走价格竞争路线仍然可以扩大产品的市场份额,保持企业发展。但没有核心竞争力的产品,注定不会长期维持规模经济,因为会受到其他竞争对手的竞争,必将最后无利可图。因此,只有依靠科技进步,不断开发出适销对路、满足市场需求的优质新产品,才是企业发展的关键。

所以,我们身边好多繁荣的经济现象注定是"昙花一现",但也会出现新的经济现象。

(一) 网红经济

网红经济,也可以称为粉丝经济,是指依托互联网特别是移动互联网传播及其社交平台推广,通过大量聚集社会关注度,形成庞大的粉丝和定向营销市场,并围绕网红 IP (Intellectual Property)衍生出消费市场,最终形成完整的网红产业链条的一种新经济模式。

网红,狭义的解释,即网络红人,是指在现实或者网络生活中因为某个事件或者某个行为而被网民关注而走红的人。广义的解释,是在社会网络中具有较高知名度或曝光率,能够被社会公众所区别的人或事物。但网红有时效性,以及迎合特定群体心理满足的需求等特点。

网红经济不存在实体市场的边界束缚,营销市场广泛,消费群体可以按几何级增长。但网红不一定形成网红经济,首先,网红主观上有获取经济利益的目的,如,网红直播卖货。其次,需要有变现的载体和渠道,如打赏。还有,需要营销手段维护流量。

网红经济实质是透支网红信用,一旦出现负面因素,由于网络力量的强大或者网络暴力,网红经济可能瞬间坍塌。

现实中,像各种选秀比赛、综艺娱乐等也都具有网红经济的本质:首先有博取眼球的故事或悬疑,其次是通过营销团队进行专业推广,形成线上线下流量,最后相关方收益。但很多类型的粉丝,只注意到网红的靓丽一面,往往看不到背后的辛酸和付出。另外,我国的粉丝经济的发展,导致偶像的身价暴涨,更激发网红经济或粉丝经济的恶性发展,腐蚀青年人的价值观。

(二) 考试经济

考试经济是以考试为中心的产业链构成的市场经济的一个细分市场。考试市场中,考试链上游是主办考试部门及相关组织机构,考试链下游是服务考试部门或组织机构,考试链中间是组织考试单位、考生及考生家长或考生所在单位。考试链的上游负责考试规则、规章制定,负责设置考试范围、考试形式,以及考试内容设计,同时,获得主办考试部门的资金支持,以及收取考试组织服务费用。考试链下游为考试服务,即考试培训,提供考试相关产品,诸如,学习资料、学习用品、器材、工具,健脑提神等提高学习效果的营养品等。

有的考试不是必然形成考试经济，能够形成考试经济的必须具备如下条件：(1) 考试具有社会客观存在，且必须具有评比或选拔性质；(2) 成绩高低存在期望利益不同，否则考生不一定要努力考试提高成绩；(3) 参加考试人数具有相当规模；(4) 参加考试的考生的偏好，希望通过培训提高考试成绩；(5) 人们的收入水平提高。

由于我国人口众多，任何一种考试都可以形成考试经济。从小学到中学的升学考试，甚至平常的期中、期末考试，以及成人的各种国家性、行业性的各种资格认证、能力水平评价考试等，都存在考试市场。

在中小学各种考试能够形成考试市场的原因有：(1) 教育资源不平衡是主因。(2) 高校的优质资源过度集中，诸如北大、清华的毕业生从各方面都比其他高校毕业生有更广阔的前景，这样，升学的压力逐层往下传递，导致高考以下的各种考试都带有一定的选拔性质。(3) 中国传统文化积淀，每个家庭把"望子成龙、望女成凤"作为教育的终极目标，而不是遵从人的成长规律，将培养成人作为首要目标；不是依据个人特点，因势利导，而是一种自私行为。(4) 考试链下游的兴风作浪，推波助澜。考试培训服务已经成为一种产业，鼓吹"孩子不能输在起跑线"，他们从不解释什么是"起跑线"；各种提高成绩的"保证"，各种对比伤害，鼓励参加考试、辅导培训服务。还有重要一点，不爱学习的考生存在，以及政府引导与管理不充分，提供了考试市场发展的土壤。

关于"起跑线"流行的原因：(1) 在入学之前就决定了不同孩子的起跑线，不仅是教育投入，更重要的是家庭的学习环境和氛围；(2) 考试经济下，形成的社会思潮起到推波助澜的作用，这是羊群效应（即从众效应）：不能输在起跑线。这里还可以用经济学的"囚徒困境"（囚徒困境是指两个共谋犯罪的人被关入监狱，不能互相沟通。如果两个人都不揭发对方，则由于证据不确定，罪行较轻；若一人揭发，而另一人沉默，则揭发者因为立功而立即获释，沉默者因不合作而判刑非常重；若互相揭发，则因证据确实，二者都判刑较重。由于囚徒无法信任对方，因此倾向于互相揭发，而不是同守沉默，最终两人都获刑较重）原理解释，大家都认为别人参加辅导班，而自己孩子不参加辅导班必将落后，所以，最终大家都要给孩子报辅导班。

在各种成人考试中，促成考试经济形成的有如下几类因素：(1) 用人单位的证书歧视。证书是一种门槛，可能导致收入与待遇的差别。(2) 公共部门引导或要求，不同部门设立的大学生四六级、计算机等级考试、注册会计师、建造师、国家司法考试、教师资格证等社会考试，导致参加考试拿证书是一种市场趋势，还有很多是行业部门为了部门的一点收益组织的大量能力评价考试，诸如，理货人员从业资格、公路水运工程试验检测人员资格、机械工业质量管理咨询师、出入境检验检疫报检员资格、保荐代表人资格、金融理财师、中国职业经理人、内部审计人员岗位资格等已经被政府取消的几百个专业技术人员职业资格许可和认定事项，目前仍然存在大量社会考试，如果没有取消，社会考试经济规模更庞大。

一些成为就业或市场活力障碍的社会资格证考试被取消，是向市场下放权力，让权于市场，但余下的社会考试仍然存在，有公共部门舍不得放弃自身相关利益，以及各种辅导班组织者的收益的推波助澜,除了权威考试之外,其他社会考试被相关利益者办成了"鸡肋"。

社会考试被相关利益者办成了"鸡肋",既有社会原因,更多是大学生自身原因,一是将考试寄托在培训上,二是将证书作为目的,而不是以提高职业或专业能力为目的。曾有网络报道某大学学生四年准备了四十多本资格证书,结果找工作时,仍然较困难,这只能说明该学生考试能力强,学习能力未必强,更不能保证专业能力和职业能力。也有很多拥有大学英语四级或六级证书的,在人才市场招聘时经受不住企业能力考核而被企业拒绝。

(三) 假日经济

1999年9月,随着我国国民经济的发展,人民生活水平的提高,国家在经过一段时间的双休日的试行后,决定增加广大劳动者的休闲时间,将"春节""五一劳动节""十一国庆节"三个中国人民生活中最重要的节日的休息时间延长为7天,于是"黄金周"的概念应运而生,假日经济也伴随而来。

假日经济(Holiday Economy)是指人们利用节假日集中购物、集中消费的行为,是带动供给、带动市场、带动经济发展的一种系统经济模式。随着假日经济发展,各地政府围绕假日经济开展物质层面到精神层面价值的各种节日,不仅带来商业和旅游业的繁荣,也逐步带动文化产业发展。

假日经济的产生正是由于我国人口众多,也因为人口众多而带来越来越大的弊端。广大消费者"一拥而上",造成了公园、景点、名胜古迹"人满为患",对名山、秀水、风景名胜"怨声载道",交通、住宿、旅行社"异常爆满",也伴随消费投诉异常增加。特别是2012年交通运输部正式出台春节、清明节、劳动节、国庆节四个国家法定节假日公路免费通行政策后,导致假日经济的弊端达到顶峰:假日出行必堵。造成这种情况的主要原因有三:人口多;人们工作没有集中休息时间(有制度没有执行),只能在"假日"出行;人们收入水平提高,精神层面需求增长。

从"假日经济"演化出"节日经济",不论是中国节日还是外国节日,在人们的观念中都已经形成定式,比如,情人节的玫瑰、圣诞节的苹果、天猫"双11"的狂欢购物,以及诸多"周年庆"等,商家都在节日赚得钵盈盆满的。2019天猫"双11"的一天成交额为2 684亿人民币,相当于2017年世界GDP排名88位阿塞拜疆的GDP总量!

在"节日经济"中,更多的是"冲动经济",是"剁手党""冲动族"在节日中的盲动、盲从,失去消费理性,当然,也有不少人是得到消费满足。

假日经济虽然短期火爆。但从长期来说,仍然会趋于平静,因为,诚实和理性是假日经济良性发展的重要基石。

(四) 共享经济

共享经济是指以获得一定报酬为主要目的,基于陌生人且存在物品使用权暂时转移的一种商业模式。

共享经济是指依靠现代信息网络技术建立起共享平台,对社会资源进行分享、利用和整合,以提高资源配置效率。由于信息不对称,从而经济资源配置不充分,通过规模效应保证经济资源共享。但是共享经济不是分享经济,因为共享是"共同同时使用"。

管理学大师彼得·德鲁克指出,未来经济的竞争,不再是产品和服务,而是商业模式和平台的竞争。共享经济可以最大限度地实现全球资源的分享、利用和整合。共享经济是大趋势,也是信息时代进入新阶段后展现的历史性机遇。

风光一时的"共享单车",经过市场淘汰,共享单车企业由最多的70多家,到2019年形成哈罗、美团、ofo(正面临被并购)等寡头垄断的局面。

共享单车企业成立,应用互联网思维(即在移动互联、互联网+、大数据、云计算等科技不断发展的背景下,对市场、用户、产品、企业价值链乃至对整个商业生态进行重新审视的思考方式),经过风投投资,烧钱培养消费者需求,然后收费的三个阶段的运用模式。共享单车本是很好的创意,却形成这个局面,是企业成立之初犯了几个致命错误:(1) 忽略了政府干预。(2) 时机不佳,共享单车的运用应该建立在消费者高素质(消费者能够将车当成自有物品爱护)基础之上,然而,事实是恰恰相反,政府的提前干预,也就是基于这个后果。(3) 目的不纯。由于消费群体庞大,以较小的押金,获得巨大的资金沉淀,以押金套取短期金融利益。因此,只要当企业退押金难时,很快就遭到市场的抛弃。

因此,共享经济既要大家参与,更要与人分享,不仅与参与者分享,还要与社会分享。共而不享,则必走向消亡。"共"是实现规模经济,"享"是保证。在我们日常的学习工作中,这个道理同样最重要。

规模经济可以形成各种经济模式,但新技术和互联经济,也诞生很多细分市场,由于互联和物联技术发展,再小的细分市场都可能形成规模经济,这是大学生创业思路之一,比如,目前新兴的直播带货,薇娅的一个直播间可以销售百亿规模商品。大学生应该在4年中进行思维、知识、方法论的积累,为未来人生打下坚实基础。

4.9 关于经济思维的调查

(一) 世界是普遍联系的,联系的本质是利益的联系。以大学生个人为例,说出个人与外界联系的有哪些,为什么?请分别用一句话概括列明。

该问题考查同学们的经济思维水平。个人是各种利益关系网的节点,人的各种需要是这个网中的节,只有与他人(或由他人组成的组织、团体)交换,人的物质和非物质需要才能得到满足,这里人与人之间的利益交换,不完全是经济利益,还包括其他各种形式的利益。所以,培养经济思维,掌握利益分析法,有助于我们思考、分析所接触的世界。

参与调查的经济类专业的50多位同学,80%的都是泛泛而谈,缺乏具体,解释不能切中要害,且不少存在"跑题",比如,这个回答"个人与自然环境的联系,个人与经济的联系。个人与自然环境相互独立相互联系又相互影响",当一个人要欣赏或消费自然环境,必然与他人(可能包括交通、旅游以及其他个人)联系,这样他们之间存在经济利益关系,而不是"人与自然关系",当然也可能是题目本身存在歧义的地方,导致"跑题"。所以,看出同学们的思维能力,缺乏经济思维,缺乏对题目的理解,忽略题目的暗示条件,没有想"出题人目的是什么",同学们是为答题而答题。像"亲情,友情,爱情,因为人是情感动物""有手机,因为现在人们获取外界信息最直接的方式就是通过手机""大学生通过在学校学习知识,为外界工作带来社会进步"的这些回答,是形似神不似。以下是摘录的代表性回答,未必恰当,没作删减,仅供读者参阅。

代表性回答1 消费行为:通过智能消费与外界进行联系并获得自己所需的物品;社会问题:对待社会不断变化的事物,我们会通过与外界之间的联系进行判断分析,从而增强自己的社会意识。

代表性回答2 大学生个人融入学校融入社会,是各种关系的总和,和身边同学甚至陌生人都实际上是利益关系,对他们来说亦是如此。

代表性回答3 知识摄取与提供劳务,大学生基本要务为学习新的知识,丰富自身并向需求单位提供专业服务。

代表性回答4 (1)兼职,凭己赚取生活费或者零用钱;(2)竞赛,通过这个取得成果,提高自己的能力;(3)采购,满足自己的生存生活需求。

代表性回答5 人:学校里面的学生、老师、朋友、同学,因为在现实生活中,人际交往是必不可少的一部分。事:在现代社会中,每个人都要面对各种各样的事情,并对这些事情进行分析处理;大学生要进行学习,提高自我。物:人的生活离不开物品,手机、电脑、食物等都属于物品,物和人的联系也很密切,就比如每天都要在学校里面吃饭,休息;自我与外部。

代表性回答6 为了生存需要去食堂买饭吃。

代表性回答7 个人与外界有交易关系,大学生在学校中会买食物,学校给予,存在交易关系。

代表性回答8 快递、外卖与大学生购物、饮食息息相关。

代表性回答9 联系:小至衣食住行,大至担当货币流通过程中的一个角色。原因:通过思想、行为、货币等因素实现利人益己的双向活动。

代表性回答10 (1)我们交了学费才能在学校里上课,同时老师们也是用工资聘请回来的,没有学费的联系,我们就不会有联系。(2)我们在学校认识的朋友们都是因为共同爱好或为了不再孤单有可以联系的对象而一起玩,当没有共同话题和利益的时候大家就自觉地不会再联系。

(二)当前时代颠覆了我们哪些传统观点?请用一句话解释原因。

该问题考查同学们对当前市场经济、新经济等对社会影响的了解情况,参与调查的50多位同学,回答是潜意识、感官式的,而非思考、理性式回答。80%的回答是关于感官感受的,或琐碎生活中道听途说的,比如,被认为颠覆的观点有:多子多福、男尊女卑、消费观、手机、网购、网课等,有的人紧扣"当前时代"也就是电商、智能化、科技为主,涉及我们深层次、思想、思维变化的基本没有。说明同学们的思考都是表象,"现象就是结论",更谈不上对当前世界的深入思考,反映专业知识方面的也没有。

世界比以往任何时候变化(或称为变革)都快,从生活方式、思考方法、思维方式等方面影响我们,其中原因是科学技术以及工具的发展,变革手段是创新。社会技术水平、经济水平,特别是人的"财富自由"等极大改变了我们的传统认知。在颠覆传统过程中,新与旧的变化中,蕴含人生转变的机会,关键是我们的思维、思想不能停留在传统,要能够识别各种机会,否则,我们就永远受到传统的束缚,不得成长与进步。以下是摘录的同学们代表性回答,总结未必准确,没作删减,仅供读者参阅。

代表性回答1　手机颠覆了从前车马很慢、信件很慢的观点,它加速信息传递。

代表性回答2　电商模式颠覆了线下零售货物的传统观点。

代表性回答3　物联网对行业不断重塑,我们需要的是稳定的能力,而不是稳定的工作。

代表性回答4　互联网时代的到来,网购、外卖等活动,互联网+等;科学技术的迅速发展。

代表性回答5　互联网联系了世界,加强了人与人之间的联系。

代表性回答6　支付方面,有支付宝和微信;出行方面,有各种适合出行的App,出行变得更加快捷;云端服务,移动办公更快捷。

代表性回答7　新的教育模式、新的服务模式等打破了传统的模式。原因:互联网的快速发展,使各行各业联系在了一起,打破了传统的"各自为政"。

代表性回答8　跨境电商,线上买菜。跨境电商就是各个国家之间的居民可以无障碍地进行购买各个国家的商品;线上买菜就是可以手机点单购买蔬菜水果,再由专门的配送人员送货上门。

代表性回答9　互联网将我们彼此的距离变得更近,颠覆了传统的时间空间观念,互联网通过改善和便利生活影响我们的生活。

代表性回答10　个人在社会中的影响程度、经济生产能力;个人通过自媒体上传视频,配合政策和实时热点,能够在短时间内创造较高的经济效益。

(三) 互联网从哪些方面通过什么途径或方式影响我们的?请尽量一句话概括说明。

该问题考查同学们对互联网的认识,重点要回答互联网影响我们的途径或方式,而不是影响我们的结果。参与回答的50多位同学,80%的都回答了互联网对我们产生了哪些影响,而没有回答是如何影响我们的。如同学们回答,"工作,生活,娱乐等多个方面""支付宝、网购、滴滴打车等改变了我们的支付方式,使生活便利""互联网通过大众传媒,加快信息流通速度,降低人们获得消息的门槛""办公互联网化,沟通互联网化,金钱交易信息化,购物互联网化"。我们面对变化的世界,面对影响我们的事物,仍然无动于衷,认识不到其对我们的思想、思考、行为产生颠覆影响,必将落后于时代。回答不够令人满意的原因大概是:同学们懒于思考、懒于改变,因为革命自身,一般人是做不到的,只有在真正危机发生时,才会意识到要革命自身。以下是摘录同学们的代表性回答,分析未必正确,没作删减,仅供读者参阅。

代表性回答1　打破了信息的时空壁垒。

代表性回答2　互联网影响我们的行为习惯以及生活方式。比如说网购、外卖等。

代表性回答3　电子商务通过互联网走进了我们的生活,使生活更便捷。互联网使信息传播更快了。

代表性回答4　从社交媒体深度捆绑我们与他人的联系,从短视频切割我们的闲散时间,从大数据算法了解我们的喜好并进行推送甚至最终塑造我们的性格行为习惯。

代表性回答5　互联网信息透明化,大众化。通过网络分享生活经验和知识等,人们足不出户就能满足日常学习生活,如上网课、学做菜等。

代表性回答6　以大数据统计为主要运用的方式,互联网技术搜集与分析个人数据,推送个性化服务,在交通、饮食、住宿、社交提供更"贴心"的体验。

代表性回答7　互联网从最开始的搜索引擎到各个平台,从文字到视频推广都在影响着我们,消除了信息壁垒,扩大了我们的交友圈,丰富了我们的业余生活,同时也大大提高了我们的工作学习效率。

代表性回答8　互联网知识收费,原因:让我强烈感受到"知识是宝贵的财富"这句话。

代表性回答9　互联网通过信息获取方式的改变,购买方式的改变,支付方式的改变,教育方式的改变,娱乐休闲方式的改变影响我们。

代表性回答10　在网络上你说话可以不用负责,人心就会变得膨胀。在网络上极其容易受到其他人的影响,你会不由自主地从众。

(四) 你个人最支持什么经济思想?可以查阅"世界经济思想",并请用一句话概括原因。

该问题考查同学对经济思想的兴趣和认识,虽然参与调查的50多位同学属于应用经济学专业的学生,学习过西方经济理论,但基本上大家支持的经济思想没有超出课程中涉及的亚当·斯密的自由经济思想、凯恩斯的国家干预经济思想,个别同学提到"经济全球化""要素禀赋论""重商主义""马斯洛需要层次理论""李嘉图比较优势说",说明同学们没有进一步了解最新经济理论,也就缺乏对当前社会、世界经济热点、经济发展的思考与探索。还有个别同学回答到"中国特色社会主义经济思想,我们要在党的领导下,观大势,谋全局,干实事""我最支持马克思主义政治经济学,因为日后将面对资本的剥削"等。

经济理论本无优劣之分,它们都是在特定历史条件下解决特定问题而提出的,我们不能迷信,机械照搬其结论,但它们对现实有借鉴和参考作用,因此我们要注意活用经济理论,比如亚当·斯密的自由经济思想是在旧的世界制度和帝国主义强权下的自由,而当前我国提出的自由经济,是在和平共处、共赢、互不干涉内政下的一种新的自由经济。我们多学习和了解经济理论,特别是最新的经济理论,对我们思考和解决现实问题有积极意义,有助于我们拓展我们思考世界的方法和角度。所以,我们要多学习和了解世界经济思想。以下是摘录同学们的代表性回答,分析未必正确,没作删减,仅供读者参阅。

代表性回答1　亚当·斯密的自由主义。自由经营,自由竞争,自由贸易。

代表性回答2 市场:"无形的手"和政府"有形的手"相结合。只有这样才能最大效力对市场进行有效的宏观调控,调控市场经济的发展。

代表性回答3 凯恩斯主义。政府对经济进行宏观调控,扩大投资,刺激消费,振兴经济。

代表性回答4 习近平新时代中国特色社会主义经济思想,走适合中国的发展道路,才能使得本国经济发展,繁荣富强。

代表性回答5 政府要减少对经济的管制,为企业减税,促进企业创新,增加供给,创造需求。

代表性回答6 经济全球化。经济全球化给世界各国的经济发展都带来很多的好处,让世界经济都繁荣发展,各国之间互帮互助、互通互融、不断发展。

代表性回答7 可持续发展的经济思想。可持续发展战略能够更合理地利用资源创造更多的发展空间,更有助于提高综合国力。

代表性回答8 最支持中国改革开放时期,邓小平爷爷以民间谚语"不管黑猫白猫,抓到耗子就是好猫"指出中国经济发展的方向——社会主义市场经济的经济思想,同时放在我们个人的学习生活中,也是一个道理,适合别人的不一定适合自己,要找到适合自己的学习方法。

代表性回答9 "绿水青山就是金山银山"——短短几个字就融合了人与自然和谐共生的循环。

代表性回答10 我个人最支持的是,政府要扮演的是"守夜人"的角色,经济发展主要靠市场、竞争和企业家的责任。因为市场拥有自己的秩序,在一定程度上市场是一个自成体系的世界,不需要过多的干预,只需要在脱轨等事项上进行干预。

(五)知识经济是如何影响我们的?请概括性说明。

该问题考查同学们对知识经济的了解情况。知识经济是关于知识生产、传播和使用的经济形式,是现代社会第三产业主要经济成分,它对社会就业影响较大,对个人的知识获取和学习能力要求较高,因为,靠出体力赚钱的机会大大降低,但靠知识赚钱的机会大大增加。知识经济下,读书和文凭不是最重要的,重要的是能够生产新知识、使用新知识,即我们要能够达到"who"知识水平层次。

参与调查的 50 位同学都没有认识到这个方面,这个理论于 20 世纪 80 年代末在美国提出,与当前新经济共同影响我们,但因新经济影响较大而容易被人忽略。以下是摘录同学们的代表性回答,认识未必正确,没作删减,仅供读者参阅。

代表性回答1 知识经济是一种以现代科技知识为基础,以信息产业为核心的经济类型。促进人与自然持续、协调的发展经济。

代表性回答2 知识经济给社会发展注入更大的活力和际遇,所以要推进知识创新、技术创新和体制创新,提高全社会创新意识和国家创新能力。

代表性回答3 为我们提供了更优质的"无形"消费品和生产工具,不断影响我们在生活与工作学习中知识的传输和变现,促进着未来的经济和科技发展。

代表性回答4 突破原先的就业框架,有更多的非劳动生产力的工作岗位产生,树立终身学习的意识,不断更新知识和技能,在新的众多就业岗位中找到一个适合自己的岗位。

代表性回答5 知识经济促进教育普及化,降低了大众接受教育的门槛,提升了大众的学习积极性,促进了教育行业的兴盛,推动上流科研机构的发展。

代表性回答6 知识经济的兴起将对投资模式、产业结构和教育的职能与形式产生深刻的影响。

代表性回答7 知识经济对人才有更高的要求,要求我们必须具备多方面的知识才能出人头地。

代表性回答8 (1)学习的作用越来越重要,终身学习已成为一种普遍的理念。(2)知识经济提升了知识在经济发展中的价值。社会拥有知识,才能提高生产力,促进经济的发展;个人拥有知识,才能获得更好的生存和发展的条件。

代表性回答9 第一,知识经济的兴起使原有的生产力要素发生了根本性改变。第二,知识经济的兴起使原有的资产形态发生了重大转变。第三,知识经济的兴起促使经济增长方式发生了根本性转变。第四,知识经济的兴起使人们的思维方式、价值观念发生重大转变。第五,知识经济的兴起将进一步推动全球的整合。同时,知识经济的兴起将进一步加速全球的民主化进程。

代表性回答10 读万卷书,行万里路。只有努力读书,有足够的知识储备,你才能在知识经济中展现出自己所长,成为更加优秀的人。

(六)规模经济理论现在落后了?请用一句话概括说明。

该问题考查同学们的经济理论与实践应用能力情况,在工业经济时代,规模可以降低成本等实现规模效应,随着个性化需求增加,规模经济确实受到柔性制造冲击,但在今天规模经济不限于制造,还适用于服务业,像当今的流量为王仍然秉承的是规模,规模经济仍在奋发生机。参与调查的50多位同学,认为规模经济落后和永不过时的观点各占50%,也就是部分同学没有看到这一点,同时,许多同学的解释原因千差万别,甚至与观点矛盾。以下是摘录同学们的代表性回答,分析未必准确,没作删减,仅供读者参阅。

代表性回答1 高质量的消费需求往往要求供给侧提供定制化生产,而非过去的批量化生产。

代表性回答2 没有,如自营物流仍会随用户群的扩大而降低成本,只不过仍会排挤其他依附和追赶的小企业的发展。

代表性回答3 落后了。网络经济下规模经济的新特点不能给予全面而令人信服的解释,因此传统的规模经济理论落后了,需要进一步的创新和拓展。

代表性回答4 规模经济理论相对落后,新时代企业注重以网络流量带来经济收益的经济模式,富有创造性的企业素养是更为重要的。

代表性回答5 规模经济是指通过扩大规模来表现的,经过生产要素的合理配置使企业获得最佳的经济效益。当前企业经营中或许劳动密集型、资源密集型产业正在向资本密集型、技术密集型转变,但究其根本都是为了找到最佳的生产经营方式,以获得规模效益。

  代表性回答6 对,落后了,现在是小众经济称王,因为这是个消费者个性化、多元化的选择性消费时代。

  代表性回答7 规模经济理论并非落后,而是存在一定的缺陷。目前行业公认的经济规模与企业的规模经济并不完全等同,在市场竞争日趋激烈、市场风险无处不在的经济条件下,现代中小企业必须以降低企业风险为前提,企业的安全比盈利重要,盈利比规模重要。

  代表性回答8 生产规模的扩大,生产劳动密集型产业的持续发展,规模经济理论仍旧适用,但如今的产业复杂多样,规模经济不适于所有的产业规划,相对之前较为落后。

  代表性回答9 企业规模并不是越大越好,企业越大越需要制约,越强越容易内耗。

  代表性回答10 落后了,规模经济有其适用性,在其头部企业规模不断壮大到一定程度而无政府约束之下造成垄断,造成不完全竞争。参考目前我国淘宝、美团、腾讯、百度等一系列巨头企业。

  关于经济思维的6个问题的回答,反映同学们的经济思维有限,虽然参与的是应用经济学类专业学生,但对掌握的经济理论也有限,更谈不上理论的应用,既存在学生学业不精的原因,当然也有教师的授课原因,这两个原因也是我国高等教育普遍存在的问题。由于同学们的学习目标狭隘,虽然我国高等教育注重理论学习,同时又强调技能提高,结果是学生两个方面都没抓住。

第五篇　经营之道——做事如做人

不会做人的人，一定做不好事；会做人的人，一定可以把事做好；能够把做事当成做人，则一定能把事做好。在大学生涯中，这个道理是一样的。本篇通过了解老子的《道德经》，了解我们应该如何做人，应该如何做事。

老子是春秋时期楚苦县厉乡曲仁里人，姓李名耳，字聃。曾"作周之柱下史，及周衰乃隐"。其《道德经》是我国首部完整的哲学著作，著五千余字，但"文字少而意义多"，句句精辟，内容涉及政治、军事、伦理、科学、宗教等领域，对后世诸多学派，如儒家、兵家、墨家、佛家都有影响，是我国传统文化的典藏。德国哲学家尼采曾评论：《道德经》像一口永不枯竭的井泉，满载宝藏，放下汲桶，唾手可得。故本篇以老子的《道德经》作为本书的最后总结——学会做人做事。

《道德经》的普世价值，对于每一个人，都能从中找到所需，老子认为"道"能化养万物，不分亲疏，不分贵贱，普济天下。无论做人做事，"道"起着至关重要的作用，它成为一种指导人们行为的策略和方法，成为普世的哲学观。

《道德经》的核心思想是"道"，由无生有，统领万物，贯穿始终。老子的道是万物本原，又指大道，是一种终极规律。人们发展就是在不断认识一般规律到终极规律的过程。《道德经》的核心观点是"无为"，有的理解为顺其自然不作为，是消极意义上的社会倒退，这是一种谬误。老子倡导的"无为"是不妄为，要遵循道或规律而有所作为，这样才符合他的"无为而无不为"观点。老子采用日常生活和自然风物为素材展现（或例证）其思想，也包含其思想情绪。由于对现实社会的不满，理想无法实现，所以把他的思想寄托在"圣人"身上，希望圣人即有道之士能够出现，实现他所理想的社会，所以，他所指向的圣人，可以是每一个可以有"道"的普通人，他是希望每一个人都能够成为发现规律、认识规律并能够运用规律的有道之人，成为圣人，这时老子的理想社会也就实现了，对于个人也就成功了。

《道德经》的"德"是阐述人的修身道理，是阐述关于人的符合"道"的行为规范和品格。

本篇是前面各篇的升华和总结，人在不同阶段要做该做的事，学会做事，要遵循规律做事，不恣意妄为，事出有因。有旷课、补考、作弊、留级等情况的"穷学生"出现，关键原因是其错误地认识当前世界，错误地进入不同群。从利益角度看，是其想不劳而获，想少付出多回报,而当今头脑决定命运时代,一分付出一分收获的特征更加明显。我们学习老子的道经与德经,还须要能够结合社会新形势、新特点,不能犯刻舟求剑式的错误。

5.1 《道德经》——道与德

《道德经》共81章,前37章为道经,后44章为德经。关于《道德经》"道"与"德"的解读,了解与学习它可以培养大学生的朴素哲学观,有助于建立正确的人生观、价值观、世界观,培养正确的学习观和生活观。大学生的表现与应有的表现有偏差,没有建立正确的学习观和生活观是重要的原因之一。下文中的【解】是指对道德经的译文文献的引用,【引】是笔者对原文的引申或再解读。由于这里不是探索真理问题,不评价对错,借老子的哲学观,阐述与大学生做人、做事(创业)有关的哲理。本章的《道德经》原文均引自李若水译评的《道德经》(中国华侨出版社,2014年),译文也主要摘自该书,作为【解】。

(一) 道

(1) 道可道,非常道

《道德经》第1章:道可道,非常道;名可名,非常名。无,名天地之始,有,名万物之母。故常无,欲以观其妙;常有,欲以观其徼。此两者,同出而异名,同谓之玄。玄之又玄,众妙之门。

【解】 能用语言说出来的"道",都不是永恒、终极的"道";能够用文辞形容出来的"名",都不是永恒不变的"名"。无,即宇宙无影无形的混沌状态,是天地开端;有,即天地万物形成时的本原状态,是万物本原。所以,要从"无"中领悟"道"的玄妙,从"有"中领悟万物产生的端倪。有无同出于道而名称不同,都可以称为玄妙深远。玄妙又玄妙,正是宇宙万物玄妙变化的源头。

【引】 永恒的"道"是无法形容和表示的,我们认识万物,能用语言形容的是规律,都不是终极之道,规律会随世界变化而变化。我们人类从变幻莫测的世界中不断探求万物发展的规律,是人类逐步探索终极之道的过程。做人就是悟道,每日三省必有收获。大学四年是人的三观、做人准则、做事原则最终形成的阶段,在这个阶段中,主动地自我探索、管理好个人的不多,更多的是被动地接受教育,包括学校教育和自我挫折教育。我们应该遵循老子的道的理念,争取主动的自我成长,做到"无为而不为"。前面各篇所讲述的各种规律、结论都能印证老子的道经和德经的观点。

(2) 人法天地,道法自然

《道德经》第25章:有物混成,先天地生。寂兮寥兮,独立不改,周行而不殆,可以为天地母。吾不知其名,字之曰道,强为之名曰大。大曰逝,逝曰远,远曰反。故道大,天大,地大,人亦大。域中有四大,而人居其一焉。人法地,地法天,天法道,道法自然。

【解】 有一个浑然一体的东西,在天地形成之前已经存在,它寂寥无声,独立不移,循环往复,永不枯竭,为万物产生之本原。我不知怎么称呼它,只好称之为"道",我勉强叫它为"大"。它广大无边而运行不止,运行不止而伸展深远,伸展深远而重返本原。所以说道大、天大、地大、人也大。宇宙间有四大,而人为其中之一。人效法地,地效法天,天效法道,道效法自然。

【引】 "道"作为万物产生的本原,说明它的力量足够大,并且能够做到收放自如,所以,成就"道"为大。同样,天、地、人与"道"具有此同样的无穷不止的力量,因此,宇宙有四大,人是其中之一。人有主观能动性,但需要遵循天、地之法则,才能发挥人的主观能动性。只有遵循道,才能人定胜天。大学生应该明白人生不同阶段,要承担不同的职责,不同阶段都要尽其所能,才能实现阶段目标,否则,一旦"滞期",则永远"滞期"。这里的目标来源于个人需要、社会需要、自然需要,但又高于个人需要、社会需要、自然需要,所以,要效法天地与自然,还需要个人有为之奋斗的努力行动,否则,目标只是纸上计划,梦想只是想一想,是一场梦。

(二) 德

(1) 上德不德有德

《道德经》第38章:上德不德,是以有德;下德不失德,是以无德。上德无为而无以为;下德为之而有以为。上仁为之而无以为;上义为之而有以为;上礼为之而莫之应,则攘臂而仍之。故失道而后德,失德而后仁,失仁而后义,失义而后礼。失礼者,忠信之薄,而乱之首。前识者,道之华,而愚之始。是以大丈夫其厚不居其薄;处其实不居其华。故去彼取此。

【解】 上德的人不把德表露在外,是真正的有德;下德的人把德表现在外,其实没有德。上德的人顺应自然无心作为,下德的人顺应自然而有心作为。上仁之人有所作为却无心所为;上义之人有所作为却是出于有心所为,上礼之人有所作为却得不到人响应,却挥动臂膀强迫人服从。所以,失去了道才生德,失德才生仁,失仁才生义,失义才生礼。礼是忠信不足的产物,是产生祸乱的开端。所谓先知,不过是表面的道,是愚昧的开始。因此,大丈夫立身处世要忠厚而不浅薄,要朴实而不浮华。所以要舍弃浅薄浮华而朴实淳厚。

【引】 德是道的外在表现,道是德的内在属性。符合道的行为就是有德,反之是失德。仁、义、礼是后天的,仁、义是有心为之,不是自然流露,而礼演变为繁文缛节,被权势者盗用。制定仁、义、礼的所谓先知们,只是看到道的虚幻表面,没有见到本质。所以,人们要摆脱外在名利的束缚,摒弃浅薄浮华,秉守忠厚淳朴。我国青年一代,不仅仅是青年一代,像高校中导师"压榨"研究生,高校老师论文造假等重名利、浅薄浮华的现象,可见一斑,精致的利己主义也极大地影响到青年一代。每一个人都应该能够坐得住,沉下来,少一点浮华,做好自己,就能成为有德之人。

(2) 尊道贵德

《道德经》第51章:道生之,德畜之,物形之,势成之。是以万物莫不尊道而贵德。道之尊,德之贵,夫莫之命而常自然。故道生之,德畜之;长之育之;亭之毒之;养之覆之。生而不育,为而不恃,长而不宰,是谓玄德。

【解】 道生万物,德育万物,万物呈现各种各样的形态,环境使万物生长。所以,世间万物没有不尊崇道珍贵德的。崇道贵德是因为道和德没有对万物加以干涉而是顺其自然。所以,道生成万物,德养育万物,使万物成长,使万物成熟结果,使万物得到保护。生长万物而不据为己有,抚育万物而不自恃,惠泽万物而不做万物主宰,这就是高尚的品德。

【引】 生之养之而不求回报,是一种朴素的高尚品德。对待世界也能做到为万物和谐作贡献,懂得放手,是需要具有高尚品德的人才能做到的。取得巨大成就,而不沾沾自喜,不邀功,泰然处之,也是需要品德高尚才能做到的。在大学校园里经常出现这样抱怨同学、室友的,"我对他那么好,他却这样对我",这与高尚品德差距甚远,大家都要能够融入校园这个小社会,以室为家、以班级为家才能更好发展自己。当今社会,生之养之而不求回报是我们的父母,但又有多少人能够真正做到孝顺父母?高校"招之育之不求回报",但又有多少学生真正做到以校为家,深爱其母校的?当高校为某些浮华和指标服务时,就会越来越偏离高校本质。管理、教育偏离高校本源,是高等教育的悲哀;当学生为浮华而努力,是个人的悲哀。

(三) 人与"道德"

(1) 以道阅众甫

《道德经》第 21 章:孔德之容,惟道是从。道之为物,惟恍惟惚,惚兮恍兮,其中有象,恍兮惚兮,其中有物。窈兮冥兮,其中有精,其精甚真,其中有信。自今及古,其名不去,以阅众甫。吾何以知众甫之状哉?以此。

【解】 大德的形态行踪,以随着"道"转移,"道"这个东西,飘忽不定。惚惚恍恍,不可捉摸,其中却有形象;恍恍惚惚,其中却有实物。幽深不明,其中却有精质,这精质既真又纯,可相信可体验。由今天上溯到远古,大道从未消失,人们据此认识万物之发展规律。我们怎么能认识到万物发展的始终呢?就从认识"道"开始。

【引】 "道"虽是捉摸不定的,但它确实存在,它的作用是通过具体事物得以显现,而显现后就表现为德。因此,人要成为圣人,从认识"道"开始,从而能够认识万物的本原,掌握事物发展规律,也才能发挥人的能动性。若想从普通人成长为圣人,就从认识我们的世界去认识"道"开始吧。大学生大部分时间都在校园内,接触社会、认识自然,少之又少,那就先从学习与读书开始,间接地掌握规律,探索为人之道、做事之道。一方面,做好被动的教育,不为课程的"有用还是无用""枯燥还是有趣""难还是易""教师风趣还是严肃"来判断是否学习、是否认真学习。另一方面,要主动地学习专业及课程之外的"成人""成才"之道,而非狭隘地学习。

(2) 道生万物

《道德经》第 42 章:道生一,一生二,二生三,三生万物。万物负阴而抱阳,冲气以为和。人之所恶,唯孤、寡、不谷,而王公以为称,故物或损之而益,或益之而损。人之所教,吾亦教之;强梁者不得其死,吾将以为教父。

【解】 道是独一无二的,道生阴阳二气,阴阳二气相交产生有形之物,进而产生万物。

万物朝阳背阴,阴阳相合产生和谐状态。人们都厌恶孤、寡、不谷,但君王却以此为称。所以,万物有时表面上减损,它却反而使它增加;有时表面上增加,它却反而使它减损。古人所说的道理,我也拿来引用,"自持强大而不遵从道的人大都不得善终",我把这句话作为教育的宗旨。

《道德经》第6章:谷神不死,是谓玄牝,玄牝之门,是谓天地根,绵绵若存,用之不勤。

【解】 变幻莫测、虚幻博大的"道"是没有穷尽的,这就是化生万物的总根源,那黝黑幽深的生命之门,就是天地万物的生命之源,它既是这样存在,连绵不尽地生育万物,无穷尽。

【引】 "道"生万物,且万物和谐。和谐万物是有得有失,有失有得。君王以孤、寡自称,但事实上其并非孤、寡,因为"普天之下,莫非王土,率土之滨,莫非王臣"。自持强大而不遵从道的人大都不得善终,因此,我们要谦虚而进步,避免骄傲而落后。做事就是要从道,我们每做一事,要想一想"符合规律、符合常识、符合要求"吗?每日三省,必有收获。这样,大学生就不会向父母提出无理要求,也不会抱怨学校,更不会抱怨社会的不公正。我们每一个人作为社会的一分子,相互依存、相互影响。以自我中心,追求个人利益,总是"我觉得",伤害的将终是自己。

5.2 做真人——学会做人

"修身养性、齐家治国、平天下"作为普世价值被儒家提出,一直作为我国个人发展的最高目标,它也是受到老子思想的影响。确实,如果我们每一个人都能依此作为个人发展目标,整个社会何愁不繁荣、社会不和谐?我们的大学校园又何愁不是书声琅琅的校园,何愁我们每个人不是"国事家事天下事,事事关心"?那我们就从做真人开始。

(一)求真

大学4年应该是探索真理,追求成人、成材的4年。大学4年,如果没有求真目标,就会失去求真的动力,将是浑浑噩噩的四年,必成堕落一代。大学4年应该明确做什么、学什么,为什么做、为什么学,为谁做、为谁学。

(1)知美斯恶

《道德经》第2章:天下皆知美之为美,斯恶矣;皆知善之为善,斯不善矣。故有无相生,难易相成,长短相较,高下相倾,音声相和,前后相随,恒也。是以圣人处无为之事,行不言之教。

【解】 天下都知道美之所以为美,于是丑产生了;天下都知道善之所以为善,于是邪恶产生了。所以,有与无相互转化,难与易相辅相成,长与短相互衬托,高与下相互补充,音与声相互配合,前与后相互依随,这是永恒的道理。所以圣人以顺应自然的心态处理世事,实行不发号施令的教化。

【引】 世界上任何事物都有两面性,只有我们知道什么是美才会知道什么是丑,或者知道什么是丑才会知道什么是美。只有我们建立正确的是非观念,才知道什么应该做,什么不可以做。作为管理者,当丑出现时,用美去感化;出现负能量时,应该用正能量去鞭策。学生好不好学,首先应该让学生知道什么是美与丑、是与非、善与恶。教育学生建立正确的是非观、价值观、善恶观,如果是非、善恶都不能分辨,如何去教育他,又如何无为而治呢?作为大学生个人,首要的是要能够明辨是非、明辨善恶,要明白自己的职责,并能付诸行动。

(2) 不见可欲,民心不乱

《道德经》第3章:不尚贤,使民不争;不贵难得之货,使民不为盗;不见可欲,使民心不乱。是以圣人之治,虚其心,实其腹,弱其志,强其骨,常使民无知无欲。使夫智者不敢为也。为无为,则无不治。

【解】 不狭隘地推崇有才能人的功名利禄,使人们不争夺功名利禄;不把稀罕的器物当成珍宝,使人们不成为盗贼;不炫耀引发欲望的财物,使民心不为此受到迷乱。所以圣人治理政事,净化人民的心灵,满足其温饱,削弱其争夺名利之心,强健其体魄,使百姓无奸巧之心,无非分之想,内心纯洁淡泊。使那些争夺名利的智巧之人不敢为非作歹。按照这种无为的原则来做事,那么天下也就没有什么治理不好的了。

【引】 在物欲横流的社会,容易引起社会道德沦丧,浮华容易迷乱人心,所以追求外在的浮华,将一事无成;天将降大任于斯人,必先苦其心志,劳其筋骨。从学校管理角度,要引导学生去除狭隘的功名利禄之心,树立目标,主动学习;让学生摒弃投机取巧、非分之想,引导正确的价值观和人生观,这样一来,哪有学校的学风建设不好的呢?所以,学校要有完善的规章制度,并能够有效执行,能够让学生的内心纯洁淡泊,这样,学校还会为学生管理难而发愁吗?恰恰相反,我们学校管理者制定的制度,未必做到采纳学生的意见,很多是"我认为",从为管理者方便的角度制定制度,这样容易导致学生抱怨学校、抱怨社会。另外,我们制定的制度,会有什么后果,后做过评估。所以,我们的制度多数缺乏科学性、可执行性和可信度,从而多变和低效。

(3) 无私,成其私

《道德经》第7章:天长地久,天地所以能长且久者,以其不自生,故能长生。是以圣人后其身而身先,外其身而身存,非以其无私邪?故能成其私。

【解】 天地所以能长存,是因为它顺应自然而生存;不为自己而生存,所以能够长存。所以圣人谦卑退让反而被人爱戴,不计生死反而能保全生命。这不正是因为他无私?却成就了自己。

【引】 天地不为自己生而能够长生,人能够为他人而生而能够永生。大学生学习是为什么?如果是为自己学习而学习的狭隘观念,必不能成就自己的伟大目标。如果学习能够为家、为学校、为企业、为社会、为国家而学习,这种无私的学习,则一定能够实现自己的人生理想。但是,目前有的大学生为自己学习都做不到,何谈其无私学习?退而求其次,如果大学生首先能够做到为自己学习,何尝对社会又不是某种程度的幸事?只求先私学,然后无私学。

(4) 上善若水

《道德经》第8章:上善若水,水善利万物而不争,处众人之所恶,故几于道。居善地,心善渊,与善仁,言善信,正善治,事善能,动善时。夫唯不争,故无尤。

【解】 最善的德行就像水一样。水善于滋润万物而不与万物争,它能居于众人所厌恶的卑下浊污之地,因此它最接近于大道。至善之人能谦卑自处,内心深沉宁静,与人为善,说话真诚守信,为政善于治理,做事善于发挥专长,行动善于把握时机。为其有谦卑不争的美德,所以才没有怨咎。

【引】 圣人的品行就像水那样,静谧温和,滋养万物而不与万物争,更愿意位处卑微,吸收众家之长。我们要学习水的品格:谦卑自处,内心深沉宁静,与人为善,说话真诚守信,为政善于治理,做事善于发挥专长,行动善于把握时机。如果做到这样,还有谁会抱怨:社会对你不公,学校管理太严而缺少自由,自怨自艾自己非富二代、非官二代?

(5) 功遂身退

《道德经》第9章:持而盈之,不如其已;揣而锐之,不可长保。金玉满堂,莫之能守;富贵而骄,自遗其咎;功遂身退,天之道也。

【解】 执持而使它太满,不如及时停止、放下;将器物打磨得太尖锐,则难以持久。纵然金玉满堂,也无法长久守住;因富贵而骄横,必定给自己留下祸患;功成身退才是顺应自然的道理。

【引】 执持而使它太满,超出自己的承受能力,不如及时放下。人的欲望是无限的,纵使你家有金山银山,也会坐吃山空。因富贵而自以为是,气焰嚣张,一定会给自己留下祸害,像大学校园中"我爸是李刚"等"坑爹一族"比比皆是。现实中,还有人经常坚持:这就是我本应得的,邀功自傲,不舍得放弃,像这样"揣而锐之",必不能长期获得成功。如果能够做到谦卑,功成而身退,不是一种高尚品质吗?社会上"恨国一族"也大有人在,在2020年"新冠肺炎"流行之际,湖北前文联主席方方,湖北大学文学院教授梁某萍,退休的海南大学人文传播学院王某妮教授,在疫情期间为外国代言,做出辱国行为,不仅没有做到功成身退,还以怨报德,已经为广大网民唾弃。

(6) 去彼取此

《道德经》第12章:五色令人目盲,五音令人耳聋,五味令人口爽;驰骋畋(tián)猎,令人心发狂,难得之货,令人行妨。是以圣人为腹不为目,故去彼取此。

【解】 五色令人眼花缭乱,五音令人耳朵失聪,五味令人失去味觉,纵横狩猎使人心狂野不羁,稀世珍宝使人行为不轨。所以圣人只求温饱而不追逐名利和声色之娱,远离浮华而选择单调知足的生活。

【引】 在物欲横流的社会,让人放弃名利,一般人确实做不到;抵挡声色之娱的诱惑,一般人也确实做不到。有人做过一个实验:坚持7天不使用手机,一般人真的坚持不了。如果学生能够回归本职——学习,那么可以很大程度上抵制外界的诱惑,返璞归真,回到一切以学习为中心上来,这样的学生还是大有人在的,这样的学生才会成功。这也是名校有"学渣",一般院校也有"优秀"学生的原因。

(7) 善为士

《道德经》第15章:古之善为士者,微妙玄通,深不可识。夫唯不可识,故强为之容:豫兮若冬涉川,犹兮若畏四邻,俨兮其若客,涣兮若冰之将释,敦兮其若朴,旷兮其若谷,浑兮其若浊,澹兮其若海,飂(liu)兮若无止。孰能浊以静之徐清?孰能安以久动之徐生?保此道者,不欲盈,夫唯不盈,故能蔽而新成。

【解】 古时得道之人,见解高深玄妙,非一般人所能理解,因其深藏不可识,只好勉强用以下比喻来形容他:办事沉稳谨慎像走过冬天的冰河一样,心怀忧患意识像警觉着周围的进攻一样,神态恭敬庄严像做客一样,态度和蔼可亲像正在消融的冰一样,性情淳朴厚道像未经雕饰过的木料一样,心胸豁达像幽深的山谷一样,浑厚淳朴像深沉的大海一样,行动起来灵动像不知停止的风一样。谁能够在浑浊的河水中静下来,然后慢慢地自我澄清,谁能使静止不动的东西动起来,然后慢慢地显露生机?遵循道之人不追求富有、盈满,正因为不崇尚盈满,所以能够推陈出新。

【引】 善为士者,具有小心谨慎、心存畏惧、恭敬庄重、温和融洽、虚怀若谷、深沉宁静、飘逸自然等优秀品质。能够在是非纷争的世界面前保持本色,世人浮躁而我能够保持定力,不自满而能够保持去故更新,也是很少有人能够做到的。所以,我们要学习善为士者的品质。

(二) 悟真

老子之道,不仅是我们求真的过程,还是用来治理国家和个人的规则规律。大学四年应该明确怎么做、如何做,应该明确怎么学、如何学。悟真才不枉求真。

(1) 悠兮贵言,功成事遂

《道德经》第17章:太上,下知有之;其次,亲而誉之;其次,畏之;其次,侮之。信不足焉,有不信焉。悠兮其贵言,功成事遂,百姓皆谓:我自然。

【解】 最高明的统治者,老百姓只知道他的存在;次一等的统治者,老百姓尊重他,称赞他;再次一等的,老百姓畏惧他;更次一等的,老百姓轻视他。统治者的诚信不足,人民自然不信服他。统治者悠闲自在,不随意发号施令,等到事情办成了,老百姓说:我们本来就是这样的。

【引】 最好的执政者,不用发号施令,人们都会按照他的意思行事。作为最好的管理者,即使不在岗位,下属仍然像你在岗一样,努力工作。一个好的单位,员工何时何地都会赞誉它。一个讲诚信的人,大家都会信任他,而一个人诚信不足,就不会有朋友,会寸步难行。作为一个大学,毕业的学生都能心系母校,说明学校治理有方;要做到治理有方,需要学校能够做到言行一致,诚信于学生。作为大学生,今天不能诚信,未来如何能够诚信于社会,另外,因为自己的贪玩、不努力,而要考试作弊,首先失信于同学和老师,未来就会失信于社会。

(2) 国家昏乱，有忠臣

《道德经》第18章：大道废，有仁义；智慧出，有大伪；六亲不和，有孝慈；国家昏乱，有忠臣。

【解】 大道被废了，才提出仁义；智谋机巧出现了，才会产生狡诈虚伪；六亲不和了，才提倡孝慈；国家动荡不安了，才出现忠臣。

【引】 君主失德，才会提倡仁义、智慧、孝慈和忠臣。做人的道理被废弃了，才需要仁义去挽救。作为管理者，如果能够在问题发生之前，就作出积极应对，才是最高明的。问题为导向的思考方式和方法，是为解决问题而提出问题，算不上高明。对于大学生管理，如果能够想学生所想，想学生所需，提前做好安排，还有学生会对学校抱怨吗？作为学生，缺乏学习规划，学习上"挑肥拣瘦"的，等到发现缺少时，再去恶补，则为时晚矣，大学四年弹指一挥间，转瞬即逝。能够为他人着想，为班级着想，为学校着想，这是我们大学生应该做的，首先我们没有这样做，才会产生许多抱怨，抱怨遭受"不公"。

(3) 见素抱朴，少私寡欲

《道德经》第19章：绝圣弃智，民利百倍；绝仁弃义，民复孝慈；绝巧弃利，盗贼无有。此三者以为文不足，故令有所属。见素抱朴，少私寡欲。绝学无忧。

【解】 杜绝所谓的圣贤和智慧，百姓可获利百倍；杜绝所谓的仁义，百姓自然会回复到孝慈的天性；杜绝技巧功利，自然没有盗贼。圣智、仁义、巧利，这三者其实都是巧饰，不足以治天下。所以有必要让百姓的思想有所归属，那就是回归纯洁淳朴的本性，减少私心杂念，抛弃所谓的"圣贤仁义智慧"之学，就没有忧患了。

【引】 当社会片面追求圣贤和智慧，不落实处，追求虚伪的圣贤和智慧，走上极端，就会给百姓带来百倍的祸害。当社会都追求厚黑、计谋，则不会以鸡鸣狗盗、狡诈奸猾为耻。每个人都能回归纯洁淳朴的本性，抛开私心杂念，那么每个人生活在其中都会无忧无虑。所以，如果大学生能够坚守"见素抱朴"，大学校园内会减少很多的同学矛盾纠纷，降低大学生会抑郁跳楼的可能？如果能够以旷课、考试作弊为耻，还会去逃课、作弊？如果能够认为沉迷游戏是错误行为，还会荒废学业？

(4) 曲则全，枉则直

《道德经》第22章：曲则全，枉则直，洼则盈，敝则新，少则得，多则惑。是以圣人抱一为天下式。不自见，故明；不自是，故彰；不自伐，故有功；不自矜，故长。夫唯不争，故天下莫能与之争。古之所谓"曲则全"者，岂虚言哉？诚全而归之。

【解】 能够承受委屈才能保全自己，能屈就才能伸展，能处低洼才能充盈，弃陈旧才能更新，有少取才能有多得，贪多就会使人迷惑。所以圣人坚守不变的法则治理天下。因为不固执己见，所以能认清事物本质；因为不自我炫耀，所以能明辨是非；因为不自高自大，所以能长足发展。正因为不与人争，所以天下没有人能与争。古人云"曲则全"的道理，怎么会是空话呢？圣人确实能做到，所以天下归之。

【引】 委屈和保全，弯曲与伸直，低洼与充盈，敝旧与新生，取少与多得，明辨与固执是辩证统一的,用这种辩证统一的思维看待事物,哪有理解不了的事?坚持辩证思想做事,哪有做不好的?做到这些,不刻意与人争锋,最后谁又能与其争锋?做好自己,怎能是一句空话呢?做一个能够明辨是非、懂得轻重缓急的人,能够辩证看问题,如何会成为"堕落一代"?我们很多大学生缺乏远见、缺少定力,急功近利,而又想尽量少付出,甚至不想付出,是万万不能实现自己想要的。

(5) 轻则失根,躁则失君

《道德经》第 26 章:重为轻根,静为躁君,是以圣人终日行不离辎重,虽有荣观,燕处超然。奈何万乘之主,而以身轻天下?轻则失根,躁则失君。

【解】 沉稳为轻率的根本,沉静是躁动的主宰,因此圣人终日行走而不离行李辎重,虽住华丽场所,但仍能淡然处之,超然脱俗。为什么拥有万千车辆的大国君主,却轻率地治理天下?轻率会失去根本,急躁会失去自我的中心主宰。

【引】 当我们做一个决策时,有没有考虑:决策是不是太轻率了?是多方调研,还是吸收多种意见?急促作出决定,就会失去自我控制,不会有什么好结果的。当前浮躁的社会,很少人能够做到三思而后行,轻率地在网络、朋友圈、QQ 群发出疑问或求助,但没有思考题是否是必须的,是我确实解决不了的,否则,我又如何求得进步呢?在校园内经常出现这样的现象:老师划出考试范围,学生抱怨"范围太大""没有答案";"老师,你看我这样做还行(符合要求的意思)",想得到老师的认可,就可以不再完善和修改,甚至根本就没有思考过其做的是否正确、是否符合要求,只是期望老师先认可,就不用努力!

(三) 做真人

求真、悟真,就是要求我们做真人,从个人管理方面看,做真人就是要做到"无为而无不为",四年的短暂学习阶段,百人百态,如书写人生一样重要,但要以圣人之道管理自己、发展自己。

(1) 大智若愚

《道德经》第 27 章:善行无辙迹,善言无瑕谪,善数不用筹资策,善闭无关楗(jiàn)而不可开,善结无绳约而不可解,是以圣人常善救人,故无弃人。常善救物,故无弃物,是谓袭明。故善人者,不善人之师;不善人者,善人之资。不贵其师,不爱其资。虽智大迷,是谓要妙。

【解】 善于行走的人,不会留下痕迹;善于言谈的人,不会留下破绽;善于计数的人,不必使用筹码;善于封闭的人,不用门闩,别人也打不开;善于打结的人,不用绳索,别人也解不开。所以圣人善于救助人,而无人不救;圣人善于物尽其用,而无物不用。这就是遵循大道内藏智慧。所以,先知先觉是后知后觉的老师,后知后觉则推崇先知先觉的资质禀赋。不珍视懂得为人之道者的师表,不爱惜不会做人者的借鉴作用,自以为聪明,其实却是已经迷失了自己。这正是道之精深玄妙的体现。

【引】 由于存在善行、善言、善数、善闭等不同专长,所以要人尽其才、物尽其用。即使善人也要借鉴不善人的得失,才可以不断进步。内心有深沉智慧,但看起来很愚钝,大智若愚,否则自以为是的聪明,是真正的愚蠢。校园内经常有差生拉优秀学生后退的情况:不必用功,考试很轻松的啦;不要把我们拉的太远;运动会太辛苦了,不要参加了;第一名不会是你的,不要枉费时间了……。如果你能够坚持成为差生的打击对象,不计较小的得失,不计较眼前利益,是大智若愚,也是一种大智慧,又何愁不会成功呢?

(2) 知荣守辱

《道德经》第28章:知其雄,守其雌,为天下溪;为天下溪,常德不离,复归于婴儿。知其白,守其黑,为天下式;为天下式,常德不忒,复归于无极。知其荣,守其辱,为天下谷;为天下谷,常德乃足,复归于朴。朴散则为器,圣人用之,则为官长。故大制不割。

【解】 明白什么是刚强,却安于雌柔,甘心处在天下的溪谷;甘守溪谷,永恒的道德就不会远离,从而回归到赤子的天真无邪之状态。明白什么是明亮,却安于冥暗,甘心成为天下的模式;甘守这种模式,永恒的道德就不会出差错,从而回归到无始终的无极状态。明白什么是荣耀,却安于卑辱,甘心处于天下的低谷;甘守低谷,永恒的道德就会充足,从而回归到混沌淳朴的状态。混沌淳朴之态(即道)化生万物,圣人利用它,成为统治者。所以,完善的制度是不可分割的。

【引】 知刚守柔,知白守黑,知荣守辱,为官不与民争利,能够做到这样,一定能够治理好天下。世界万物就是这样辩证存在的,要能够坚守淳朴,要能够辩证看待,不应该割裂。作为学校管理者,也要做到让利于学生,处处为学生着想,哪有学校管理不好的?作为学生,如果能够做到不与他人争利,不贪慕虚荣,甘于平凡,又何尝不会快乐而且成功呢?

(3) 无为而无败

《道德经》第29章:将欲取天下而为之,吾见其不得已。天下神器,不可为也。为者败之,执者失之。是以圣人无为,故无败;无执,故无失。夫物或行或随,或嘘或吹,或强或羸,或载或隳。是以圣人去甚、去奢、去泰。

【解】 想治理天下而强行为之,我看是达不到目的的,天下是神圣的,不能按照自己的意志来治理。勉强而为,必然失败;勉强执行,必然失去天下。故圣人无为而治,所以不会失败;不勉强执行,所以不会失天下。天下万物,有前行和后随,有轻嘘和急吹,有刚强和羸弱,有安居和危殆。所以圣人要去除极端、奢侈和过度的法令实施。

【引】 不遵守规律,按个人的意志治理天下是行不通的;遵循规律,不勉强,就不会失败。万物秉性不一,不能用一个制度、一个原则来对待万物,应允许万物的特殊性存在,因势利导,避免过度法令、奢侈行径、极端制度。作为学校,制度应该系统化、体系化,并且具有弹性,才能鼓励各类学生的发展。作为大学生个人,对待不同类型的同学应该有不同的待人之道,对不同课程学习能够用不同方法,而不是形而上,可以突出发挥自己的专长,做强且做到极致,在社会也一定有立足之地。

(4) 物壮则老,不道

《道德经》第30章:以道佐人主者,不以兵强天下。其事好还。师之所处,荆棘生焉。大军过后,必有凶年。善有果而已,不敢以取强。果而勿矜,果而勿伐,果而勿骄,果而不得已,果而勿强。物壮则老,是谓不道,不道早已。

【解】 执道而行的君主,不靠兵力治天下。用兵很快会遭到报应。军队所到之处,荆棘遍野,大战之后,必然会出现荒年。善用兵者,达到目的即可,并不以兵力强取。成功之后,不自高自大,不炫耀,不骄傲,成功之后认为很自然,不逞强。事物过于强大就会走向衰竭,这是不合乎道的,不符道,就会灭亡。

【引】 用粗暴手段不是最好的解决办法,要不战而屈人之兵,是最高明的。即使需要用极端手段,只要达到目的即可,不宜过度张扬、炫耀,否则会招来更强烈的报复。物壮则容易老去就是这个道理。现实中,强大的企业在顷刻间倾塌的比比皆是。没有按照规律行事,会促使其提前死亡。大学校园内,经常还会有暴力欺凌、打架斗殴的现象发生,年轻气盛不是借口,无知更不可饶恕,是缺乏一种敬畏制度、敬畏校园的心。大家也知道毛泽东的一句名言:骄傲使人失败,谦虚使人进步。因为骄傲容易忘形而暴露弱点或错误,谦虚是继续前进的力量。物壮则老,意思是满招损,是企业经营、处事的普世之道,与现在的广而告之,宣传自己不是同一意思。像某华裔美籍院士,在华为遭到美国打压之际,说出是华为标榜自己第一带来的后果,虽有失客观、不全面,但也有这么一点点道理。作为大学生在应聘工作时,一方面要展示自己的实力和特长,另一方面不能狂妄、目中无人。

(5) 知人智,自知明

《道德经》第33章:知人者智,自知者明。胜人者有力,自胜者强,知足者富,强行者有志,不失其所者久,死而不亡者寿。

【解】 能识别他人是智慧,能够了解自己是高明。能够战胜别人,是有力量的,能战胜自己,是坚强的。能知足,是富有的,能自强,是有志气的。能不失其根本,能得长久。死后精神不死,才是真正的长寿。

《道德经》第34章:常无欲,可名于小。万物归焉而不为主,可名为大,以其终不自为大,故能成其大。

【解】 没有私欲可称它为小,万物归附它却不自以为是主宰,可称它为大。道正因为它始终不认为自己伟大,所以才能成就它的伟大。

【引】 能够自知、自强、自胜、自信,才是最强大和不可战胜的。真正永生的是精神,为一己之私,破坏和谐,强行战胜别人,不能真正拥有。逞强凌弱,投机取巧,获得发展,最终走向失败。每个人都想取得成就,或者想成为伟人,如果做好自己,虽不足以伟大,但可以说不平凡。懂得舍弃、放手,才能成就伟大。作为一名大学生,要自尊、自强、自信,更需要自知、自胜,能够坚持平凡,又有什么是不可战胜的?

(6) 柔弱胜刚强

《道德经》第36章:将欲歙(xī)之,必固张之;将欲弱之,必固强之;将欲废之,必固兴之;将欲夺之,必固与之。是谓微明。柔弱胜刚强,鱼不可脱于渊,国之利器不可以示人。

【解】 想要收敛,必先扩张;想要削弱,必先强盛;想要废除,必先振兴;想要夺取,必先给予。这是一种微妙幽深的道理,柔弱往往胜过刚强。鱼不能离开水,国之利器不可以炫耀。

【引】 张与合、强与弱、废与兴是对立统一的,万物发展的规律是物极必反。常有以弱胜强,以少胜多,就是这个道理。万物是相互联系、相互依存的,犹如鱼离不开水一样,要想战胜别人,不能把自己的优势展示给对方,否则会招来无妄之灾。谦让不是软弱,发现自己的弱点,才能更强大;术业有专攻,如果能够让优势更优,突出自己的优势,在未来社会就有立足点。

(7) 不欲以静,天下自定

《道德经》第37章:道常无为而无不为。侯王若能守之,万物将自化,化而欲作,吾将镇之以无名之朴。无名之朴,夫亦将不欲。不欲以静,天下将自定。

【解】 顺道自然,清净无为,而无所不为。君主若能守道而行,万物就会按照自身规律自然得到发展。当人心不正、贪欲滋长时,我就用道的淳朴来整治。用道的淳朴来整顿,人们就停止贪欲了。没有贪欲而回归清净,万物就能自然安定地发展。

【引】 万物都有其发展规律。人心不正,必然贪欲滋长;偏听偏信,豺狼当道;法纪败坏,奸吏迭出。无欲则静,宁静以致远。作为大学生,遵循规律,就是要掌握思考世界的方法,以及分析问题的能力,需要通过知识积累才可以达到。

5.3 经营之道——学会做事

做人之道是经营人生之道,市场的经营之道需要用做人之道去支撑与保障,做事如做人,才可以把事做到极致。我们大学生未来工作或创业,也需要秉持这个理念,做事如做人,则人生已经成功一半。

在现代西方的市场理论中,企业营销理论、代理人理论,正在加速企业灭亡,西方市场经营理论,宣传的是经营技巧,而不是企业发展"大道",怎么能不快速死亡。

下面学习老子的经营之道——以德立业,以德做事。

(一) 立业

(1) 万物生

《道德经》第40章:反者道之动,弱者道之明。天下万物生于有,有生于无。

【解】 循环往复是道运动的特点,柔弱是道作用于万物的表现。天下万物产生于看得见的有形物质,有形物质又产生于不可见的无形物质。

《道德经》第43章:天下之至柔,驰骋天下之至坚;无有入无间,吾是以知无为之有益。不言之教,无为之益,天下希及之。

【解】 天下最柔弱的东西是能驰骋于天下最坚强的东西,无形的力量渗透到没有间隙的有形物质中去,所以我认识到自然无为的作用。无言的教诲,无为的好处,但天下人却少有做到的。

《道德经》第78章:天下莫柔弱于水,而攻坚强者莫之能胜,以其无以易之。弱之胜强,柔之胜刚,天下莫不知,莫能行。

【解】 天下万物没有比水更柔弱的了,然而在攻击坚硬上面,没有能胜过水的。所以水无物可替代。弱胜强,柔胜刚,天下无人不知,但没人能做到。

【引】 世界万物是生死循环、周而复始的。看似最柔弱的东西,能够蓄积看不见的巨大力量,最坚强的东西也无法抵挡,无形胜有形,是坚韧。企业生生死死,循环往复,如果企业能够以技术这无形力量立本,即使刚成立的小企业,也能够战胜强大的大企业,能够生存更长久。这个道理大家都知道,但多数人不知如何蓄积无形力量,做表面文章的多,而做内涵的少,所以,做事失败的多,创业倒闭的多。作为大学生,就是要积蓄竞争力量,形成自己的核心竞争力,才能在未来就业和职业发展中掌握主动。弱胜强,柔胜刚,虽然天下无人不知,但不明白弱胜强的道理,就不能做到以弱胜强,也就丧失了发展机会。作为创业者,就是要积蓄竞争力量,形成自己的优势。作为企业,也必须立足根本,积蓄竞争力量,形成企业自己的竞争优势。作为职员,不仅要掌握基本职业技能,还要有胜过他人的能力才能立于不败之地。

(2) 知止不殆

《道德经》第44章:名与身孰亲?身与货孰多?得与亡孰病?是故甚爱必大费,多藏必厚亡。故知足不辱,知止不殆,可以长久。

【解】 名誉与生命相比哪个更值得珍惜?生命和财物哪个更重要?得到名利与失去生命哪个更有害?所以,过度追逐名利必定要付出更大代价,过多积聚财富必定导致更惨重的损失。所以要知足就不会受到屈辱,知道适可而止就不会有危害,这样才能长久。

《道德经》第46章:天下有道,却走马以粪,天下无道,戎马生于郊。罪莫大于可欲,祸莫大于不知足,咎莫大于欲得。故知足之足,常足矣。

【解】 天下有道,战马就会回到田地耕田;天下无道,战马在战场上就生下马驹。罪莫大于放纵欲望,祸莫大于不知足,错莫大于贪婪。所以知道满足的这种满足,才会永远满足。

【引】 能够生存下去比壮大更重要。给企业定高远的发展目标,如果脱离其承受能力,最终不会得到,反而失去更多。在利益面前,企业可能会不计后果,盲目逐利,损失可能更惨重。能够做到知足不辱,知止不殆,确实不易,需要具备一定道行的人才可以做到。为了企业外在的强大,进行收购兼并,贪得无厌就是最大的祸根。商场如战场,但不是你死我活的零和战争,可以双赢。不陷于无止境的商战,懂得适可而止,知足之足,可能是更好地保全企业。大学生在入学时所作的规划,是一种计划,在实施中应进行有目标地调整,计划赶不上变化,要懂得知止不殆,而不是不撞南墙不回头。初创企业,也要适时变化,不能"一意孤行"。无论个人还是企业,避免失败或挫折的重要方法之一,就是"知止",减少盲目。

(3) 德善德信

《道德经》第49章:圣人无常心,以百姓心为心。善者吾善之,不善者吾亦善之,德善;信者吾信之,不信者吾亦信之,德信。圣人在天下,歙歙焉。为天下浑其心。百姓皆注其耳目,圣人皆孩之。

【解】圣人没有一般人的私心,以百姓的意愿为自己的意愿。善良的人我善待他,不善良的人,我也善待他,这样能使人人向善。守信的人,我信任他,不守信的人,我也信任他,这样人人都守信。圣人治理天下,收敛起欲望,使百姓归于淳朴。百姓专注于自己的耳目欲望,圣人则要使他们回复到婴孩般的淳朴状态。

《道德经》第47章:不出户,知天下;不窥牖(you),见天道。其出弥远,其知弥少。是以圣人不行而知,不见而明,不为而成。

【解】足不出户,就能够推知天下世事;不看窗外,就能了解万物变化规律。走得越远,明白得越少。所以,圣人不远行而知天下,不见识事物而明白道理,无为而能够有所成就。

【引】经营之道——诚为本。对外,企业能够想消费者所想,善德善信于消费者;对内,善德,使企业人人向善,善信,使企业人人守信,则可以使企业形成战无不胜的力量。再者,如果管理者能够足不出户通晓市场发展规律,在其他企业看来,是不是"不为而成"?而走得越远,却容易让繁乱迷失心智。反之,能够走得越远,越明白,为什么不多出去看看,多了解世界,掌握探究世界的更强的能力?所以,大学四年为什么是人生重要阶段,因为它是为未来发展储备力量。书中自有黄金屋,书中自有颜如玉,书中自有大千世界,莘莘学子们,回归学习本职,千里之行始于当下。当专注于自己的耳目欲望,而忘本,则知弥少。

(二) 守业

"创业难,守业更难"。在万变的市场中,抓住机会,创业成功,但既有的成功容易成为继续成功的障碍,因为现有的力量会成为创新的阻力,企业需要在万变的市场中,不断与时俱进,不进则退。对于职员,个人会习惯满足于现状,技术、能力和观念不断受到新入职者的挑战,最终会被企业淘汰,职员也需要不断与时俱进。

(1) 善建不拔

《道德经》第54章:善建者不拔,善抱者不脱,子孙以祭祀不辍。修之于身,其德乃真;修之于家,其德乃余;修之于乡,其德乃长;修之于邦,其德乃丰;修之于天下,其德乃普。故以身观身,以家观家,以乡观乡,以邦观邦,以天下观天下。

【解】善建者,建筑根深蒂固不动摇;善聚拢,就不会脱离。道德长存,子孙祭祀,后代绵延不绝。修道于身,其德用淳真;修道于家,其德行有余;修道于乡,其德教久长;修道于国,其国德化丰饶;修道于天下,其德施惠泽万民。所以,由自身(修身之道)可观察他人,由自家可观察别人家,由自己乡可观察他乡,由自己国家可观察他国,由自身平天下之道可观照天下。

《道德经》第52章:塞其兑,闭其门,终身不勤;开其兑,济其事,终身不救。见小曰明,守弱曰强。用其光,复归其明,无遗身殃。是为习常。

【解】堵塞欲望之口,关闭欲望之门,终身不会烦劳;如果开放欲望之口,就会增添纷扰,终身不可救药。能够从细微处觉察事理叫明,能持柔弱叫强。用外在的智慧,复归内在的道,就不会身遭祸患。这就是遵循道。

第五篇　经营之道——做事如做人

【引】　企业要百年长青,首先要根基厚重,企业的德性决定企业的长久。企业的德性越丰盛硕大,则企业越大越长久,所以企业要多练内功,知己知彼,百战不殆。对内能够收敛锐气,对外深藏不露。若企业员工不会为加薪晋升而烦恼,则企业即使看起来柔弱,它也是强大的。企业以德建立根基,就能做到无欲则刚。实现个人梦想,何尝不是如同做企业,做好根基才可以让梦想插上翅膀,口号的巨人、行动的矮子,永远实现不了梦想。根基厚重才可能保持企业百年长青;善于学习和总结,才始终可能保持自己的竞争力。

(2) 政察察,民缺缺

《道德经》第58章:其政闷闷,其民淳淳;其政察察,其民缺缺;祸兮,福之所倚;福兮,祸之所伏。孰知其极?其无正也,正复为奇,善复为妖。人之迷,其日固久。是以圣人方而不割,廉而不刿,直而不肆,光而不耀。

【解】　君主仁政清明,民心自然淳朴;君主残暴,民心自然狡诈;灾祸的旁边可能有幸福,幸福的里面可能有灾祸,谁知道这种变化的究竟呢?它没有特定的标准,方正转为奇特,善良转为邪恶,人们对此迷惑不解,已经很久了,因此圣人处世方正而不生硬,有棱角却不伤人,直率却不放肆,光亮而不耀人眼目。

《道德经》第57章:天下多忌讳,而民弥贫;民多利器,国家滋昏;人多伎巧,奇物滋起;法令滋彰,盗贼多有。

【解】　天下禁忌越多,百姓越贫穷;百姓手中利器越多,国家越混乱;人心中伎俩智巧越多,邪恶怪事越容易滋生;政令越昭彰,盗贼越多。

【引】　企业制度宽厚,则员工淳朴;企业制度不近人情,员工容易产生负面情绪。企业制度越多越细,会束缚员工思想,但是,对于有权力的岗位,需要制度约束权力,否则会造成权力腐败。企业管理要仁政清明,制度设计要有人情味,否则,为了实现企业管理目标,而不近人情,福祸相倚,谁知道什么时候就会发生祸害。学生淳朴,则再严格的制度都不会成为阻碍,但是,学生成为"刁民",宽厚的制度只能增加"刁学生"。

(3) 不为大,成其大

《道德经》第61章:大国者下流,天下之交,天下之牝(pin)。大国以下小国,则取小国;小国以下大国,则取大国。故或下以取,或下而取。大国不过欲兼畜人,小国不过欲人事人。夫两者各得其所欲,大者宜为下。

【解】　大国像处于江河下游一样,居于天下交汇地方,为天下之母,大国谦下小国,从而让小国归附;小国对大国谦下,从而获得大国支持。所以,有的谦卑取得信任,有的谦卑获得支持。大国无非想兼并小国,小国无非想依附大国。于是,大国小国各随所愿,可见,大国应该谦下。

《道德经》第63章:为无为,事无事,味无味。大小多少,报怨以德。图难于其易,为大于其细。天下难事,必作于易;天下大事,必作于细。是以圣人终不为大,故能成其大。夫轻诺必寡信,多易必多难。是以圣人犹难之,故终无难矣。

【解】　以无为之心去作为,以无事之心去做事,以无味之心去体味。以小为大,以少为多,以德报怨。解决困难从容易入手,做大事从小事入手。天下难事必从容易做起,天下大事必从细事做起。故圣人始终不自以为大,所以能成就其伟大。轻易许诺必定失去信任,轻视问题必定遇到更多困难。故圣人总是重视困难,所以最终无难事。

【引】 大企业仍然需要小心谨慎、谦恭尊下,才能吸纳百川。企业做大项目,不能忽视小细节;企业攻坚克难,要化简去繁。当企业不自以为大,才容易成就伟大。企业之间相互依存,小企业依靠大企业,无外乎想得到大企业的外溢效应,大企业想得到小企业的信任,企业兼并是各取所需,对于小企业而言不是置之死地,否则小企业也可能给大企业带来大麻烦。所以,企业也要做到"勿以善小而不为,勿以恶小而为之"。企业治理的道理犹如"治大国,若烹小鲜"(《道德经》第60章)一样,要谨慎小心,清静无为,顺应自然。我们大学生,除了学习可能在学校也没有其他大事,那么大学生对待学习应该是"做小事,犹做满汉全席"。

(三) **善于领导**

(1) 以智治国,国之贼

《道德经》第65章:以智治国,国之贼;不以智治国,国之福。

【解】 用智巧计谋治理国家,必然危害国家;不用智巧计谋治国,才是国家之福。

《道德经》第67章:我有三宝,持而保之:一曰慈,二曰俭,三曰不敢为天下先。慈故能勇,俭故能广,不敢为天下先故能成器长。今舍慈且勇,舍俭且广,舍后且先,死矣。夫慈,以战则胜,以守则固,天将救之,以慈卫之。

【解】 我有三件宝贝,对它执守而珍惜:第一件叫慈爱,第二件叫节省,第三件叫不敢为天下先。有慈爱就能勇武,有节省就能宽广有余,不敢为天下先,所以才能成为万物之首领。现在的人放弃慈爱而取勇武,丢下节俭而取铺张,舍弃退让而争先,结果是死路一条。慈爱用以战争可取胜,用来守卫则能巩固加强。天道要救护谁,就用慈爱来保卫他。

【引】 人际关系用计谋都不是经常之策,何况在企业。如果用"兵法"来管理企业,必定会招来员工反对,引起众叛亲离。企业能够做到慈爱管理,员工一定会努力工作,在企业危机时,人人拼命。企业应该做到在不该花钱的地方节俭每一分钱,需要用钱的地方毫不吝啬。虽然口号上不敢为天下先,但在过程中时时要以争天下先为目标,这样领导的企业何愁不能为天下先?过程比结果更重要,而普通人却更在乎眼前的点点滴滴得失。用计谋而非"大道大爱"去谋取,缺乏格局。校园内的学生还是应该以诚实为本,诚实对待课程学习、诚实对待考试、诚实对待同学和老师。做企业,道理一样。

(2) 言有宗,事有君

《道德经》第70章:吾言甚易知,甚易行,天下莫能知,莫能行。言有宗,事有君,夫唯无知,是以不我知。知我者稀,则我者贵,是以圣人被褐而怀玉。

【解】 我的话很容易理解,很容易实行,但天下没人理解,没人去实行。说话要有主旨,办事要有主见,正因没有人理解这个道理,才不理解我。能理解我的人很少,能效法于我的人就更可贵了,所以圣人总是身穿布衣而怀揣美玉。

《道德经》第71章:知不知,上矣;不知知,病矣。圣人不病,以其病病。夫惟病病,是以不病。

【解】 知道自己有所不知,是高明的,不知道却自以为是,就是有毛病。圣人之所以没有毛病,就是因为他以这种病为病。唯有以这种毛病为病,才能没有这种毛病。

【引】 领导经常抱怨自己的抱负没人理解,自己的决策得不到贯彻实施,这时,需要首先思考是否做到"言有宗,事有君",并能让员工明白。往往是由于不明白,才得不到支持。当然,也可能存在员工利益的冲突,所以,决策绝不是听听部门汇报就可以决定的,而是要"微服私访",调查研究,才有发言权。如果能够了解员工的状态和想法,再去推行施政理念和改革措施,可能会得到广大员工的支持。高明的领导绝不会"不知道而自以为是",像这样自身存在毛病而认识不到的"病人"太多了,所以世上圣人少啊!校园内,学生抱怨同学、抱怨老师、抱怨学校,也是自己对自己认识不清,才产生诸多抱怨,甚至仇恨。

(3) 不争而善胜

《道德经》第73章:勇于敢则杀,勇于不敢则活。此两者,或利或害。天之所恶,孰知其故?是以圣人犹难之。天之道,不争而善胜,不言而善应,不召而自来,繟然而善谋。天网恢恢,疏而不失。

【解】 逞强会带来灾祸,甘心柔弱则会保全性命,两种行为,一个得利一个受害。天所厌恶的,谁知道其中的原因呢?所以圣人也说不清楚。天道以不争而善于取胜,不言而善于应对,不招而自来,坦然而善于谋略。上天所布的法网无边,网眼宽疏也不会有遗漏。

【引】 以不争的方式却能战胜对手,不巧言善辩却能应对;不用召唤而能自己归附,是管理企业达到的最高境界。靠豪夺强取、奸诈狡猾,即使获得暂时的成功,天道不容,最终会得到报应。因为,人外有人,天外有天。校园内,现在不是缺乏自负、自傲的学生,而是有很多与世无争、没有竞争意识和缺乏抱负的学生,自负和自傲的学生,可以引导教育,而与世无争的,引导教育也很难改变,只能企盼社会教育和自我觉醒。

(4) 不畏死,何以惧死?

《道德经》第74章:民不畏死,奈何以死惧之?若使民常畏死,而为奇者,吾得执而杀之,孰敢?常有司杀者杀,夫代司杀者杀,是谓代大匠斫(zhuo)。夫代大匠斫者,稀有不伤其手矣。

【解】 人民不怕死,为何还用死来威胁呢?如果人民真的怕死,对于那些作恶作乱的,就可抓来杀掉他们,谁还敢作恶呢?常有专管杀人的人,去代替刑戮者杀人,这好像代替高级木匠去砍木头,那些代替木匠去砍木头的人很少有不砍伤自己手指头的。

《道德经》第75章:民之饥,以其上食税之多,是以饥;民之难治,以其上之有为,是以难治;民之轻死,以其上求生之厚,是以轻死。夫唯无以生为者,是贤于贵生。

【解】 百姓之所以饥荒,是因为统治者税负太重;百姓难以治理,是因为统治者强作妄为;百姓犯法,是因为统治者奢侈腐化,搜刮民脂民膏,所以百姓以身试法。只有不追求奢侈生活的人,才比重视养生更高明。

【引】 在企业,如果员工不怕惩处,不怕被辞退,则企业制定再严格、完善的制度也是没有用的。如果管理者存在骄奢、腐化,那么下级也就会经常违反规定、制度。安排一个不合适的人到不合适的岗位,必定会带来管理危害,还会伤害到该位置的管理者自身。拥有权力的人,利用特权制定制度维护自己的意志,不会得到支持,暂时的屈服只是屈服于权力,而不是这个权力位置上的人。合适位置上的合适的人要做合适的事,私心杂念、偏听偏信、德不配位会加剧反抗。校园内,征服别人,赢得尊重,需要靠能力和人格魅力,而不能凭借权势和特权。

(四) 善于识事

(1) 木强则折

《道德经》第76章:人之生也柔弱,其死也坚强;草木之生也柔脆,其死也枯槁。故坚强者死之徒,柔弱者生之徒。是以兵强则不胜,木强则折。强大处下,柔弱处上。

【解】 人活着身体是柔弱的,死后尸体僵硬;草木活着时柔软脆弱,死后干枯。所以坚强属于死,柔弱属于生。因此兵强而不能胜,枝干高大易折断。强大处于下为劣势,柔弱处于上为强势。

【引】 企业同人一样,树大招风,要居安思危。树大招风,容易招致竞争者的攻击;保持低调,善于隐藏,容易迷惑对手,这是经营谋略之道。但在我们日常生活中呢?不去竞争,如何强大?不争做第一,如何进步?我们不能因树大招风,枪打出头鸟,而裹足不前,因为我们凡人还只是一棵小树苗,需要不断强大。

(2) 余者损,不足补

《道德经》第77章:天之道,其犹张弓与?高者抑之,下者举之;有余者损之,不足者,补之。天之道,损有余而补不足;人之道则不然,损不足以奉有余。

【解】 自然的规律不就像拉开弓弦射箭一样吗?弦位高了压低它,弦位低了就高举它;拉得过满就放松一些,拉得不足就补充一些。自然规律就是减有余而补不足,但人类社会则不同,总是减少不足来供奉有余。

【引】 自然之道是减有余而补不足,做企业何尝不是这样,关键是要识别出什么是余,什么是不足。当企业有不盈利的项目,或许就是不该继续保持,而要将其资源用到急需的地方,勇于放弃企业非核心业务,进行外包,而集中资源做专业、擅长的,也是符合自然规律的。所以,企业要善于发现有余与不足。我们大学生要能够认清自己,发现自己的"余与不足",不能眉毛胡子一把抓,完人、全能是一种目标,是一个过程。

(3) 大道无亲,常与善人

《道德经》第79章:和大怨,必有余怨,安可以为善?是以圣人执左契,而不责于人。有德司契,无德司彻。天道无亲,常与善人。

【解】 调解很大的怨恨,必然还留有小的怨恨,这样怎么能算妥善解决的方法呢?因此圣人保存借据的存根,但不强迫人偿还。有德者就像保存借据的圣人那样宽容,无德者就像征税的人那样苛刻。大道没有亲疏,永远伴随德善之人。

【引】 矛盾是普遍存在的,解决矛盾的办法就像"持有借据,而不催着偿还",这样处理企业之间的关系不失风度和善良。企业之间不是冰冷的,是可以有温度的,但是,也要有处理关系的根本或手段,所以,商场上,不能完全凭善良处事,而应该通过合同或契约,以防矛盾的产生。我们大学生容易上当被骗,因涉事不深而显得善良,是对马克思主义的矛盾理论理解不够,没有掌握矛盾分析方法,没有掌握利益分析法。

(五) 善于识人

(1) 智者不言

《道德经》第 56 章:知者不言,言者不知。塞其兑,闭其门;挫其锐,解其纷;和其光,同其尘。是谓玄同。故不可得而亲,不可得而疏,不可得而利,不可得而害;不可得而贵,不可得而贱。故为天下贵。

【解】 真正的智者不夸夸其谈,高谈阔论的并非智者。堵塞其欲望,关闭其欲门,削弱其锋芒,消解其纷争,使之收敛光芒混同于尘世之间,与万物浑然一体。这就是奥妙的玄同大德。有玄同境界的人,不分亲疏、利害、贵贱,已经超凡脱俗,所以为天下人所尊崇。

【引】 企业中,有真本事的人,不会夸夸其谈,而夸夸其谈的人,未必有真本事;真正有技术的人默默共享,没有技术的人通过炫耀,显示他的存在。对于夸夸其谈的人,要磨灭其棱角,融入众人之中,否则会影响其他人的工作效率。企业对员工管理不能根据亲疏、厉害、贵贱而有区别,应该平等对待,保证公平。校园内,因交友不慎而悔恨终身的案例比比皆是。大学生要掌握识人技能,学会和优秀的人聚集。

(2) 知者不博

《道德经》第 81 章:信言不美,美言不信;善者不辩,辩者不善;知者不博,博者不知。圣人不积,既以为人己愈有,既以与人己愈多。天之道,利而不害,圣人之道,为而不争。

【解】 真实可信的话不好听,好听的话反而不可信;善良的人不善辩,善辩的人反而不善良;真正有知识的人不卖弄,卖弄自己懂得多的人不是真有知识。圣人无私,总是尽力帮助别人,自己反而更富有。尽力给予别人,自己反而拥有更多。天道利于众生而不伤害它们。圣人的行为准则,是惠济大众而与世无争。

【引】 企业中,开会、听汇报,好听的话要再三斟酌。善于给自己找借口的人,不是善良之辈,卖弄成绩(成就)的人,不是真正有能力的人,在领导面前表功的人,不是精英。作为企业管理者,要做到善于识人、善于用人。所以,对于别人好听的建议,要仔细斟酌,要学会识人,不能偏听偏信。作为学生,也应该学会听,学会倾听,正确对待批评意见。

5.4 向自然学习——学会个人管理

老子的《道德经》更多地是思考社会现状而得道,当然其思想也是以观察的自然为基础,佐证其观点。自然,包括我们人类本身,确实有许多自然法则,值得我们学习。

(一) 合理利用时间

(1) 二八法则

二八法则是用来衡量投入和产出、原因和结果或努力和报酬之间的不平衡的关系,比如20%的顾客带来80%的利润,20%的人拥有80%的财富,20%的时间带来80%的快乐,80%的成果来自20%的付出……

所以,二八法则告诉我们,分析问题要抓住主要矛盾,因为80%的努力收获很小,而20%的努力却可以获得80%的收益。要集中精力做最重要的事,不要把精力和时间放在无关紧要的琐事上。同时,也告诉我们:一个小小的诱因,可能会产生很大的结果。

(2) 帕金森效应

帕金森效应是指不同的人做事效率不同。由于工作会自动膨胀并占满所有可用的时间,因此高效的人可以身兼数职,也能应对自如;而低效的人却难以胜任份内的工作。

所以,时间就像海绵里的水,只要去挤,总还是有的。对于个人,"今日事,今日毕",每天给自己设定任务和完成目标,有助于提升紧迫感,加快工作进度。对于管理者,让人各尽其才,合适的人做合适的工作,因为无能的人倾向于安排无能的助手,导致机构人员臃肿,工作效率低下。大学里,很多学生抱怨"时间不够用,太忙",不是真正的优秀学生,他们是被效率低下的小事、无聊挤占宝贵时间。

(二) 做好领导职责

(1) 马蝇效应

马蝇效应是指一个人、一个组织、一个企业、一个国家,只有被叮着咬着,才不敢松懈,才会努力拼搏、不断进步。此法则来源于现实现象:没有马蝇叮咬,即使你使用马鞭,马只会慢腾腾,走走停停,一旦有了马蝇叮咬,马就会不敢怠慢,跑得飞快,避免被马蝇叮咬。

所以,出现竞争对手并不是一件坏事,由于对手的存在,让你充满活力和朝气,具有前进的动力。树立远大目标,激发一种向上的进取精神,是一种有效的激励方法。在当代竞争社会,只有竞争,才显得有生机,如果失去竞争,社会就会失去活力。所以,工作中要善于给自己找竞争对手,或树立目标。

像现在的西方社会,以超市收银员来说,他们思维是直线的,只能进行加减,不能变通:如果16元的商品,你给他20元,再给他1元,希望找回5元(不像钱夹里有很多硬币),但服务员就是算不过来,因为他们思维是直线的、定式的,不愿改变。而这种状况,在中国,服务员轻松搞定。

(2) 鲦鱼效应

鲦鱼效应是指领导者几乎会造成一荣俱荣、一损俱损的效果。出色的领导者是一个组织顺利运转、发展壮大的关键;出色的领导者,是对组织的命运负责,也会对组织成员的命运负责。此法则来源于自然:鲦鱼个体弱小,难以抵御天敌,也找不到合适的生存环境,因而以强健者为自然首领群居,用集体力量维持种群延续。实验者将一条首领鱼的脑后控制行为器官摘除,使其失去自制力,放回鱼群,结果鲦鱼仍然像从前一样追随首领鱼。

所以，领导者是否优秀，不仅关系个人成败，也关系到组织的发展和全体成员。作为领导者要虚心纳谏、目光长远，不能刚愎自用、狂妄武断。

（3）韦奇法则

韦奇法则由美国洛杉矶加州大学经济学家伊渥·韦奇提出，是指即使你有自己的主见，如果受到多数人的质疑，你就很难不动摇，甚至放弃。

韦奇现象的出现，是自己对自己的选择缺乏信心造成的。要避免韦奇现象的出现，首要的是对重要的事情要有主见，并且确认是正确的主见，不是固执己见的，要坚定不移地去执行的。其次不要对意见有成见。

所以，做决策时若过多听别人的观点，会导致自己思维的混乱，难以坚定自己的主见。应该在做决策之前的调查阶段，多听听别人的观点，甚至是闲话。只要确定自己的路是对的，就要敢于走自己的路，甚至藐视权威，才能取得卓越成就。

（三）自信与坚持

（1）巴纳姆法则

巴纳姆法则是指我们总认为别人更清楚地认识自己，总是更在乎别人的评论，总觉得和大多数人一样才合乎标准。这是心理学领域的一种现象：人很容易受到来自外界信息的暗示，从而出现自我知觉的偏差。

所以，根据巴纳姆法则，当一个人随便选择一个人作为自身的参照，只能给自己带来错觉，甚至作出错误判断。人们总是倾向于相信一个笼统的、一般性的人格描述特别适合自己。所以要破除对别人的迷信，要充分相信自己。当然，要认识自己，自信而不迷信。

（2）蔡戈尼法则

蔡戈尼法则是指人们天生有一种办事有始有终的驱动力，人们之所以会忘记已完成的工作，是因为欲完成的动机已经得到满足；如果工作尚未完成，这同一动机便使他对此留下深刻印象。

很多人有与生俱来的完成欲。要做的事一日不完结，一日不得解脱。蔡戈尼效应使人走入两个极端：一个是过分强迫，面对任务非得一气呵成，不完成便死抓着不放手，甚至偏执地将其他任何人和事物置身事外；另一极端是驱动力过弱，做任何事都拖沓啰嗦，时常半途而废，总是不把一件事情完全完成后再转移目标，永远无法彻底地完成一件事情。人们在面对问题时，尽管全神贯注，一旦解开了就会松懈不再在意，因而很快忘记。

所以，我们要坚持善始善终，不忘初心，持之以恒才会成功；也许，一生只做一件事，却是成就大事；松懈和懒惰是成功的最大敌人。

（四）细节决定成败

（1）蝴蝶效应

蝴蝶效应是指一件很小的事情与一件很大的事情看似完全不相关，却有着紧密的联系。之所以称为蝴蝶效应，是气象学家洛伦兹形容南美洲亚马逊河流域的一只蝴蝶偶尔扇动翅膀，两周后美国德克萨斯州就会刮起一场龙卷风的现象。反映的是系统的长期运行对初始条件的敏感的依赖性。

所以,对于一个人,一件微不足道的小事会改变他的一生。对于一个企业,一个复杂的生产系统,可能一颗螺丝钉,会招致巨大损失;完善的人事系统或组织架构,会因为一个不起眼的岗位人事变动招致企业的组织变革。

(2) 墨菲法则

墨菲法则是指如果坏事情有可能发生,不管这种可能性多么小,它总会发生,并引起最大可能的损失。统计上,小概率事件,一次试验不会发生。但现实中,多天带来雨伞,不下雨,偏偏一次不带雨伞,却下雨;劳累之余刚靠椅背休息,结果上司来办公室巡视,而每天忙碌时,领导总不来视察。诸如这样的事情,很普遍。

所以,做任何事情,都要有完全准备,多做几套预案,确保不再担心最坏的事发生时,才有可能避免坏事发生。否则,自以为是地认为,应该没问题,结果往往就会出问题。因此,感觉要出事了,那就必须小心,查漏补缺;别畏惧失败,只要态度上做好准备,行动上消除隐患,就应该轻松面对,不能无知狂妄。

老子认为,为学者日益,为道者日损,即追求学问的人,知识一天天增加(私欲会一点点增长),修行大道的人,私欲一天天减少。在当前大数据时代,如何应对不确定世界,学会精简,相对于是更有效的解决复杂问题的有效方法,精简的原则有:无形之物往往胜过有形之物;最简单的规则缔造最有效的经验;有限的信息能够激发无限的想象力;明智的约束更能激发创造力;打破常规才能取得突破性进展;行动不一定胜过按兵不动。

5.5 无悔人生

作为本章的总结,希望每一个大学生都能够建立正确的三观,过无悔人生。前文了解老子的做人哲学,现在再来梳理我国人民传统的优秀品质,以及用杨绛的百岁感言,作为本章的小结。当我们拥有中华民族的优良传统品质,又能够无悔人生,何愁你不成功?

(一) 中国人的优秀品质

2020 年全球新冠肺炎大流行,通过中西方对比,发现中国战胜疫情的关键是我国老百姓具有的六大优秀品质:

中国人很快认清形势。中国人审时度势的能力是几千年文明修炼出来的高级智慧。懂得在国家灾难面前,国家和人民是同甘苦共患难的,当然国家也是关心人民疾苦的。

中国人乐观又灵活。中国人不顽固、不任性,懂得顺势而为。居家隔离 2 个月,能够自娱自乐,不给抗疫、防疫添麻烦。

中国人有大局观和牺牲精神。中国历经无数灾难,懂得"一方有难,八方支援""你平安,大家才能平安"的朴素道理。

中国人有家国情怀。请看,一位 37 岁的普通人——骆名良,自愿远赴武汉支援火神山医院建设,加班加点奋战 6 天半,拿到 7 500 元工钱,转手全部买了牛奶捐给附近的同济医院,他知道"有国才有家,国家有难,你这个小家,要付出"。

中国人能吃苦、能战斗。10 天 10 夜,艰苦奋斗,不间断施工建成火神山医院,创造世界奇迹。

中国人有"为他人着想"的善良。请看,武汉同济医院的一位老奶奶,护士发放晚饭时,她说:"不要了,我还有。"从抽屉里拿出昨天的剩饭。护士劝老奶奶吃新饭,她操着方言说:"我们来看病不花一分钱,虽说不掏钱,但这是国家的钱,你叫我把剩饭倒掉,我舍不得。我年纪大了,做不了大贡献,就给国家省点粮食。"[摘自李月亮公众号(ID:bymooneye)]

实际上,我们老百姓的优秀品质是"修身养性、齐家治国、平天下",它是中华民族的传统美德,是一种接地气的表现。

(二) 杨绛"百岁感言"

杨绛的"百岁感言"除第一段外,其他为网友拼凑,以杨绛之名转发,在此借用,提前体味人生;若能够让"浪子回头",必将无悔人生,也无悔编写此书目的。

杨绛百岁感言

我今年一百岁,已经走到了人生的边缘,我无法确知自己还能走多远,寿命是不由自主的,但我很清楚我快"回家"了。我得洗净这一百年沾染的污秽回家。我没有"登泰山而小天下"之感,只在自己的小天地里过平静的生活。细想至此,我心静如水,我该平和地迎接每一天,准备回家。

在这物欲横流的人世间,人生一世实在是够苦。你存心做一个与世无争的老实人吧,人家就利用你欺侮你。你稍有才德品貌,人家就嫉妒你排挤你。你大度退让,人家就侵犯你损害你。你要不与人争,就得与世无求,同时还要维持实力准备斗争。你要和别人和平共处,就先得和他们周旋,还得准备随时吃亏。

少年贪玩,青年迷恋爱情,壮年汲汲于成名成家,暮年自安于自欺欺人。人寿几何,顽铁能炼成的精金,能有多少?但不同程度的锻炼,必有不同程度的成绩;不同程度的纵欲放肆,必积下不同程度的顽劣。

上苍不会让所有幸福集中到某个人身上,得到爱情未必拥有金钱;拥有金钱未必得到快乐;得到快乐未必拥有健康;拥有健康未必一切都会如愿以偿。保持知足常乐的心态才是淬炼心智,净化心灵的最佳途径。一切快乐的享受都属于精神,这种快乐把忍受变为享受,是精神对于物质的胜利,这便是人生哲学。

一个人经过不同程度的锻炼,就获得不同程度的修养、不同程度的效益。好比香料,捣得愈碎,磨得愈细,香得愈浓烈。

我们曾如此渴望命运的波澜,到最后才发现:人生最曼妙的风景,竟是内心的淡定与从容。

我们曾如此期盼外界的认可,到最后才知道:世界是自己的,与他人毫无关系。(摘自 http://www.ruiwen.com/shiyongwen/ganyan/1396949.html)

我来过,我奋斗过,结果不再重要,我们要享受奋斗的过程。

5.6 关于人生哲学艺术的调查

(一)你对"知足常乐"这个人生哲学的理解是什么?请简要概述。

该问题考查同学们的人生哲学艺术水平,"知足常乐"出自老子的《道德经》第四十六章:天下有道,却走马以粪。天下无道,戎马生于郊。祸莫大于不知足;咎莫大于欲得,故知足之足,常足矣。我们通常理解为:人的欲望无限,物质财富无边,只有清淡寡欲,才能不被物欲所左右,失去自我生命的主宰,老子还有"知足不辱,知止不殆"的观点。但是,老子信奉道主宰世界,我们的为人处世也应该遵从道,因此,只有当我们能够充分掌握认识世界的道理,这样的满足才能够让我们获得长久幸福、满足。所以,我们要能够坚持发现我们的不足,并弥补不足,在这个不断满足的过程中获得快乐。所以,知足常乐,是当我们满足时,可以获得快乐,当我们知道不足时,要不断奋斗,弥补不足,同样获得快乐。参与回答的50多位同学中,80%的都能很好地回答出自己对现实现状的理解;30%的从字面理解,即知足常乐就是"懂得知足才能时常快乐"。由于不存在对错的价值判断规范,摘录同学们如下代表性回答,不论对错,没有作删减,仅供读者参阅。

代表性回答1 知足者常乐,不知足者常怨,不知足的人在事情没有达到他预期的时候便会怨气满满,怪人怪物怪事,而不是从自身寻找问题,这样快乐终将难以获得。

代表性回答2 知足就是对已经得到的生活或者愿望感到满足。知足常乐就是客观地认识和准确地判断已经实现的目标和愿望,并充分肯定目前的状态,从而始终保持愉快、平和的心态。知足常乐要求我们要有适可而止的精神,它并不是安于现状,不思进取,固步自封,而是对现有收获的充分珍惜,对目前成果的充分享受,也是对现有潜力的充分发掘,为今后的创新和进步提供平台。理性的进取应该以知足常乐的心态为基础作为理性制约。人要得到快乐,关键要有一种乐观的心态。知足常乐正是当代人和当代社会的根本需求。

代表性回答3 不想着大富大贵,只求不拖父母后腿。

代表性回答4 我觉得人要想做到某些事或者得到某些物,往往就得付出一定的代价,这个过程必定是努力艰辛的,付出努力之后,得到的结果也能被接受,这便是知足常乐罢。

代表性回答5 我对于知足常乐的观点是不要好高骛远,一步一个脚印去前进而不是去追求自己根本追求不到的东西然后郁郁寡欢。重要的是超越自己而不是去和别人比较,进一步自有进一步的欢喜。

代表性回答6 知足常乐的本意是指知道满足,就总是快乐,形容安于已经得到的利益、地位。当然,每个人对于知足常乐的理解都有所不同,在我看来知足常乐就是在能力范围内我已经把一件事做到最好了,已经没有进步的可能,我会觉得这是一种快乐和满足,不刻意去追求一些不切实际的东西,安于现状,把握好属于自己的那一份成果就是最好的。有野心不一定不好,但一定要懂得满足。

代表性回答7　尽力而为,人定胜天。幸福是在比较中产生的,没有绝对的幸福或者不幸。

代表性回答8　我个人是这样理解的:人要知足常乐,是劝人们不要过分追名逐利,但这绝不是让我们安于现状的借口。

代表性回答9　不要事事都追求完美,有多大能力做多大事,要懂得满足,学会肯定自己,学会享受生活,要拥有乐观积极的生活态度。

代表性回答10　知足常乐,我的理解为得到的等价于自己的自身价值或者超出自身价值的要满足即为知足,若不满足现状的就提升自己的价值从而获取自身想要的。常乐我认为不以物喜不以己悲就最可以描述了。情绪是自己的,快乐悲伤若能为自己所控制那就尽量快乐吧,常常快乐。

(二)你对"难得糊涂"的人生哲学观是怎么理解的?请简要概述。

该问题仍然是考查同学们的人生哲学艺术水平,这里重点理解"难得"二字,难得糊涂本意有不想、不愿、不屑、不能、不值等意思,从不同角度可以得出不同意思。下面是摘录同学们的代表性回答,没有删减,虽有理解错误的地方,但无需评价对错,仅供读者参阅。

代表性回答1　难得糊涂,并不是真糊涂,而是"假糊涂",嘴里说的是"糊涂话",脸上反映的是"糊涂的表情",做的却是"明白事"。这种"糊涂"是人类的一种高级智慧,是精明的另一种特殊表现形式,是适应复杂社会、复杂情境的一种高级的、巧妙的方式。

代表性回答2　一件事没有绝对的对错,人有时候没有必要活得过于聪明。对于一个家庭来说,肯定会有大大小小的矛盾摩擦,有些话是要说出来才好,但也没必要过于咄咄逼人,分出个胜负来,有时候糊涂一点,退让一步,家庭才会更加和谐美满。

代表性回答3　难得糊涂,在我的观点下是一种游离于现有规则之中的态度,介于黑白之间,我可以去做这个事情,也可以不去做这个事情,取决于我在什么位置、做什么事情。

代表性回答4　难得糊涂本意是指人在该装糊涂的时候难得糊涂。人在需要明白的时候就明白,不需要明白而需要糊涂的时候就糊涂,绝不明白。其实无论是生活还是工作,我觉得每个人都有一张不同的面具来面对不同的事物,或许有人觉得这是一种虚伪,但何尝又不是我们去适应这个社会的一个方式呢。

代表性回答5　我之前听过一句话,人们都说活得糊涂的人比活得透彻的人更幸福,我认为人精明一世糊涂一时也不妨是一种聪明。难得糊涂是用聪明的另一面去化解大事,解决小事。但是"糊涂"虽好,可不要贪多,应该注意分寸,不可糊涂过头。

代表性回答6　祸福相依,盛极必衰的道理告诉我,万事万物最终都会有均值回归,落了一片白茫茫大地真干净。既然如此,何不热热闹闹、快快乐乐地大活一场呢?也就是"难得糊涂",就是说,退而求其次,从上帝视角俯瞰一切事物,获得一种超然的视角和观感。

代表性回答7 是胸怀和格局,是让人不要过于计较,不要钻牛角尖,不要沉溺于琐碎烦恼,要豁达、要快乐。

代表性回答8 看破不说破,使得万年船。

代表性回答9 难得糊涂,是为了不让自己有是非心、分别心,不让自己陷入、纠结于某一个小事情中。这种本来就是成年人的必修课。

代表性回答10 做事做人要圆滑一些,锋芒棱角有时只会更易受挫。

(三) 你如果创业,创业流程有哪些? 重要的环节是什么?

该问题考查同学们的创业知识和对创业的认识。对于创业一代,同学们还是需要掌握一定的创业知识,培养一定的领导能力。创业也是许多同学们实现梦想的途径。不同企业类型,具体创业流程不同,但都要包括市场调研、准备、组织、实施、运行、领导等几个阶段,20%的能够回答自己理解的创业流程,30%的回答创业需要的资源是什么或做什么,而非流程,而有的只回答重要环节或创业的重要性。关于创业的重要环节问题,实际上,任何一个环节都重要,每一个环节做得不好,足可导致创业失败。所以,有些同学回答得较一厢情愿。下面是摘录同学们的代表性回答,不论对错,没作删减,仅供读者参阅。

代表性回答1 组织人员、技术、资金、预算、创业计划表,重要的是组织一批有用的人。

代表性回答2 ①选定创业项目;②拟定创业计划;③筹集创业资金;④办理创业的有关法律手续;⑤创业计划的实施与管理。重要的环节是资金吧,没有资金一切都是空话。

代表性回答3 创业流程:选定创业项目、拟定创业计划、筹集创业资金、办理创业的有关法律手续、创业计划的实施与管理。最重要的环节我认为是创业计划的实施与管理,这一阶段的工作不仅要求创业者要有吃苦耐劳、不屈不挠的精神,更要求创业者讲究工作方法、运用经营管理策略,方能实现创业目标。

代表性回答4 提出理论、构建想法、估测风险、筹集资金、创业、复盘、公司转型。重要环节:风险评估、公司转型。

代表性回答5 资金、技术、供应链。重要的环节是技术。

代表性回答6 计划-组织-实施,计划最重要。

代表性回答7 选择一个行业,进入这个行业观察,了解这个行业的运行逻辑,到底这个行业的核心是什么,是哪些东西组成了行业龙头的成功要素,我自身的资源能不能够支撑起自己运营下去。最重要的环节是能否搞清楚这个行业的运行逻辑。

代表性回答8 我认为对于一个创业的具体流程可以从以下几点出发:①对自我情况进行分析评估,看自己是否适合创业以及适合创办什么样的企业。②有一个好的商业项目,并进行市场调研,通过市场信息的相关反馈,判断项目的商业化可行性。③创业资金和创业团队的筹集与组建。④具体商业计划的编撰,同时获取相关法律许可文件。⑤开发相关产品及服务。⑥办公地点及市场开展方向的选择。⑦产品或服务的销售。⑧企业的未来发展计划、壮大方法。对于以上的一些具体流程,我觉得自我评估、团队的组建、项目的可行性、资金的筹集是重要的环节,我们只有根据自我评估才能更加明确地判断自己是否适合创业,之后组建一个良好的团队,才能在企业未来发展中提供更加强有劲的动力,而对于项目和资金我觉得是任何一个创业企业都要面临的问题,这是至关重要的。

代表性回答9　①就是凑足资金投入,创业阶段分为三步:前期、中期、后期。这三个阶段的资金都需要渐进投入,所以,做好资金充足准备才能让创业的脚步走得更稳、更远、更久。②估算创业成本:创业要在自己能力范围内进行,不是将积蓄倾尽所有。创业前应估算项目投入成本,有9成把握后再拿下项目,心里会踏实许多。③人手分配到位:创业前肯定要想到人工的问题,一个人团团转必定会自乱阵脚,人员分配到位后,创业项目可省一份心。④自由时间减少:创业是为自己打工,事事都操心,会忙得天旋地转的,根本没有时间想其他事情。像以前那种业余时间充裕的好事恐怕几乎难得。所以,如果想创业,就要做好牺牲个人自由时间的准备。⑤肯吃苦,起早贪黑:"不经一番寒彻骨,怎得梅花扑鼻香",创业初期肯定要事事亲历躬行,其中酸苦、日夜颠倒的过渡生活要提前做好心理准备,不要把创业想得过于简单。⑥勤俭节约、控制消费:自己创业,方能体会每当一笔钱掏出时,不知道什么时候才能赚回来的忐忑不安。与其创业后体会,不如创业前多节约、少消费。⑦毅力强韧,下定决心。最重要的是第⑤步。

代表性回答10　创业的六个主要环节是:①要有好的项目;②要有启动资金;③要有一个固定的地方;④要有足够的人员;⑤要有好的发展策划;⑥最主要的要守信。

代表性回答11　贷款,寻找合伙人,了解市场,制定营业方案。最重要的是获得第一笔资金。

代表性回答12　①生存阶段;②公司化阶段;③集团化阶段;④集团总部阶段。最重要的环节是第三阶段,这时依靠的是硬实力,整个集团和子公司形成了系统平台,依靠的是一个个团队通过系统平台来完成管理,销售变成了营销,区域性渠道转变成一个个地区性的网络。

(四) 从"鲶鱼效应"和"鲇鱼效应"能够体会出什么不同观点?请简要列举。

该"两条鱼故事"需要查阅资料才知道本意,考查同学们独立创新思考和领导能力。"鲶鱼效应"是指领导者对于企业组织命运的重要性:一荣俱荣、一损俱损。"鲇鱼效应"是指一个组织通过引入竞争机制,保持组织活力。如果我们进一步思考这两个效应,可以产生新的观点,比如,对于鲶鱼效应,员工应该选择更好的领导或更有前途的企业,或者员工应该以领导为核心才能实现自身价值或企业价值。对于鲇鱼效应,要及时发现问题完善组织制度,或者不断创新打破原有制度,不破不立,不立不破。80%的同学的回答内容是运用两个效应,而不是创新的不同观点,同时,对鲇鱼效应基本没有创新观点。像"和优秀的人为伍可以促进自身的成长"这样认识的都比较少。下面是摘录同学们的代表性回答,没有考虑是否与题意吻合和对错,仅供读者参阅。

代表性回答1　当企业中的员工状态处于一潭死水,拨拨转转,很容易产生职业倦怠时,作为管理者就可以引入外来"鲇鱼",制造紧张气氛,当员工们看见了自己周围多了些"职业杀手"时，便会有紧迫感，觉得自己应该要加快步伐，否则就会被挤掉。

代表性回答2　鲶鱼效应：经理人就是一个企业的核心脊梁，必须为企业的发展承担责任。鲇鱼效应：组织管理部门通过引进优秀人才以激活原有员工的活力，产生一石激起千层浪的激荡效果。

代表性回答3　鲶鱼效应主体是领导者，鲇鱼效应主体是员工。

代表性回答4　鲶鱼效应会导致事情往更坏的方向发展，而鲇鱼效应会往好的方面发展。

代表性回答5　鲶鱼效应是盲从，类似于羊群效应；鲇鱼效应在于激活整个环境，让周围有活力。

代表性回答6　鲶鱼效应可以看出每个下属都需要一个好的领导者带领他们。鲇鱼效应则是让我们体会到一个优秀的人可以带动一群人从而引发活力。

代表性蝴蝶7　鲶鱼效应：人要有自己的主见，不能盲从于管理者，受他的压榨，虽然我们都是打工人，必须得服从于领导，但是在触及法律原则和道德底线的时候我们就必须勇敢"离群"。鲇鱼效应：优秀的人能激励人心，我们应该提升自我竞争力，去激励别人，向更优秀的人虚心学习。

代表性回答8　鲶鱼效应是细心的企业家应该对所有市场形势进行完全的分析，在事情发生前就应该明晰所有情况，然而当你从鳄鱼池里站起来时，很难想起自己的最初目标是抽干池子里的水。所以这是警示我们不能陷入惯性思维的泥潭。应利用好"鲇鱼效应"，同行业中要有一个带头企业，形成良好的竞争环境，从而保持企业活力，不断创新进步。

代表性回答9　鲇鱼效应是一种竞争效应，它生动地向人们展示了竞争对发展的促进作用。鲶鱼效应说明了企业或者组织内的群体具有思维定性和行为惯性的特征。

代表性回答10　鲶鱼效应：成为行业的领导者的人，最需要的是勇气。如果具有一定程度上的换脑思维，以大胆、勇气去创新，尝试新的领域和业务，他就可能成为新的头鱼。鲇鱼效应：其实在我们平时的学校生活中也存在这样一个道理，每个班可能都存在那样一个"开心果""调皮蛋"，他们也就是一群沙丁鱼中的鲇鱼，不能说不好，只是他们的行为给班级氛围带来了一定的调节作用。

(五) 当"做事如做人"时，是不是做事更容易成功？请简要概述。

该问题考查同学们的人生哲学原则及其理解，事是一件件来做，人是做一辈子，从这个角度看，做小事容易，做大事难，做成功大事更难；做人容易，做好人难，做成功好人更难。如果能够做好人，就容易把事做成功。参与回答的50多位同学，对该命题支持的占80%，20%的反对，同学们的解释有一定道理，但有的有偏颇，以下是摘录同学们的代表性回答，没有作删减，仅供读者参阅。

代表性回答1　我认为，做事如做人讲的就是不论做什么事，都要拥有最基本的底线，跟做人是一样的，虽然我们身处法治社会，但是我们生活中还是要坚守最基本的道德底线。做事也是如此，要有足够的耐心，认真且努力，遵守法律法规和道德底线。

代表性回答 2　常言道,立业先立德,做事先做人。做人与做事有着一定联系但也不完全等同。做事讲究方法,做人讲究道德。做事在很多时候其实需要的是责任感,有担当且有着专业的态度,律师、医生、军人他们在面对一些特殊情况时,更是需要拿出专业的态度与承担相应的责任。而做人,这是希望我们能做一个善良的人,这些都需要我们在实践中磨练,锻炼自己做人与做事的能力。

代表性回答 3　做事做人相辅相成,不会做人的也不太会做事,会做事的也不一定会做人,人心难测,怪人偏多。

代表性回答 4　做事先做人,人品不过关,做事是不会成功的,这是亘古不变的道理。如何做人,不仅体现了一个人的智慧,也体现了一个人的修养。个人不管多聪明、多能干、背景条件有多好,如果不懂得做人、人品很差,那么,他的事业将会大受影响。只有先做人,才能做大事,这是古训,先人早就强调了"做人为先"的重要性。

代表性回答 5　我的观点是更容易成功,如果一个人做人很成功的话,那他做事也会和做人一样,为人诚信,踏实做事,有责任心,能够坚持,则成功概率大。

代表性回答 6　低调做人、高调做事,缺一不可。真正的成功者都是谦和、低调、有涵养之人,但是做事却雷厉风行、果断坚持,个人工作能力强,独当一面。所以二者缺一不可。

代表性回答 7　不容易成功。因为做人也不是容易的,要培养高情商,先会做人才会做事,做事更是要求人做到处事圆滑、手段果断。

代表性回答 8　不是,做事和做人是两种态度,取决于当事人的想法、位置,并不是说做事风格一定要和做人的风格相同就更容易成功,做事是做什么事情,是对自己重要的事情吗?或者是对自己不重要的事情,是利益相关还是利益无关全凭个人良心?总的来说我不觉得做事如做人更容易成功。

代表性回答 9　做人与做事其实都是作为一个社会人在处理各种社会关系。作为同一矛盾的两个方面,应该作为一个整体来看待。一方面,学会做人才能更好地做事;另一方面,人总是在做事的过程中不断犯错和总结,才会做人。

代表性回答 10　对于做人做事何者更容易成功,我们应该找到一定的判断标准。做人达到了什么样的高度算成功,是当上 CEO,迎娶白富美,走上人生巅峰算成功?还是老婆孩子热炕头,一家人幸福美满算成功?做事情是我完成了一件事情算成功?还是我超额完成算成功?老师布置暑假作业,我一天超额完成算成功吗?每天都做一点算成功吗?其实无论是做人还是做事,我们都不能找到一个判断标准来确定何者更容易成功。做人,做事都不是一件一蹴而就的行为,都需要一定的过程,有经历的人生才是完整的。

5个关于人生哲学艺术问题的回答,反映同学们的人生哲学艺术水平有待提高,我们强调学习,但对于我们的优秀传统文化忽略了,人不能忘本,不能忘记我们中华民族老祖宗留下的宝贵财富。我们立于世,一定要有自己的准则或原则,以指导我们的思想和行为,要善于向他人学习、向社会学习、向自然学习,促进我们不断进步与成长。

后　记

（一）

　　由于信息时代的海量信息塞满我们世界的每个角落，每时每刻都有无数观点颠覆或左右我们的认知，而这些海量信息是非难辨，导致现代大学生容易丢失思想高地，成为缺乏个性、缺乏主见，却认为可以将"前浪"拍死在沙滩的一代，如果没有正确的三观指引人生，很可能会成为平庸甚至堕落一代。

　　现在，"大道理、枯燥、无聊"等是部分学生对大学政治课的评价，自然他们就不太认可政治课，也就不讲政治。事实上，国家治理、社会管理和个人管理的道理是相通的，政治大道理用在个人管理上，又何尝不正确呢？不仅"不忘初心、牢记使命、艰苦奋斗"适合于个人管理，社会主义核心价值观等，也是管理个人的良药。如附图1所示社会主义核心价值观与我们个人管理的逻辑关系，我们可以把政治变成我们的思想高地。

我自豪：富强　民主　文明　和谐

我维护：自由　平等　公正　法治

我践行：爱国　敬业　诚信　友善

厉害了我的国

附图1　社会主义核心价值观与个人管理的逻辑关系

　　很多大学生在大学期间最喜欢做的事就是听听音乐、跳跳舞、交交友，而认为学知识是

后　记

需要付出巨大脑力劳动的。面对那么多饱含人生哲理的歌曲,喜欢的是它的节奏和旋律,对富含深意的道理却缺乏思考。下面化用部分歌曲的歌词,描述大学存在的一些现象和其中蕴含的深刻道理,我们大学生理解和落实了吗?

你可以为爱,像风走了千万里从不问归期,像太阳升了落去无论朝夕,像云飘了千万里都不曾歇息,像白雪笼罩大地茫茫无际,像飞蛾扑火那样无所畏惧,像故时黄花堆积风吹不去;像江水连绵不绝永不会停息,像荒原野草重生燃之不尽。结局却是像可可托海的牧羊人感叹的那样,那夜的雨也没能留住你,只有山谷的风陪着哭泣。每天在纸短情长中甘心情愿让岁月流尽,让时光一去不回头,习惯于一个人孤单心酸为难,但仍然假装自然,惨淡或灿烂全与我无关。

对爱,是要越挫越勇,爱肯定要执着,失去生命的力量也不可惜,每天幻想有童话故事里的幸福和快乐结局,但对知识不能有一万个理由,任时光匆匆流去。

大学生可以笑纳"三两知己结伴的仲夏,夜市闹三更不想回家",也应该有虞兮叹:西风彻夜回忆吹不断,醉里挑灯看剑,长枪策马平天下,这才是大学生该有的样子。但你的答案却是"也许世界就这样,我也还在路上,也许只能沉默,眼泪湿润眼眶,虽不甘懦弱",仍少年样,总要换种生活让自己变得快乐,放弃执着,却每次都是一次失败收获。从未体会过苦尽甘来的美满,在黑暗中忘记寻找光明,在迷茫中忘记寻找指引。成为"老男孩"时,才发现梦想总是遥不可及,青春如同奔流的江河一去不回,来不及道别。

我们大学学习,追随目标要像树根追着土,波浪追着帆,雄鹰追着长空,凤凰追着火般地成长、远航、翱翔和涅槃,在跨过山和大海,穿过人山人海的平凡之路上,不做挣扎,不惧笑话。让没完没了纷纷扰扰,像月光转眼消逝,但我们很多人情愿破碎,不肯觉悟,经常等艳阳高照去放灵魂出窍,虽然在幽幽暗暗反反复复中追问,但不知道平平淡淡从从容容才是真。

给我一杯忘情水,换我这只小小鸟,能飞多高就飞多高,何惜百死报家国,风霜雪雨博激流,历尽苦难痴心不改,少年壮志不言愁,面对花花世界、纷纷世上潮,发出沧海一声笑:三分天注定,七分靠打拼,爱拼才会赢,我的未来不是梦,要认真地过每一分钟。对知识学习像对爱那样,再苦再难也要坚强,即使是所失的是你的所有,也要拿出大不了从头再来的人生豪迈,这时,还会一生何求,一生求何?

以上出现了多少首歌曲名字,引用了多少歌曲的歌词?

但我们要记住:热爱浮华,浮夸热爱,缺乏对自己的热爱,缺乏对国家、社会、家庭的热爱,一定没有未来。

（二）

庄子《人间世》中提到:栎树,做船易沉水,做门易流浆,做柱子易被虫蛀,因为它没用,却成为人们祭奠的神树。因此,庄子认为:你的缺点,可能是你最大的优势（福气或守护者）。太美的花容易被摘,太美的人容易招惹是非;人怕出名,猪怕壮,木强易折,都是这个道理。庄子的这个观点是"可能"的结论,意味着不总是这样,它告诉我们看问题和思考世界,要能够跳出习惯思维或传统习俗,不被惯性思维束缚。

庄子的这个观点,还可以用刘贺案例说明。2011年出土的海昏侯刘贺墓出土文物数量之多、种类之丰富、工艺水平之高,惊艳世人。而刘贺只做了27天皇帝,《史记》中也是被记为劣迹斑斑,"平均每天做42件坏事"的"汉废帝",但基于霍光权倾朝野,刘贺却因"淫乱"而保全了性命。

金无足赤、人无完人,每个人都会存在缺点,大学生也不例外,但大学期间做一个差生,绝对不是一个可以原谅的缺点。刘贺在接到被立为皇帝的信息时,是日夜兼程,累死了马匹,赶去即位,他有一颗雄心要治国理政的,但基于霍光把持朝政,不得已而为之。如果我们大学生迷恋游戏,是要成为电子竞技运动员,或像比尔·盖茨专注自己热爱的事业而辍学,那"你的缺点,可能是你最大的优势",否则缺点就是缺点。

专业学习未必是首位的,因为学习是全方位、多层次的,不仅限于专业知识的学习。但缺乏梦想,又无实际行动努力付出,那么,你的缺点就永远是缺点,差生就不会有任何优势。

(三)

大学毕业后,需要开启人生新篇章。优秀学生、差生各奔东西,开启人生旅程。优秀学生仍会为生活、为人生继续奋斗,差生才开始逐步成熟,为生计奔波。他们都会对大学有不舍,差生是觉得还有很多要学习的,而不舍在校园愉快的学习生活,差生是发现浪费了青春,不舍校园轻松的日子,而开始想多学习一点。

不论是优秀学生还是差生,都要重新定位,更要重新学会思考,学会学习(非专指学习专业知识),否则,因失误、失败带来的不再是学分低或老师的批评,而是自己饭碗问题,以及利益损失等。因此,至少不要让悲剧、失败继续重演,需要多肩负责任,只要为祖国、为社会、为企业、为家庭、为自己能多一点热爱、多一分责任,就一定不会让自己的缺点、悲剧继续,至少你的生活是充实而有意义的,人是愉快的。

关于未来,大学积累的发现问题、分析问题和解决问题的能力,以及思考世界、看世界的方式方法,将受益于未来人生。比如"青出于蓝而胜于蓝"是有条件的,下一代能胜出上一代,首先是下一代能否比上一代更努力、素质更高,其次还要看上一代对下一代的培养与付出程度。但存在"中国父母毁子不倦"的现象,中国父母一方面是为了孩子不输在起跑线,报最好的辅导班、买最好的学区房、上最好的学校,但另一方面却完全把下一代的教育责任交给陌生的第三方,自己不陪伴孩子学习和成长,这样的家长是在成就自己、毁掉孩子,哪儿还能做到"青出于蓝而胜于蓝"。如何实现"青出于蓝而胜于蓝",需要差生认真思考。

没有民族自尊的民族是没有希望的民族,没有国家自尊的国家是没有希望的国家,那么没有自尊的人就是没有希望的人。优不骄,差不馁,始终能够保持人该有的自尊,保持该有的本色,若再加上合适的方法,那这个人在任何时候都会成功,不论是在大学期间,还是在工作中;不论是做事,还是做人。

"国难兴邦",1999年5月我国驻南斯拉夫大使馆被以美国为首的北约部队,用B-2隐

后　记

形轰炸机投下五枚联合直接攻击弹药(JDAM);2011年美国通过"沃尔夫条款",宣布美国的航天机构和国务院科学委员会都不能与中国进行航天方面合作;2018年开始制裁中兴和华为……现在我们看到的是我国军事、科技、大国重器等多方面赶超世界,党中央号召"撸起袖子加油干",为实现中华民族伟大复兴而奋斗。作为大学生应"苦难兴家""危难奋起"。兴家与奋起,应"未兆而谋",重要的是,我们很多人没有这个能力认识到危难,以及何时发生危难,做不到千里之行始于足下,从而千里之堤毁于蚁穴。"吾日三省",至今不知总共反省几次?

希望读过本书后,无论家长还是学生都能够做出改变,如果还是延续差生的思维和习惯,那么个人及其家庭都将衰败,最后,希望我们理解与遵守做人的六个训条:

人亡:嫖、赌、毒;人败:暴、凶;人穷:俗、懒、惰

人顺:善、情、爱;人安:忍、让;人富:正、勤、俭

参考文献

[1] 亚当·斯密. 国富论[M]. 谢宗林,译. 北京:中央编译出版社,2010.

[2] 迈克尔·波特. 竞争优势[M]. 陈小悦,译. 北京:华夏出版社,2005.

[3] 迈克尔·波特. 竞争战略[M]. 郭武军,刘亮,译. 北京:华夏出版社,2012.

[4] 迈克尔·波特. 国家竞争优势[M]. 李明轩,邱如美,译. 北京:华夏出版社,2012.

[5] 董典波,黄晓林. 一口气读懂经济学:经济学的100个关键词[M]. 北京:新世界出版社,2009.

[6] 阿尔伯特·哈伯德. 把信送给加西亚[M]. 李昊轩,译. 北京:中国商业出版社,2012.

[7] 拉斯·特维德. 逃不开的经济周期:历史、理论与投资现实[M]. 董裕平,译. 北京:中信出版社,2012.

[8] 琼·罗宾逊. 不完全竞争经济学[M]. 王翼龙,译. 北京:华夏出版社,2012.

[9] 格里高利·克拉克. 应该读点经济史:一部世界经济简史[M]. 李淑萍,译. 北京:中信出版社,2009.

[10] 力克·胡哲. 人生不设限[M]. 彭蕙仙,译. 天津:天津社会科学院出版社,2011.

[11] 力克·胡哲. 永不止步[M]. 刘琨,译. 天津:天津社会科学院出版社,2013.

[12] 理查德·怀斯曼. 正能量[M]. 李磊,译. 长沙:湖南文艺出版社,2012.

[13] 陈雨露,杨栋. 世界是部金融史[M]. 南昌:江西教育出版社,2016.

[14] 宋鸿兵. 货币战争[M]. 北京:中信出版社,2017.

[15] 托马斯·弗里德曼. 世界是平的:21世纪简史[M]. 何帆,等译. 长沙:湖南科学技术出版社,2017.

[16] 林超华. 任正非传[M]. 武汉:华中科技大学出版社,2019.

[17] 唐庆增. 中国经济思想史[M]. 北京:商务印书馆,2011.

[18] 伯特·B. 埃克伦德,罗伯特·F. 赫伯特. 经济理论和方法史[M]. 杨玉生,等译. 北京:中国人民大学出版社,2017.

[19] 杰拉尔德·莱昂斯. 新经济新秩序:全球经济未来20年[M]. 隋芬,译. 北京:中信出版社,2014.

[20]乌尔里希·森德勒.工业4.0即将来临的第四次工业革命[M].刘敏,李现民,译.北京:机械工业出版社,2014.

[21]伊斯特凡·洪特.贸易的猜忌:历史视角下的国际竞争与民族国家[M].霍伟岸,迟洪涛,徐至德,译.南京:译林出版社,2016.

[22]凯文·凯利.新经济 新规则[M].刘仲涛,等译.北京:电子工业出版社,2014.

[23]老子.道德经[M].李若水,译评.北京:中国华侨出版社,2014.

[24]《传世经典》编委会.老子·庄子[M].南京:江苏凤凰美术出版社,2015.

[25]马修·E.梅.精简:大数据时代的商业制胜法则[M].华驰航,译.北京:中信出版社,2013.

[26]安雅宁.人生最重要的100条黄金法则[M].北京:北京出版社,2007.

[27]《经典读库》编委会.细节决定成败[M].南京:江苏美术出版社,2013.

[28]梁英,牧何.中国人最该读的100条财富寓言[M].北京:北京出版社,2007.

[29]塔尔莱特·赫里姆.塔木德[M].邹文豪,编译.北京:中国画报出版社,2009.